受贵州财经大学学术专著出版资助基金资助

农村金融深化、农业技术进步与农村产业融合发展

李晓龙◎著

Rural Financial Deepening, Agricultural Technology Progress and
Rural Industrial Convergence Development

经济管理出版社

ECONOMY & MANAGEMENT PUBLISHING HOUSE

图书在版编目（CIP）数据

农村金融深化、农业技术进步与农村产业融合发展/李晓龙著. —北京：经济管理出版社，2021.4
ISBN 978-7-5096-7967-8

Ⅰ.①农…　Ⅱ.①李…　Ⅲ.①农村金融—研究—中国　②农业技术—技术进步—研究—中国　③农业产业—产业发展—研究—中国　Ⅳ.①F832.35　②S-12　③F320.1

中国版本图书馆 CIP 数据核字（2021）第 081694 号

组稿编辑：赵亚荣
责任编辑：赵亚荣
责任印制：黄章平
责任校对：王淑卿

出版发行：经济管理出版社
　　　　　（北京市海淀区北蜂窝 8 号中雅大厦 A 座 11 层　100038）
网　　　址：www. E-mp. com. cn
电　　　话：（010）51915602
印　　　刷：北京晨旭印刷厂
经　　　销：新华书店
开　　　本：710mm×1000mm /16
印　　　张：14
字　　　数：244 千字
版　　　次：2021 年 6 月第 1 版　2021 年 6 月第 1 次印刷
书　　　号：ISBN 978-7-5096-7967-8
定　　　价：68.00 元

前 言

    本书是基于中国实施乡村振兴战略、推进农业供给侧结构性改革、构建现代农业产业体系的现实背景而开展研究的，核心是针对农村产业融合发展过程中所面临的金融支持不足、技术进步缓慢等问题，从农村金融深化和农业技术进步的角度回答如何有效提升农村产业融合发展水平。本书对金融学、农业经济学以及产业经济学等相关理论进行了系统的梳理总结，考察了国外利用农村金融和农业技术支持农村产业融合发展的实践经验，系统构建了农村金融深化和农业技术进步影响农村产业融合发展的理论分析框架，探究了农村金融深化、农业技术进步支持农村产业融合发展的现状，考察了农村产业融合发展过程中所面临的农村金融支持不足以及农业技术进步滞后等问题，检验了农村金融深化和农业技术进步对农村产业融合发展的影响效应，揭示了以往研究较少涉及的农村产业融合发展过程中的要素供给与传导机制。在此基础上，从农村金融深化、农业技术进步及其两者配合三个方面设计了助力农村产业融合发展水平提升的长效机制，并提出了促进农村产业融合发展的相关政策建议。本书的基本结论、重要观点、政策建议如下：

1. 研究结论

    （1）近年来，随着中国农村金融的不断深化和农业技术的持续进步，总体上为推进农村产业融合发展提供了一个较为良好的金融技术支持环境。农村金融深化有助于解决农村融资难、融资贵问题，是推进农村产业融合发展的关键所在；农业技术创新和技术进步则是农村产业融合的内在驱动。当前，在农村金融深化、农业技术进步支持农村产业融合发展过程中，依旧存在包括涉农信贷供给总量缺口巨大、涉农长期大额贷款极为缺乏、农业保险难以满足市场需求和涉农金融产品创新明显不足等导致的农村金融支持不足，以及农业技术的有效供给不足和有效需求缺乏导致的农业技术进步缓慢等问题。

（2）考察期内中国农村产业融合发展水平整体呈不断上升趋势，但具有明显的区域异质性特征。测算结果表明：2008~2016 年中国农村产业融合发展水平提升十分明显，年均增长率高达 11.97%。以东部地区和中西部地区为区域划分标准，中国农村产业融合发展表现出明显的区域差异。其中，从农村产业融合发展的整体水平来看，东部地区明显高于中西部地区；但从农村产业融合发展的增长速度来看，中西部地区则要明显快于东部地区。衡量农村产业融合发展水平区域差异的基尼系数、泰尔指数和对数离差均值在整体上呈现出逐年递减趋势，说明中国省际农村产业融合发展水平的差异程度正在不断缩小。

（3）农村金融深化显著提升了中国农村产业融合发展水平，而且这种影响存在明显的区域差异。综合采用多种计量方法的实证结果表明：整体而言，农村金融深化有利于提升中国农村产业融合发展水平；与此同时，农村金融深化对农村产业融合发展水平的提升作用存在明显的区域差异，相比中西部地区，农村金融深化对农村产业融合发展水平的提升作用在东部地区更加显著。进一步运用面板门槛模型检验发现，地区之间农村金融深化程度、农村人力资本以及基础设施水平的不同，是造成农村金融深化对农村产业融合发展的影响存在区域差异的重要原因。

（4）农业技术进步不仅有利于提升本地区农村产业融合发展水平，还通过空间溢出效应（技术扩散效应）促进了相邻地区农村产业融合发展水平的提升。传统计量结果表明，农业技术进步显著促进了中国农村产业融合发展水平的提升。空间计量结果则发现，一个地区的农业技术进步可以通过空间溢出效应促进周边相邻地区农村产业融合发展水平的提升，即农业技术进步存在一定的技术扩散效应。进一步运用空间收敛模型检验发现，中国农村产业融合发展水平存在明显的 β 绝对收敛和 β 条件收敛，且农业技术进步对中国农村产业融合发展水平的收敛产生了显著的促进作用。

（5）农村金融深化通过促进农业技术进步显著提升了农村产业融合发展水平，即农业技术进步是农村金融深化影响农村产业融合发展的重要传导机制。交互作用模型检验发现，农村金融深化有效提高了农业技术进步对农村产业融合发展的正向作用。中介效应模型结果表明，农业技术进步是农村金融深化影响农村产业融合发展的重要作用途径，从而揭示了农村金融深化→农业技术进步→农村产业融合发展的传导机制。进一步运用面板门槛模型检验发现，随着农村金融深化程度的不断提升，农业技术进步对农村产业融合发展的促进效应不断增强，再次验证了农村金融深化通过促进农业技术进步，进而对农村产业融合发展产生了正向作用。

（6）促进农村产业融合发展需要构建农村金融深化和农业技术进步及两者相互配合的长效机制。围绕农村金融深化与农业技术进步进行机制设计，成为提高农村产业融合发展水平的关键路径。农村金融深化促进农村产业融合发展的长效机制主要包括产品创新机制、风险分散机制和协调合作机制；农业技术进步促进农村产业融合发展的长效机制主要包括供给推动机制、需求拉动机制以及示范带动机制；农村金融深化与农业技术进步配合促进农村产业融合发展的长效机制主要包括融资保障机制、服务支撑机制以及环境优化机制。

2. 重要观点

（1）乡村振兴的核心是产业振兴，农村产业融合发展则是振兴乡村产业的根本途径。必须依靠农村产业融合的乘数效应，不断延伸产业链、提升价值链、优化供应链，加快培育农村新业态、新产业，建立现代化的农村产业体系来促进农业农村可持续发展。

（2）中国区域之间的农村发展差异较大，农村金融深化需要充分结合区域特征，因地制宜实行差异化的农村金融深化策略，以有效推动区域农村产业融合的持续健康发展。

（3）制定农业技术进步促进农村产业融合发展政策时，应充分考虑地理空间因素，通过技术要素的空间有效配置形成新的增长点，以带动相邻地区农村产业融合协同发展。

（4）农村金融深化与农业技术进步的有效配合对于农村产业融合发展至关重要。必须依靠农村金融深化，积极发展农业科技金融，促进农业科技要素与金融要素的优化配置，增强农村产业融合发展的内在驱动力。

（5）农村产业融合发展最关键是人才兴旺。没有农民的知识化、技能化、职业化，农业现代化以及农村兴旺繁荣就只能是空中楼阁。要鼓励有志青年在农村创业、就业、安居乐业。

3. 政策建议

（1）以农村金融改革为契机强化农村产业融合发展的金融供给。当前，应以农村金融改革为契机，完善相关金融支持政策，增加农村产业融合发展的金融供给。具体措施包括：完善多层次金融支持政策，通过长期保持对涉农金融机构执行较低的存款准备金率，构建政府性担保机构体系和健全再担保机制，鼓励直接融资发展政策等途径，缓解农村产业融合发展的融资约束；持续推进农村信用体系建设，增加信用贷款对农村产业融合发展的支持力度；因地制宜改善农村支付环境，强化农村金融基础设施建设，提升农业经营主体从事农村产业融合发展获取金融服务的便利性和多样性。

（2）以创新驱动发展为动力提升农村产业融合发展的技术含量。当前，应以创新驱动发展为动力，激发农业经营主体创新活力和创造潜能，强化科技与农业对接、创新成果与产业发展对接、创意设计与生产经营对接，增强技术进步和创新创意对农村产业融合发展的贡献度，提升农村产业融合发展的技术含量。具体措施包括：健全农业科技人才支持政策，丰富农村产业融合主体；培育农村"众创空间"，为农村产业融合发展的创新创业项目提供孵化服务；加强知识产权保护力度，完善依靠专利技术入股及分红的激励机制；发挥产业集群创新优势，增强农业技术在特定区域内的扩散效应。

（3）以地区资源禀赋为前提支持农村产业融合多元化并存发展。中国地区之间差异较大，推进农村产业融合发展，必须以地区资源禀赋为前提，因地制宜突出区域特色和政策差异，探索多元化的产业融合发展模式。包括：实现农林结合、农牧结合以及种养循环的农业内部融合，通过产业链延伸、价值链提升、供应链打造促进一二三产业之间的纵向融合，推动农业与教育、创意、文化、旅游以及健康养老等产业的横向融合发展，积极将生物高新技术和前沿信息技术应用于现代农业发展领域的技术渗透型融合，以及实现高效种养业、纵向延伸产业、横向配套产业等多种业态的复合型发展。

（4）以培育多元融合主体为重点增强农村产业融合发展的能力。农村产业融合发展离不开多元化的主体支撑。首先要重视发挥新型农业经营主体的核心引领作用，支持家庭农场通过发展农产品加工、农产品直销等方式延长产业链；支持农民合作社在自愿平等互利的原则下发展联合社，强化对农户的带动能力以及市场竞争力；支持农业龙头企业积极向农产品深加工、农业服务业以及特色品牌农业等领域拓展，推动农业龙头企业转型升级。与此同时，还要注意争取农村其他经营主体的广泛参与和积极支持，鼓励供销社、邮政系统以及农村集体经济组织焕发活力，同时增强农户参与农村产业融合的能力。

（5）以优化产业发展环境为基础改善农村产业融合发展的条件。良好的产业发展环境不仅有利于推动涉农生产、经营成本的降低，同时还能够有效促进产业链整体盈利水平的提升，从而为农村产业融合发展创造有利的外部条件。具体措施包括：完善农村地区（尤其是中西部省份农村地区）基础设施建设，改善农业生产生活基本条件，保障农村产业融合发展基本需求；维护农村市场公平竞争秩序，全面清理阻碍农村产业融合发展的地方保护性政策，为农村产业融合发展创造良好的市场环境；构建农村公共服务体系，降低涉农生产成本，提高产业整体盈利能力。

（6）以相关制度建设为依托完善农村产业融合发展的保障体系。推进农村产业融合发展，还需要以相关制度建设为依托，建立完善的制度保障体系。一是创新用地制度，通过深化农村土地制度改革，创造制度条件实现土地要素的跨界集约化配置，破除农村产业融合发展过程中的土地瓶颈。二是加强监管制度，探索构建新型农业经营主体的社会责任报告制度，加快制定保障农产品质量安全的生产规范和标准。三是完善统计制度，健全农业信息监测预警体系以及农村信息服务体系，抓紧研究制定可以全面反映农村产业融合发展成效的标准体系、指标体系以及统计体系，以指导和推动农村产业融合有序发展。

目　录

第1章　绪　论 ·· 001

1.1　研究问题及背景 ·· 001

1.2　研究目标及思路 ·· 006

1.3　研究内容及方法 ·· 008

1.4　研究资料及来源 ·· 010

1.5　研究特色及创新 ·· 010

第2章　理论基础、文献综述与经验考察 ············· 012

2.1　理论基础 ·· 012

2.1.1　农村金融深化相关理论 ·················· 012

2.1.2　农业技术进步相关理论 ·················· 016

2.1.3　农村产业融合发展相关理论 ············ 020

2.2　文献综述 ·· 022

2.2.1　国外研究现状 ···························· 022

2.2.2　国内研究现状 ···························· 026

2.2.3　国内外研究述评 ························· 030

2.3　经验考察 ·· 031

2.3.1　美洲实践经验考察 ······················ 031

2.3.2　欧洲实践经验考察 ······················ 033

2.3.3　亚洲实践经验考察 ······················ 034

2.4　本章小结 ·· 036

第 3 章 农村金融深化、农业技术进步与农村产业融合发展的
理论分析框架·· 037

3.1 农村金融深化、农业技术进步与农村产业融合发展的
概念界定 ·· 037
3.1.1 农村金融深化的概念及其内涵 ················· 037
3.1.2 农业技术进步的概念及其内涵 ················· 038
3.1.3 农村产业融合发展的概念及其内涵 ············· 040

3.2 农村金融深化、农业技术进步与农村产业融合发展的
作用机理 ·· 041
3.2.1 农村金融深化对农村产业融合发展的作用机理 ··· 041
3.2.2 农业技术进步对农村产业融合发展的作用机理 ··· 047
3.2.3 农村金融深化对农业技术进步的作用机理 ······· 052
3.2.4 农村金融深化、农业技术进步与农村产业融合发展的
作用机理 ······································ 057

3.3 农村金融深化、农业技术进步与农村产业融合发展的
量化测度 ·· 058
3.3.1 农村金融深化的测度依据与方法 ············· 058
3.3.2 农业技术进步的测度依据与方法 ············· 060
3.3.3 农村产业融合发展的测度依据与方法 ········· 062

3.4 本章小结 ·· 064

第 4 章 农村金融深化、农业技术进步与农村产业融合发展的现状与
存在的问题·· 065

4.1 中国农村产业融合发展的现状 ······················· 065
4.1.1 农村产业融合发展的产业基础及主要业态 ······· 065
4.1.2 农村产业融合发展水平的现状分析 ············· 072

4.2 农村金融深化、农业技术进步支持农村产业融合发展的现状 ····· 076
4.2.1 农村金融深化支持农村产业融合发展的现状 ····· 076
4.2.2 农业技术进步支持农村产业融合发展的现状 ····· 084

目　录

4.3　农村金融深化、农业技术进步支持农村产业融合发展
　　　存在的问题 ·· 097
　　4.3.1　农村金融深化支持农村产业融合发展存在的问题 ········ 097
　　4.3.2　农业技术进步支持农村产业融合发展存在的问题 ········ 100
4.4　本章小结 ··· 103

第5章　农村金融深化影响农村产业融合发展的实证检验 ················ 104
5.1　引言 ··· 104
5.2　实证研究设计 ··· 106
　　5.2.1　模型设定与估计方法 ·· 106
　　5.2.2　变量选取与数据说明 ·· 107
　　5.2.3　典型化事实 ··· 111
5.3　经验检验与结果分析 ·· 112
　　5.3.1　基准检验结果分析 ·· 112
　　5.3.2　区域差异检验结果分析 ·· 115
　　5.3.3　稳健性检验 ··· 117
5.4　进一步讨论：区域差异的影响因素分析 ·································· 118
　　5.4.1　模型设定与估计方法 ·· 119
　　5.4.2　实证检验与结果分析 ·· 120
5.5　本章小结 ··· 124

第6章　农业技术进步影响农村产业融合发展的实证检验 ················ 125
6.1　引言 ··· 125
6.2　实证研究设计 ··· 127
　　6.2.1　模型设定与估计方法 ·· 127
　　6.2.2　变量选取与数据说明 ·· 130
6.3　经验检验与结果分析 ·· 131
　　6.3.1　传统计量检验与结果分析 ·· 131
　　6.3.2　空间计量检验与结果分析 ·· 133
　　6.3.3　稳健性检验 ··· 138
6.4　进一步讨论：农村产业融合发展的空间收敛性分析 ············· 139
　　6.4.1　空间收敛模型设定与估计方法 ······································ 140

　　　6.4.2　空间收敛模型估计与结果分析 ················ 141

　6.5　本章小结 ·· 143

第7章　农村金融深化影响农村产业融合发展的传导机制检验
　　　　——基于农业技术进步的视角 ················· 145

　7.1　引言 ·· 145

　7.2　实证研究设计 ··· 147

　　　7.2.1　模型设定与估计方法 ···················· 147

　　　7.2.2　变量选取与数据说明 ···················· 149

　　　7.2.3　典型化事实 ····························· 149

　7.3　经验检验与结果分析 ·································· 150

　　　7.3.1　交互作用模型检验结果分析 ·············· 150

　　　7.3.2　中介效应模型检验结果分析 ·············· 152

　　　7.3.3　稳健性检验 ····························· 156

　7.4　进一步讨论：农村金融深化的门槛特征分析 ·········· 157

　　　7.4.1　门槛模型设定与参数估计方法 ············ 157

　　　7.4.2　门槛效应检验与估计结果分析 ············ 158

　7.5　本章小结 ·· 160

第8章　农村金融深化、农业技术进步促进农村产业融合发展的
　　　　长效机制 ··· 162

　8.1　农村金融深化促进农村产业融合发展的长效机制 ······ 162

　　　8.1.1　产品创新机制 ···························· 162

　　　8.1.2　风险分散机制 ···························· 164

　　　8.1.3　协同合作机制 ···························· 165

　8.2　农业技术进步促进农村产业融合发展的长效机制 ······ 167

　　　8.2.1　供给推动机制 ···························· 167

　　　8.2.2　需求拉动机制 ···························· 168

　　　8.2.3　示范带动机制 ···························· 169

　8.3　金融技术配合促进农村产业融合发展的长效机制 ······ 170

　　8.3.1　融资保障机制 ……………………………………… 171

　　8.3.2　服务支撑机制 ……………………………………… 172

　　8.3.3　环境优化机制 ……………………………………… 173

　8.4　本章小结 ……………………………………………… 174

第9章　研究结论、政策建议与研究展望 …………………… 175

　9.1　研究结论 ……………………………………………… 175

　9.2　政策建议 ……………………………………………… 178

　　9.2.1　以农村金融改革为契机强化农村产业融合发展的
　　　　　金融供给 ……………………………………… 178

　　9.2.2　以创新驱动发展为动力提升农村产业融合发展的
　　　　　技术含量 ……………………………………… 179

　　9.2.3　以地区资源禀赋为前提支持农村产业融合多元化
　　　　　并存发展 ……………………………………… 180

　　9.2.4　以培育多元融合主体为重点增强农村产业融合发展的
　　　　　能力 …………………………………………… 180

　　9.2.5　以优化产业发展环境为基础改善农村产业融合发展的
　　　　　条件 …………………………………………… 181

　　9.2.6　以相关制度建设为依托完善农村产业融合发展的
　　　　　保障体系 ……………………………………… 182

　9.3　展望 …………………………………………………… 183

参考文献 ………………………………………………………… 184

后　记 …………………………………………………………… 206

第1章

绪 论

本书是关于农村金融深化、农业技术进步与农村产业融合发展关系问题的理论与实证研究。作为全书的导入部分，本章的核心目的在于为全书勾勒出一个清晰、系统的研究轮廓，并详细交代本书研究的具体问题及相关背景、研究的理论价值及实践意义、研究的主要目标及具体思路、研究的内容结构及关键方法、研究的资料及来源、研究的特色及创新。

1.1 研究问题及背景

农业是国民经济的战略产业，农村是城乡协调发展的战略要地。没有农村产业的融合发展，就没有农业农村的可持续发展；没有农业农村的可持续发展就不可能实现全面小康社会。近年来，中国农业农村经济发展整体上呈现出平稳、较快的态势，粮食产量持续增长，农民收入快速提高。但与此同时，中国农民农业农村发展正在面临着诸如增收困难、成本攀升、粮食安全、生态恶化、资源紧张以及农产品国内外价格倒挂等一系列严峻挑战。为此，自2015年中央一号文件发布开始，推进农村一二三产业融合发展（以下简称"农村产业融合发展"）便成为了党中央和国务院农村政策的焦点。将价值链、产业链等现代产业组织方式引入农村产业发展，通过链条延伸、业态培育、主体参与、模式创新以及要素激发等途径促进农村产业有效融合，有利于增强农业发展效率，拓展农民增收领域，以及培育农村新的增长点。近年来，中国农村产业融合发展的持续推进，不仅延伸了农业产业链和培育了一批新型业态（如休闲农业和乡村旅游业、"互联网+"农业、农业生产性服务业等），促进了农业发展方式转变以及农业多功能发展；同时也为农民分享农村产业融合发展的"红利"提供了就业平台，促进了农民增收致富；此外还推进了美丽乡村和社会主义新农村建设，促进了农村繁荣发展和城乡一体化进程。

尽管中国农村产业融合发展取得了显著成效，但总体而言尚处于初级阶段，农村一二三产业之间融合发展的层次和水平还比较低，并集中体现在以下几个方面：一是农业产业链条比较短，附加值仍旧偏低。2017年全国农产品加工业产值与农业总产值之比仅为2.3∶1，明显低于发达国家的平均水平（3~4∶1），加上农产品加工转化率不高，难以发展深加工，进而导致农产品附加值偏低。二是农业多功能挖掘不够，价值创造能力偏低。以休闲农业为例，2017年全国休闲农业经营收入与第一产业总产值之比约为1∶20，同发达国家之间的差距较大；而休闲农业经营收入占旅游观光总收入的比重仅为10%，也低于发达国家25%~40%的平均水平（王锡模，2013）。同时，目前休闲农业以观光为主，对风土乡俗、健康养生、教育文化等功能触及不多，在内容方面还比较缺乏多样化和特色化。三是产业融合主体发育迟缓，带动能力不强。主要表现为有带动能力的产业融合主体太少，以农产品加工业为例，2017年在全国40多万家农产品加工企业中，规模以上企业仅有8万余家，占比不超过20%。同时，一些产业融合主体有名无实，还有一些产业融合主体创新能力较差且成长性较慢，探索开发新产品、新业态以及新模式的能力较弱。四是利益联结比较松散，合作方式较为单一。目前，农村产业融合的利益联结机制仍以订单农业为主，2017年订单生产农户的比例达到45%[①]，但与股份制、股份合作制等产业融合利益联结方式相比，订单农业的违约率相对比较高。

如何有效提升中国农村产业融合发展质量及水平是一个至关重要的命题，涉及方方面面的因素，不仅需要改善目前滞后的农村基础设施，也要消除农村产业融合过程中面临的体制机制障碍，更要突破制约农村产业融合发展的要素（如土地、人才、金融以及技术等）供给瓶颈。在这些供给要素中，尤其以金融和技术的需求最为旺盛。从农村产业融合发展的金融需求来看，一方面，随着农村产业融合发展的不断推进，各方建设和发展必定会产生强烈的资金需求，而且这种需求具有大额化、长期化的特征；另一方面，伴随农村产业融合发展出现的从业主体多元化、产业层级多样化以及经营复合化等特征，使其在金融需求上也相应地呈现出多层次金融需求融合特征（孟秋菊，2018）。这些

---

① 数据来源于农业农村部网站，http：//www.moa.gov.cn/xw/zwdt/201806/t20180615_615 2210.htm，2018-06-15。

第1章 绪 论

特征迫切需要深化农村金融服务，通过扩大农村金融规模、优化农村金融结构以及提高农村金融效率等途径加大对农村产业融合发展的金融支持。从农村产业融合发展的技术需求来看，由于技术进步与技术创新是产业融合的基本前提和内在驱动力（陈柳钦，2007），而农村产业融合发展作为农业产业化的升级与拓展，是一种以农业为基本依托的新型农村产业发展模式，因而也迫切需要农业技术进步的推动。农业技术进步主要通过农业技术创新、农业技术推广以及农业技能培训等途径加强对农村产业融合发展的技术支持。一个明显的事实就是，日本农村金融深化程度相对较高，同时农业技术创新能力也很强，相应地其农村产业融合发展水平也比较高。

综上分析可以认为，农村金融深化和农业技术进步都是影响农村产业融合发展的关键因素，同时农业技术进步也会受到农村金融深化的影响。但从现实情况来看，目前中国农村金融产品、服务以及制度环境均严重滞后，尤其是作为农村金融制度重要组成部分的农村产业化融资体系尚未完全建立，致使农村产业融合主体的直接融资渠道狭窄，风险损失补偿不足，极大地制约了农村产业融合的发展进程。同时，当前农业产业化与现代化进程中的农业技术进步较为缓慢，集中体现在农业技术的有效供给不足与有效需求缺乏两个方面，导致农业技术进步的融合动力作用难以有效发挥。针对目前农村产业融合发展水平低下、农村金融支持不足以及农业技术进步缓慢等困境，本书拟从农村金融深化和农业技术进步的视角回答如何提升农村产业融合发展水平；同时以农业技术进步为核心渠道，研究农村金融深化对农村产业融合发展的影响机理。具体研究如下：农村金融深化对农村产业融合发展究竟有何影响？这种影响是否存在地区差异？如果存在，导致这种差异的原因又是什么？农业技术进步对农村产业融合发展有何影响？这种影响是否伴随着技术扩散效应（空间溢出效应）？农业技术进步是否促进了农村产业融合发展的空间收敛？农村金融深化是否会通过促进农业技术进步而推动农村产业融合发展？只有及时回应这些理论和实证问题，才能把握农村金融深化和农业技术进步在促进农村产业融合发展过程中的运行机制与规律，进而为从农村金融深化和农业技术进步视角提升农村产业融合发展水平提供理论方向指导和经验证据支持。

当然，对于上述问题的回答不能脱离既定的研究背景，不然可能会导致研究所得的主要结论以及据此提出的政策建议存在失真或者偏误。为此，本书尝试从理论背景与现实背景两个方面出发，详细阐述农村金融深化、农业技术进步与农村产业融合发展研究的背景。

（1）理论背景。应用经济学研究需要有相应理论作为支撑，缺乏理论支撑的研究将无任何说服力可言。尽管目前尚未有文献直接研究农村金融深化和农业技术进步对农村产业融合发展的影响，但相关领域的理论文献较为丰富。一是农村产业融合发展研究逐步深入。近年来，在借鉴国外学者关于产业融合的研究以及日韩两国发展"六次产业"的经验基础上，国内学者对农村产业融合的内涵、类型、原因、意义等率先进行了系统而广泛的研讨。二是农村金融深化和农业技术进步在农业产业化过程中的推动作用，已经获得理论界的一致认可和推崇。长期以来，发展农村金融和农业技术均被国内外学者视为推进农业产业化以及农业现代化的重要手段。总的来看，以上理论研究成果一方面包括了可以直接吸收与引用的经济学理论及其方法体系，另一方面还包括了在此基础之上对这些理论与方法的继承与扩展，从而为本书开展具体的研究以及取得新的突破打下了较为坚实的理论基础。

（2）现实背景。除上述理论背景外，本书研究还有既定的现实背景。尤其是近年来政策层面对农村产业融合发展问题给予了持续的高度关注，这些以构建现代农业产业体系为导向的顶层设计构成了本书研究的现实背景。

一方面，国家对农业农村的整体政策制定高度重视现代农业产业体系的建立，而农村产业融合发展又是构建现代农业产业体系的重要举措。近年来，中央一号文件陆续提出要加快农业现代化、推进农业供给侧结构性改革以及实施乡村振兴战略，这些都是党中央着眼于当前农业农村"短腿、短板"问题而作出的重大决策。在此期间，党的十九大报告明确提出要贯彻新发展理念，建设现代化经济体系。因此，构建现代农业产业体系也是加快农业现代化、推进农业供给侧结构性改革以及实施乡村振兴战略的重要任务之一。而推进农村产业融合发展，既是探索中国特色农业现代化道路的必然要求，同时也是构建现代农业产业体系的重要举措。为此，自2014年中央农村工作会议上提出"促进一二三产业融合互动"后，农村产业融合发展便成为近年来中国一以贯之的农村产业政策。2015~2019年中央一号文件连续聚焦推进农村产业融合发展，并提出了相应的政策措施。同时，2015年国务院办公厅印发了《关于推进农村一二三产业融合发展的指导意见》，对农村产业融合发展的融合方式、主体、机制以及服务等内容作了具体规定。2016年印发的《关于支持返乡下乡人员创业创新促进农村一二三产业融合发展的意见》和《关于进一步促进农产品加工业发展的意见》，进一步细化和完善了农村产业融合发展的扶持政策措施。此外，2016年农业部联合相关部门印发了《关于大力发展休闲农业的指导意见》，以及编制了《"十三五"全国农产品加工业与农村一二三产业融合发展规划》。上述文件和规划，构成了促进农村产业融合发展的政策体系。至此，着重推进农村产业融合发展成为构建现代农业产业体系的重要政策施力点。基于这一现实背景，深入探索如何提升农村产业融合发展水平、实现农业的"接二连三"成为亟待解决的研究议题。

另一方面，农村产业融合的政策设计，把完善农村金融支持、加强农业技术创新作为提高农村产业融合发展水平的重要途径。农村金融支持不足和农业技术进步缓慢是制约农村产业融合发展的关键障碍。近年来，在涉及农村产业融合的相关政策设计中，逐步将完善农村金融支持、加强农业技术创新作为提高农村产业融合发展水平的着力点。从完善农村金融支持方面来看，2016 年农业部与中国农业银行联合印发《关于金融支持农村一二三产业融合发展试点示范项目的通知》，首次系统地提出"通过加大金融支持，引导农村产业融合发展扶持政策与信贷资金有效对接，引导信贷资金向产业融合领域投放"，是推进农村产业融合发展的重要手段；2017 年农业部和中国农业发展银行联合印发的《关于政策性金融支持农村一二三产业融合发展的通知》，则明确了政策性金融支持农村产业融合发展的重要意义、目标任务、重点任务以及推进机制。从加强农业技术创新方面来看，2015 年国务院办公厅印发的《关于推进农村一二三产业融合发展的指导意见》，鼓励农业企业和科研机构等开展农村产业融合领域的技术创新，大力研发农产品加工贮藏、分级包装等新技术，以强化农村产业融合发展的技术支撑。2016 年国务院办公厅印发的《关于支持返乡下乡人员创业创新促进农村一二三产业融合发展的意见》，强调返乡下乡人员的创业创新有利于将现代科技、生产方式和经营理念引入农业，并通过利用新技术、新理念和新渠道提高农业质量效益和竞争力，推动农村产业融合发展。以上政策设计思路均突出了金融支持和技术创新在推动农村产业融合发展过程中的重要性。从完善农村金融支持、加强农业技术创新的视角研究如何有效提升农村产业融合发展水平，成为回应上述政策导向的重要实践议题。

基于以上的研究问题与研究背景，本书认为全面系统地研究农村金融深化和农业技术进步对农村产业融合发展的影响，对于丰富金融技术支持农村产业融合发展的理论体系、指导社会各界的创业创新选择以及促进各级政府与金融机构的科学化决策均具有重要的理论价值与实践意义。

（1）理论价值方面，在对既有相关研究成果进行全面梳理、总结以及评析的基础之上，密切结合目前中国农业农村经济的发展态势，系统构建农村金融深化、农业技术进步与农村产业融合发展的理论框架，实证检验农村金融深化、农业技术进步及其两者配合对农村产业融合发展水平的影响，并科学设计促进农村产业融合发展的长效机制，从而不但能够深化和拓展已有关于农村金融深化、农业技术进步及农村产业融合发展的研究成果，还可以为促进农村产业融合发展，提高农村产业融合发展水平提供极为有力的理论支撑。

（2）实践意义方面，农村产业融合发展是发展现代农业的必然选择，也是农业发展阶段性的必然产物。全面深入地研究中国农村产业融合发展的现状、特征及趋势，有利于社会各界更加清晰、准确地认识和支持农村产业融合发展；系统性地研究农村金融深化和农业技术进步支持农村产业融合发展的现状及问题，研究农村金融深化和农业技术进步对农村产业融合发展的影响机理和长效机制，有助于为中央及地方政府制定农村产业融合发展战略和政策措施提供科学的理论指导和现实依据，从而促进农村产业融合发展水平的有效提升。

1.2　研究目标及思路

针对现有研究的不足，以及农村产业融合发展过程中所面临的金融支持不足、技术进步缓慢等问题，本书拟从农村金融深化和农业技术进步的角度回答如何有效提升农村产业融合发展水平。本书研究的总体目标是：综合利用多种科学的理论与方法，整体上厘清农村金融深化、农业技术进步与农村产业融合发展的概念内涵及其作用机理，系统研究农村金融深化、农业技术进步对农村产业融合发展的影响，设计农村金融深化、农业技术进步及其两者配合促进农村产业融合发展的长效机制，进而为提升中国农村产业融合发展水平提供理论与实证支持。围绕这一总体目标，本书进一步设置了以下几个具体研究目标：

第一，系统梳理和借鉴相关经典的基础理论，总结国外利用农村金融和农业技术支持农村产业融合发展的实践经验。分析和总结国内外已有的相关研究成果，科学界定农村金融深化、农业技术进步和农村产业融合发展的概念内涵和衡量指标，厘清农村金融深化、农业技术进步与农村产业融合发展之间的作用机理。

第二，深入分析中国农村产业融合发展的产业基础、主要业态及整体水平，剖析农村金融深化和农业技术进步支持农村产业融合发展的现状以及存在的问题,重点为从农村金融深化和农业技术进步视角提升农村产业融合发展水平提供现实依据。

第三,从回应理论分析框架出发,通过采用多种计量分析方法,分别实证检验农村金融深化与农业技术进步对农村产业融合发展的影响效应,并且以农业技术进步为核心渠道,系统考察农村金融深化影响农村产业融合发展的具体路径及内在机理。

第四,结合理论与实证研究结果,设计农村金融深化、农业技术进步及其两者配合促进农村产业融合发展的长效机制,提出促进农村产业融合发展的政策建议,从而为农村产业融合发展过程中的农村金融支持体系构建和农业技术服务体系创新提供理论参考和实践启示。

本书的技术路线遵循"理论研究—实证研究—政策研究"的应用经济学研究一般研究逻辑。首先,发现并提出研究问题,分析研究的背景与意义,确定研究的目标、思路、内容以及方法;其次,对研究对象展开理论与实证研究;最后,结合研究结论,进行机制设计并提出政策建议。具体的研究技术路线如图 1-1 所示。

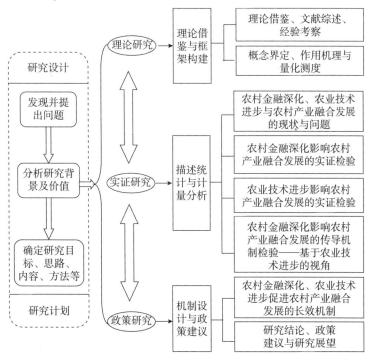

图 1-1 本书的研究技术路线

1.3 研究内容及方法

从结构上而言，本书的主要内容包括四个方面——绪论、理论研究、实证研究以及政策研究，且重点可以概括为以下几点：

第一，农村金融深化、农业技术进步与农村产业融合发展的理论分析（第 2、第 3 章）。系统回顾农村金融深化、农业技术进步与农村产业融合发展相关的基础理论，详细梳理相关领域的国内外研究现状，并考察国外利用农村金融和农业技术支持农村产业融合发展的实践经验。然后从相关概念界定、作用机理分析以及主要指标量化测度等方面，运用质性分析和数理推导尝试性构建农村金融深化、农业技术进步与农村产业融合发展的理论分析框架。

第二，农村金融深化、农业技术进步与农村产业融合发展的现状分析与问题解剖（第 4 章）。主要基于中国地区层面数据，描述统计农村产业融合发展概况并对其发展水平测度结果展开分析。结合数据和案例，详细评估农村金融深化、农业技术进步支持农村产业融合发展的现状，最后指出农村产业融合发展过程中所面临的农村金融支持不足以及农业技术进步滞后等问题。

第三，农村金融深化影响农村产业融合发展的实证检验（第 5 章）。基于前文的理论分析框架，结合农村金融深化影响农业产业化发展的既有研究，提出并检验如下两个实证命题：一是从全国整体层面审视，农村金融深化对农村产业融合发展究竟存在何种影响；二是从区域异质性出发，农村金融深化对农村产业融合发展的影响是否存在区域差异。此外，还将进一步拓展讨论造成这种区域差异的可能成因。

第四，农业技术进步影响农村产业融合发展的实证检验（第 6 章）。在前文理论分析的基础上，结合农业技术进步可能存在的技术扩散效应，提出并检验如下两个实证命题：一是从传统计量角度出发，农业技术进步对农村产业融合发展究竟存在何种影响；二是考虑空间相关性之后，农业技术进步除了影响本地区农村产业融合发展之外，是否还会影响相邻地区的农村产业融合发展。此外，还将进一步拓展讨论农村产业融合发展的空间收敛性。

第五，农村金融深化影响农村产业融合发展的传导机制检验——基于农业技术进步的视角（第 7 章）。在实证分析农村金融深化和农业技术进步各自对

第1章 绪 论

农村产业融合发展影响效应的基础上，进一步以农业技术进步为核心渠道，探寻农村金融深化影响农村产业融合发展的传导机制，由此也引出并检验以下实证命题：农村金融深化是否通过促进农业技术进步进而影响农村产业融合发展。

第六，农村金融深化、农业技术进步助力农村产业融合发展的长效机制与政策建议（第8、第9章）。在理论研究与实证研究的基础之上，围绕提升农村产业融合发展水平，初步构建农村金融深化和农业技术进步助力农村产业融合发展水平提升的长效机制，并结合主要研究结论，提出推动农村产业融合发展的操作层面的政策建议。

本书在研究过程中坚持定性分析与定量分析相结合、规范分析与实证分析相结合，运用数理经济学的模型推演、计量经济学中的回归分析等研究方法，对农村金融深化、农业技术进步与农村产业融合发展的关系进行系统的理论刻画与实证分析，具体的研究方法主要包括：

第一，文献与理论分析。本书第2章和第3章将主要采用该方法。本书在回顾相关领域已有文献的基础上，明确农村金融深化、农业技术进步与农村产业融合发展的基本内涵与测度指标，并系统构建本书的研究框架和理论基础。

第二，数理模型分析。本书第3章中的3.2节将主要采用该方法。在借鉴经典理论并结合一系列假定的条件下，利用数理模型推导出农村金融深化对农村产业融合发展水平的影响。

第三，综合指数测度法和熵值法。本书第3章的3.3节从农村金融规模、农村金融结构以及农村金融效率等方面设计农村金融深化的综合评价指标体系；从农业产业链延伸、农业多功能性拓展、农业新业态发展以及产业融合主体培育等方面设计农村产业融合发展的综合评价指标体系，然后采用加权求和法和熵值法计算得到农村金融深化程度和农村产业融合发展水平的综合指数。

第四，DEA-Malmquist 指数法。本书第3章中的3.3节，在借鉴现有文献有关农业技术进步测算方法的基础上，采用基于数据包络分析（Data Envelopment Analysis，DEA）的 Malmquist 指数法，分别对广义上和狭义上的农业技术进步水平进行测算。

第五，描述性统计分析。本书第4章将主要采用该方法。利用地区层面数据概述农村产业融合发展的现状，以及在推进农村产业融合发展过程中面临的农村金融支持不足以及农业技术进步缓慢等问题。

第六，计量模型分析。本书第5、第6、第7章的实证部分是在理论分析的基础上，提出并检验相应的实证议题。主要运用固定效应法（FE）、面板校正标准误法（PCSE）、可行广义最小二乘法（FGLS）、系统矩估计法（SYS-GMM）、空间计量方法、门槛回归方法等现代计量分析方法，实证研究农村金融深化、农业技术进步及两者交互作用对农村产业融合发展的影响效应。

1.4　研究资料及来源

本书研究所借鉴的理论资料主要来自国内外相关领域的学术论著与经典教材，如埃思里奇著（朱钢译）的《应用经济学研究方法论》、宗锦耀著的《农村一二三产业融合发展理论与实践》、董晓林编著的《农村金融学》、周端明著的《中国农业技术创新路径研究》等，以及国内外权威性学术期刊，如 *American Journal of Agricultural Economics*、*Agricultural Economics*、*Journal of Finance*、*Econometrica*、《经济研究》、《管理世界》、《中国农村经济》、《金融研究》等。本书研究所用数据资料主要来源于各年份的《中国统计年鉴》《中国金融年鉴》《中国农业年鉴》《中国农村统计年鉴》《中国农产品加工业年鉴》《中国休闲农业年鉴》《中国乡镇企业年鉴》《中国工商行政管理年鉴》《中国人口和就业统计年鉴》等统计年鉴，以及国家统计局等数据网站。部分数据来源于各年份的《中国农村金融服务报告》、《中国区域金融运行报告》、《国民经济与社会发展统计公报》、《"三农"贷款与县域金融统计报告》、《中国休闲农业发展研究报告》、各地区休闲农业发展报告、市场主体发展报告等重要的报告资料。由于统计原因，2008 年之前的农村产业融合发展原始数据（农产品加工业主营业务收入、休闲农业营业收入、设施农业总面积以及农民专业合作社数量等）不可得，与此同时，本书完稿时所涉及数据在 2016 年之后大多也尚未公布，因此，本书将样本时间跨度设定为 2008~2016 年。

1.5　研究特色及创新

具体来看，本书的研究特色与创新可能主要集中在以下几个方面：

第 1 章 绪 论

第一，本书在借鉴金融学、农业经济学以及产业经济学等一般理论的基础上，从农村产业融合发展的金融要素需求和技术要素需求出发，系统构建了农村金融深化和农业技术进步影响农村产业融合发展的理论分析框架，在一定程度上深化和拓展了金融深化和技术进步支持农村产业发展的理论研究范围。本书科学界定了农村金融深化、农业技术进步、农村产业融合发展等相关概念内涵；通过建立数理模型以及采用质性分析的方式具体论证了农村金融深化、农业技术进步与农村产业融合发展的作用机理；探究了农村金融深化、农业技术进步、农村产业融合发展的测度依据与方法。

第二，从农村金融深化、农业技术进步以及两者协同等视角出发，在实证层面提供了较为完整的农村金融深化和农业技术进步影响农村产业融合发展的经验证据支撑，揭示了以往研究较少涉及的农村产业融合发展过程中的要素供给与传导机制。本书采用多种计量分析方法，分别实证检验了农村金融深化、农业技术进步对农村产业融合发展的影响及其传导机制，研究证实农村金融深化和农业技术进步均是推动农村产业融合发展的重要因素，同时农村金融深化还通过促进农业技术进步进而提升了农村产业融合发展水平。基于此，本书提出了"农村金融深化与农业技术进步的有效配合对于农村产业融合发展至关重要"等重要观点。

第三，基于理论分析和实证检验的重要结论，结合目前中国农村产业融合发展的现状以及农村金融深化、农业技术进步在支持农村产业融合发展过程中存在的问题，本书从农村金融深化、农业技术进步及其两者配合三个方面设计了助力农村产业融合发展水平提升的长效机制，并提出了促进农村产业融合发展的相关政策建议。本书所论证和揭示的重要理论观点与政策主张，可以为各级政府部门以及涉农金融机构制定支持农村产业融合发展的相关战略和政策措施提供一定的理论依据和思路参考。

第2章

理论基础、文献综述与经验考察

系统探究农村金融深化、农业技术进步对农村产业融合发展的影响，有必要借鉴吸收已有的理论研究成果以及考察国外先进的实践经验。为此，本章的目的在于系统梳理和回顾农村金融深化、农业技术进步以及农村产业融合发展的相关理论，同时归纳和评述相关问题的国内外研究成果，并且总结和考察国外实践经验及其对中国农村产业融合发展的启示，以期为后续章节的理论研究与实证检验奠定基础。

2.1 理论基础

2.1.1 农村金融深化相关理论

2.1.1.1 现代金融发展理论

20 世纪 50 年代以来，针对金融发展与经济增长之间关系的研究由浅及深并持续深化，金融发展理论也由此经历了多个演进阶段，具体包括金融结构理论、金融深化理论以及金融约束理论等。这些理论对于发展中国家的金融政策制定、金融体系构建以及金融市场运作具有重大的指导作用。

2.1.1.1.1 金融结构理论

揭开金融发展理论研究序幕的是《经济发展中的金融方面》（Gurley，1955）和《金融中介机构与储蓄—投资过程》（Shaw，1956）这两篇重量级文章，文中第一次将金融发展视为经济增长的必备要素之一。1960 年，Gurley 和 Shaw 进一步合著了《金融理论中的货币》一书，详细阐述了金融发展与经济增长之间的关系，并尝试构建一个以研究完备化的金融政策、多样化的金融工具和金融机构为核心内容的广义货币金融理论。Gurley 和 Shaw 的理论已经初步涉及金融发展的深层次制度性因素，这也为接下来的研究确定了逻辑起点以及提供了方向指引。在此基础上，Goldsmith 在其著作《金融结构与金融发展》（1969）中提出了金融结构理论，从而为传统金融发展理论奠定了重要基础。在金融结构理论看来，一个国家（或地区）的金融结构是由金融要素（包括金融工具、金融服务、金融机构等）的存在形式、相对规模以及内在性质等共同构成的；与此同时，金融结构并非一成不变，而是随着时间的变化而动态变化，这种变化也带来了金融发展；金融制度安排与体制建构是金融结构理论的核心要义，即在特定时期内一个国家（或地区）金融运行的机制及其效率。总的来看，Goldsmith 确立了一个研究金融结构与金融发展问题的基本框架，遗憾的是，他的理论并未涉及金融发展的根本性问题，即金融对经济增长的作用机制，故而也存在一定的缺陷。

2.1.1.1.2　金融深化理论

Mckinnon 和 Shaw 于 1973 年分别在其著作《经济发展中的货币和资本》和《经济发展中的金融深化》中，提出了金融抑制理论和金融深化理论，对发展中国家的金融发展问题进行了系统阐述，这也是金融发展理论正式形成的重要标志。其中，金融抑制指的是一个国家（或地区）的政府部门过多地干预金融活动，使金融市场机制的作用难以充分发挥，导致金融体系极度不完善以及金融市场发展明显滞后，而受抑制的金融反过来又将阻碍经济发展，由此形成恶性循环。具体而言，金融抑制主要有三种表现形式：一是过于单一化的金融结构、发展滞后的金融市场，以及较少的信用工具；二是严格管制利率与汇率，扭曲利率与汇率价格，使其难以反映真实的资金或外汇供求；三是高度分割化的金融市场体系。对于发展中国家而言，政府对金融市场的深度抑制（核心是利率管制）将严重扭曲资金价格，阻碍资金在资本市场和货币市场上的顺利流通，导致社会储蓄与投资数额出现锐减，国家经济由此缺乏充足活力，这也是发展中国家经济普遍欠发达的重要原因。而要解决这一问题，必须推行金融深化，以充分发挥金融对经济增长的促进作用。

所谓金融深化，指的是政府持续减少甚至取消对金融体系的过度人为干预，使利率与汇率可以真实反映资本市场和外汇市场的供求状况，从而逐步实现金融自由化，并且有效控制通货膨胀；同时优化金融机构、工具以及服务，不断扩大金融规模，建立健全金融市场运行机制，最终带来金融与经济的良性协同发展。具体而言，金融深化主要表现在以下几个层面：一是金融规模的持续扩大；二是金融机构、工具以及服务的优化升级；三是金融市场机制的不断健全，金融资源配置效率的逐步攀升。这三个层面的金融深化相互影响、相互制约，呈现出互为因果的关系。金融深化理论特别强调了在经济发展过程中，金融政策与金融体制所起到的关键作用，从而为发展中国家实施金融政策以及深化金融改革提供了重要的理论依据。在 Mckinnon 和 Shaw 之后，Kapur（1976）、Galbis（1977）、Fry（1978，1982）以及 Mathieson（1980）等学者进一步丰富了金融深化理论的分析视野，提出了一系列逻辑严密、论证规范的金融抑制与金融深化模型；同时也拓展了金融深化政策的适用范围，指出了发展中国家深化金融改革的基本前提：竞争型的金融体制、健全的金融监管制度、严格的财政纪律、完善的税收体系以及稳定的价格水平。

2.1.1.1.3 金融约束理论

鉴于 20 世纪末期拉美国家和东南亚国家金融深化中出现的金融危机，一些经济学家开始对金融深化理论及其实践进行检验与批评，并试图寻找一条新的金融发展道路。1997 年，Hellmann、Murdock 和 Stiglitz 在《金融约束：一个新的分析框架》一书中，从信息不对称与有效需求角度出发，系统构建了金融约束的理论分析框架，挑战了经典的金融深化理论。该理论总结了金融深化中市场失败的原因，认为发展中国家和转型国家由于不具备金融自由化所需的先决条件（瓦尔拉斯均衡的市场条件），故而其政府应该实施金融约束。当然，发展中国家实施金融约束也是有前提条件的，这些条件包括正且低的实际利率、宽松的市场准入、较低的通货膨胀率以及稳定的宏观环境等。在金融约束理论看来，政府对金融市场施加适当干预是非常必要且重要的，政府通过制定合理的金融政策，能够最大限度地调动金融市场上投资、储蓄以及生产的积极性。由此可见，金融约束本质上是一种政府干预下的金融深化路径。金融约束与金融深化并非决然分化，两者之间的关联在一定程度上反映了两种资源配置方式（市场经济、计划经济）的融合互动，一方面，在市场经济中有计划经济的成分，另一方面，在计划经济中也有市场经济的成分。而金融约束与金融深化的核心区别则在于究竟是以计划为主还是以市场为主。

2.1.1.2 农村金融发展理论

作为现代金融发展理论的派生理论，农村金融发展理论主要包括农业信贷补贴理论、农村金融市场理论以及不完全竞争市场理论，这些理论对于发展中国家的农村金融问题研究极富代表性，其相关理论主张和政策含义对发展中国家农村领域的金融变革与产业发展造成了深远影响。

2.1.1.2.1　农业信贷补贴理论

农业信贷补贴理论以金融抑制为理论基石，针对发展中国家农村领域的金融问题研究而形成，是 20 世纪 80 年代以前农村金融发展理论的主流学说。在农业信贷补贴理论看来，农村居民的储蓄能力普遍较弱，加上农业产业的分散性、弱质性以及弱势性，使农村信贷需求存在风险性以及收益不确定性等问题，进而致使营利性的商业银行不愿涉足农村金融市场，农村资金供给严重不足，由此迫切需要政府在农村金融市场中发挥主导和引领作用。具体而言，农业信贷补贴理论主张政府通过实行必要的管制措施来干预农村金融市场；提倡采取专项贷款和贴息贷款等政策降低融资成本，扩大农村金融市场的资金注入；加大对涉农金融机构的保护与监管力度，努力降低金融机构开展涉农金融业务的成本和风险。在农业信贷补贴理论的指导下，20 世纪六七十年代一些发展中国家开始设立专门的农业金融机构，客观上带动了各国农村经济暂时性的恢复增长。然而，随着全球市场化进程的不断推进，农业信贷补贴理论的负面作用也逐步显现，比如金融机构效率低下、缺乏活力等。根据农业信贷补贴理论的观点，中国在推进农村产业融合发展的初期，考虑到第一产业的弱质性，政府应大力完善政策性金融机构，通过利率优惠等途径尽量满足农业产业化组织和农户的融资需求，促进第一产业与二三产业之间的协调发展。

2.1.1.2.2　农村金融市场理论

农村金融市场理论，又被称为农村金融系统理论，该理论以金融深化为理论基石，是金融深化理论在农村金融领域的延伸和发展，并逐步成为 20 世纪 80 年代以后农村金融发展理论的主流学说。与农业信贷补贴理论相比，农村金融市场理论最大的区别在于其对市场机制的高度重视。在该理论看来，农户的储蓄潜力较大，但政府干预的低利率政策会极大降低农户的储蓄动员能力。农村金融中介的核心功能在于动员农村居民在当地储蓄，并积极采取各种市场化手段促进农村存款的较快增长，进而服务于农村经济发展需要；同时，该理论对农村非正规金融存在的合理性进行了论证，认为导致农村地区非正规金融普遍存在的直接原因在于高昂的风险费用与机会成本，农村非正规金融市场是对农村正规金融市场的有益补充。此外，该理论不鼓励发展农村政策性金融，认为利率水平不应该受到政府的管制约束，而是该交由市场机制来自主决定。农村金融的市场化路径主要在于实现利率的市场化、政府职能的转变以及农村金融机构的多样化发展。根据农村金融市场理论的观点，鉴于目前中国农村金融市场仍不健全，在推进农村产业融合发展的实践中，许多农户仍然难以获得急需的信贷资金。因此，有必要通过推动农村金融体系改革，实施差异化的涉农信贷政策，改善农户普遍存在的融资难、融资贵状况，有利于推动农业产业化经营以及农村产业融合发展。

2.1.1.2.3　不完全竞争市场理论

不完全竞争市场理论以金融约束为理论基石，并结合 Stiglitz 和 Weiss（1981）的不完全竞争和不完全信息理论而形成，是 20 世纪 90 年代以来农村金融发展理论的主流学说。根据不完全竞争市场理论的观点，发展中国家农村金融市场的信息不对称问题十分严重，由此会产生逆向选择和道德风险，单纯依靠市场机制难以培育出一个健康发展的金融市场，政府的适当介入显得尤为必要。换句话说，在不完全竞争市场或者存在信息不对称的情形下，政府的合理干预可以促进金融市场发展。从实践的角度出发，不完全竞争市场理论提出了促进农村金融市场发展相应的政策建议：一是政府应该创造有利的宏观环境，这是促进农村金融市场发展的前提条件；二是建立政策性银行向特定部门开展低息融资，并且以有监督的信贷政策来作为激励体制；三是政府应该鼓励设立多种形式的农村金融机构，互助储金会、使用权担保以及融资担保等均能够有效减少金融市场的信息不对称。总的来看，不完全竞争市场理论对发展中国家农村金融现状解释力比较强，因而也更具有操作性和现实性。根据不完全竞争市场理论的观点，当前中国农村金融市场的借贷双方（农村金融机构与农业经营主体）之间仍然存在着较为严重的信息不对称现象。因此，有必要发挥政府的功能和作用，通过提高农业组织化程度以及完善农户征信体系建设等举措介入农村金融市场，加大农村产业融合发展的金融支持力度。

2.1.2　农业技术进步相关理论

2.1.2.1　新古典经济学派技术进步理论

20 世纪 40 年代，经济学家 Harrod 和 Domar 提出了西方发展经济学领域著名的经济增长模型，即"哈罗德—多马模型"（Harrod-Domar Model）。遗憾的是，该模型仅将资本作为经济增长的影响因素，技术进步则被当作了经济系统的外生变量，因而对技术进步在经济增长中的贡献没有直接的解释。在此基础上，著名经济学家 Solow（1957）进一步验证了技术进步在经济增长中的重要性，初步形成了新古典增长理论。Solow 以科布—道格拉斯生产函数为基础，将技术进步作为外生变量引入该函数，对哈罗德—多马模型进行了修正。Solow（1957）认为，长期的经济增长主要依靠技术进步，这种技术进步通过"既定生产函数任何一种形式的变动"表现出来，主要包括劳动力素质的提升、资本质量的改善或者新资本中所蕴含的技术成果等。在定义技术进步的基础上，Solow 进一步利用数学推导给出了 Solow 残值公式，不仅打破了过去固定技术系数生产函数的假设，同时也开启了对技术进步作用展开定量分析的先河。在此之后，通过借用 Solow 残值这一概念，可以对技术进步在经济增长中的贡献进行间接估算。根据新古典经济增长理论，经济增长依赖于技术进步，因此可以推论，农业经济增长不仅源于传统生产要素投入，而且在某一时期的技术进步才是推动农业经济发展的关键因素。

2.1.2.2　诱致性农业技术进步理论

诱致性农业技术进步理论最早由 Hayami 和 Rutton（1971）提出。在该理论看来，要素相对价格改变可以诱致要素之间相互替代并产生要素节约，即一种要素相对于其他要素的价格上涨，导致降低该要素相对于其他要素使用量的技术进步。以诱致性生化型技术进步为例（见图 2-1），假定 Y_0 为基期等产量曲线，此时化肥与土地两种要素的价格比率为 aa，并且在 M 点实现最低成本的均衡。Y_1 为第 1 期等产量曲线，从基期到第 1 期的过程中，土地要素越来越稀缺，土地和化肥要素的价格比率调整为 bb，此时便会出现新的生化型技术，新技术有利于节约土地要素，对化肥的反应也更加敏感。生化技术与化肥之间存在着一种互补型的关系，生化技术与化肥的组合可以表示为直线 c。从图 2-1 中可以看出，由于生化型技术的不断进步，使土地要素逐步被生化技术与化肥之间的组合所替代，这即是要素相对稀缺导致要素相对价格变化产生的结果。根据诱致性农业技术进步理论的观点，要素禀赋不同的国家（或地区），其实现农业经济增长的道路也应有所不同，其中，对于土地要素贫乏而劳动力要素丰盈的国家而言，理应坚持走生化型技术进步的发展道路；对于土地要素丰富而劳动力要素缺乏的国家而言，则应坚持走机械型技术进步的发展道路。诱致性农业技术进步理论的启示主要在于：发展中国家在推动农业经济发展的过程中，不能简单地移植照搬发达国家现行采用的农业技术，否则可能会导致低效率甚至无效率的增长，这对于现阶段中国大力推进农村产业融合发展和农业现代化进程同样有着重要的现实意义。

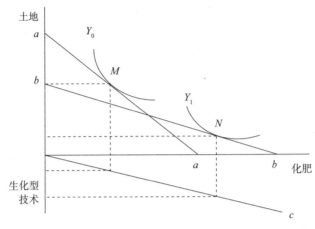

图 2-1 诱致性农业技术变迁模型

2.1.2.3 农业技术扩散理论

技术扩散是指某项新技术在特定时间内通过特定渠道，在特定社会系统的成员之间被传播的过程（Rogers，1983）。而农业技术扩散则指的是一种农业新技术从技术源头不断传播到周围，并被广大农业经营主体（农业企业、农民合作社以及农户）逐步接受和采纳的过程（刘笑明和李同升，2006）。一般而言，任何一种农业新技术的出现和扩散均是具有一定规律性的，在农业技术扩散过程中，随着某种新技术的不断普及，会有越来越多的农户选择采用该项新技术，当采用农户的数量达到高峰之后，由于该技术又会被某项更新的新技术所代替，因而采用农户也会逐渐减少，最终呈现出一种农业新技术扩散的"S"型寿命周期，如图 2-2 所示。图中的纵坐标轴表示农业新技术采用数量的累计采用率，横坐标轴表示时间。从中可以发现，初期阶段考虑到农业技术潜在的风险性，如果盲目采用，其对农业生产的负面影响可能会持续一个季度甚至一年，此时的绝大多数农户均是风险厌恶者，并不愿积极采用农业技术创新成果，从而使得农业技术创新扩散初期的扩散速度和进程相对较为缓慢。当某种农业技术创新在一定范围内进行示范并产生一定经济效益后，作为理性经济人，越来越多的农户将会乐意接受并采用该项农业技术创新，从而不断加快这种农业技术创新的扩散速度。当在广大农民普遍接受该项农业技术创新之后，即使没有任何的外在驱动力，农户个体也会选择采用该项技术，此时，这项农业技术创新又会被新的农业技术创新所替代，从而导致农业技术创新的扩散速度逐步变缓。

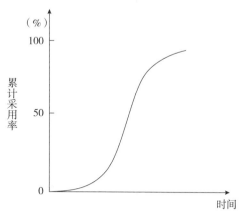

图 2-2　农业技术 S 型扩散曲线

2.1.2.4　农业技术推广理论

农业技术推广主要包括农业技术推广沟通理论和农业技术推广框架理论。①农业技术推广沟通理论。早期农业推广认为农业技术推广者与农户之间仅仅是一种单纯的"技术传输"关系，在这种理念的指导之下，无论是农业技术成果转化率还是农户的新技术采用率均不甚理想，难以真正达到农业技术推广的预期效果。为此，农业推广学中的沟通理论便应运而生，在该理论看来，农业技术推广应该是"双向沟通"的动态过程，在这个过程中要重点解决农业技术推广人员与推广对象（农户）之间的双方问题。农业技术推广沟通中的核心要素为推广内容信息沟通与推广方式方法沟通，两者共同决定着农业技术推广工作的成效。农业技术推广人员只有依据不同农户的现实情况，有针对性地采取对应的沟通方法，才能够较好地达到预期效果（卢敏，2005）。②农业技术推广框架理论。Albrecht（1987）较早地构建了农业推广框架理论，这个框架包括农业技术推广目标团体系统和农业技术推广服务系统，两个系统之间相互渗透、相互作用，共同构成了农业技术推广的工作范围。其中，农业技术推广目标团体系统是指农户及其所处的外部环境，主要用于评估农业技术推广的具体策略与方法；农业技术推广服务系统则指的是农业技术推广机构、人员及其所处的外部环境，是诱使农户行为改变的关键所在。此外，农业技术推广框架系统的运行绩效，还会受到诸如政治、经济、法律、社会文化以及农村区域发展等外部环境的深刻影响。

2.1.3 农村产业融合发展相关理论

2.1.3.1 产业融合理论

产业融合（Industry Convergence）作为一种经济现象，最早源于数字技术出现而导致的信息行业之间的相互融合。具体而言，所谓产业融合，是指不同产业或同一产业不同行业之间相互渗透、相互交叉，最终融合为一体，逐步形成新产业的动态发展过程（陈柳钦，2007）。在经济全球化以及高新技术迅猛发展的宏观背景下，作为一种崭新的产业组织形式与产业发展模式，产业融合不仅可以释放关联产业的发展活力，还能够提升关联产业的生产效率及市场竞争力。推动产业融合的动因主要包括：一是技术创新的内在驱动。技术创新可以开发出关联性甚至替代性的工艺、技术和产品，随之往其他产业进行渗透和扩散，并可能逐步改变这些产业的生产成本函数，从而为不同产业之间的融合提供了内在驱动力；同时，原本产业产品的市场需求特征也可能会因技术创新而发生变化，新的市场需求也会推动产业之间的融合。二是竞争合作的压力使然。在复杂多变的市场竞争环境中，企业只有不断进行技术创新以及寻求市场合作，这些合作在一定程度上也会推动不同产业之间的融合。三是管制放松的外在激励。由于各个产业广泛存在的进入壁垒，使不同产业间的边界十分明显，但关联产业主体在管制放松的激励之下，会比较乐意加入到本产业的竞争当中来，从而为产业之间的融合创造了重要条件。产业融合的最终结果是新技术、新产业或者新商业模式的不断涌现。根据产业融合理论的观点，农业技术创新与技术进步毫无疑问是驱动农村产业融合发展的重要力量。同时，农村产业融合可以通过不同产业之间的技术融合、功能融合和价值整合，催生新的产业（如休闲观光农业、绿色生态农业、"互联网+农业"等）和新的经济增长极，不断为农村经济增长注入新的动能和活力。

2.1.3.2 产业链理论

产业链（Industry Chain）的思想最早来自 Smith（1776）的《国富论》，书中将产业链理解为：企业在外部采购原材料和零配件之后，通过从事生产和销售活动，并将产品传递给零售商和用户的过程。Marshall（1920）进一步完善了 Smith 的产业链思想，认为产业链发展到一定阶段，企业内部的分工会扩展到不同企业之间的分工，这可以被视为产业链理论的真正起源。从产业经济学的视角来看，产业链是指在各个产业部门之间，基于特定的技术关联与经济关联，同时依照特定的时空布局和逻辑关系，客观形成的链条式关联关系形态（丁俊发，2015）。实现产业价值及其增值是产业链形成的本质原因，与此同时，实现产业价值及其增值的根本途径也在于创造产业链。换句话说，产业链的最终目的在于最大化产业价值，即实现"1+1>2"的价值增值效应。具体而言，产业链的价值创造依赖于两种途径：一是发挥分工的网络效应，使交易成本≤内部企业交易成本之和；二是发挥协作的乘数效应，使生产效率≥内部企业生产效率之和（谭明交，2016）。产业链可以分为接通产业链和延伸产业链。接通产业链是指通过借助某种产业合作形式，将一定地域空间范围内较为断续的产业部门串联起来；延伸产业链则指的是尽可能地向上、下游拓展延伸已经存在的产业链。农村产业融合发展就是要不断延伸农业产业链条、降低农产品交易成本，以及提升农业生产效率，从而实现农村一二三产业利润的持续较快增长。

2.1.3.3　农业多功能性理论

有关农业多功能性（Agricultural Multi-Functionality）的研究，最早源于20 世纪 80 年代末期在日本国内兴起的"稻米文化"传承与保护运动。1992年，联合国环境与发展大会通过的《21 世纪议程》中正式明确了"农业多功能性"这一提法。1996 年通过的《世界粮食安全罗马宣言》和《世界粮食首脑会议行动计划》明确指出，应该重视农业的多功能性，并以此来实现农业、农村的可持续发展。1998 年，经济合作与发展组织（以下简称经合组织，OECD）农业委员会突破传统农业的思维框架，首先提出了农业多功能性概念，强调农业是具有社会、经济与环境多方面价值的初级产业，在提供粮食与纤维的基本功能外，农业还有助于塑造乡村景观、水土保持、再生性自然资源永续管理与维护生物多样性等环境利益，并具有维系乡村地区存活的社会利益。日本政府于 1999 年出台的《粮食·农业·农村基本法》也指出，除了具备基本的经济功能，农业还具有多个方面的功能，如社会、政治以及生态等方面的功能。结合中国的实际情况来看，农业多功能性主要包括政治、经济、社会、生态以及文化等多个方面的功能，这些功能主要表现在保持社会和政治稳定、供应农副产品、提供就业与社保、营造良好生态环境以及确保文化的多样性等方面，与此同时，农业的多种功能之间互相促进、互相制约以及互为依存，共同构成了一个有机系统。农村产业融合发展有效地拓展了农业的多功能性，如观光农业、休闲农业等产业融合新业态均体现了农业的多功能性。

2.1.3.4 农村产业集群理论

产业集群理论最早是在 20 世纪 80 年代由美国著名学者 Porter 创立。作为产业集群的一个重要分支，农村产业集群是产业集群理论在农村生产领域的创新与应用。农村产业集群具体指的是一个可以充分覆盖涉农企业、涉农服务机构、农户以及市场的网络化合作群体（陈丹，2017），其研究对象是农村一二三产业，运行基础则是各类专业化的涉农企业和涉农服务机构。作为农村经济发展在新的历史阶段的重要产物，农村产业集群是提高农业产业化水平、实现农业现代化以及提升农业竞争能力的关键途径。首先，农村产业集群可以降低生产成本。农村区域的产业集群使农户和涉农企业共享公共设施、市场环境以及外部经济，从而有效降低各自的生产成本。其次，农村产业集群可以降低农业市场风险。农村产业集群有助于提高农村产业的组织化程度，能够给农业生产经营活动带来规模效应，从而有效降低农业市场风险。再次，农村产业集群有利于培育农村产业品牌。集群涉农企业之间的良性竞争会带动农产品质量的有效提升，从而有助于扩大农产品的市场影响力，并有利于农产品品牌的形成。最后，农村产业集群可以明显提高农户的收入。农村产业集群可以延伸产业链，增加产品的附加值，从而扩大农户的增收渠道，有效带动农户收入的增长。以农村产业集群或产业区为依托，形成农村一二三产业空间叠合、集聚集群和网络发展的形态，不仅可以降低空间交易成本，还能够带来规模经济效益，最终实现农村产业利润的最大化。

2.2 文献综述

2.2.1 国外研究现状

针对相关问题的国外文献，本书主要从以下几个方面进行归纳和综合：

2.2.1.1 关于农村产业融合发展的研究

农村产业融合是中国特色的农村发展战略，国外鲜有提及。国外有关农村产业融合的研究主要经历了由农业产业化经营到六次产业化的发展过程。Davis 和 Goldberg（1957）最早提出了"农业一体化"的概念，并以"农业综合企业"或"农业综合经营体"来界定那些将农业生产整合、组织起来的企业。在他们看来，"农业一体化"是将农业产前部门（农业生产资料生产和供应）和产后部门（农产品运输、加工、储存和销售）与农业生产本身有机结合，即农业产业链上产供销一体化。其后，Knutson 等（1983）对农业一体化进行了系统论述。Gramer 和 Jensea（1991）以美国为例，详细总结了"农业纵向一体化""垂直协作"以及"农民合作社"等典型的农业产业化模式。Falco 等（2008）认为，实现农业的产业化经营，是解决一国（或地区）农业生产要素严重过剩问题的关键，即通过规模化、集约化生产来有效地吸收这些过剩的要素。Gray 和 Boehlje（2007）将产业价值链升级、人力资本、金融扶持、科技支持以及消费方式转变等视为推动农业产业化发展的关键因素。Drabenstott 和 Meeker（1997）、Power 等（2012）认为，消费者对农产品的多样化需求是农业产业化发展的根本原因，正是在这种需求的直接刺激下，市场上的农产品供给得以不断创新与发展，并逐步形成规模化、集约化、一体化的农业经营体系。近年来，Dries 等（2009）、Alemu 等（2016）、Neda（2016）、Carillo 等（2017）等学者利用各国数据实证研究发现，农业产业化经营显著促进了农业生产效益提升或农民收入增长。

国外有关农村产业融合研究的代表性观点当属日本学者今村奈良臣（1996）最早提出的"六次产业化"概念。他主张农户不仅从事农业生产活动，而且要从事农产品流通、加工、销售、观光旅游等二三产业，即推动以三产融合为核心的六次产业发展，以促进农产品附加值提升以及农民收入增长。这里的六次产业指的是一二三产业之间相乘的共同发展以及相互促进的依存关系，而不仅仅是三次产业之间的简单相加。佐藤正之（2012）认为，生产资金筹措、农业用地保障、营销渠道拓展、农业技能传授以及经营管理完善等，是现阶段日本农业"六次产业化"面临的主要挑战和核心问题。室屋有宏（2013）的研究则发现，日本农业"六次产业化"面临地域空间不足、地域差异较大、长期计划缺乏、产业化多样性不够等问题。为此，佐藤正之（2012）指出，要以农业价值链为核心创新农产品销售模式，带动农业生产者不断向农业经营者转变，促进农业产业链由农产品生产环节持续向销售、加工以及销售等环节延伸，最终实现一二三次产业之间互相促进、互相融合的发展格局。大多和巖（2013）研究发现，日本通过推行《六次产业化法》，充分利用了各地农村的资源，在提升农村就业率的同时也增加了各地生产经营者的收入，进而带动了区域经济发展活力的有效提升。在工藤康彦和今野圣士（2014）看来，产业间的交叉融合、地区间的农业互动以及社会组织间的紧密联合，不仅有助于创新农业发展模式，同时还能够有效改善农业生产环境进而实现农业"产、加、销"的一体化发展。此外，韩国学者申孝忠（2010）、金泰坤（2011，2013）、李炳午（2013）等也对韩国在推进六次产业化过程中的发展模式、现存问题以及策略路径等进行了有益探讨。

2.2.1.2 关于农村金融深化与农村产业融合发展关系的研究

国外有关农村金融深化与农村产业融合发展关系的研究主要聚焦在农业产业化的金融支持上。Davis 和 Goldberg（1957）认为，提高农业一体化经营效率需要采取必要的途径和手段建立健全投融资体制、利益分配机制和利益联结机制等。Fei 和 Ranis（1964）的二元经济理论也指出，实现农业产业的实质性发展必须要完善对应的金融支持与制度保障。随后，Barry 和 Lee（1983）、Yabann（1992）、Gray 和 Boehlje（2007）、Lajos 等（2009）、Guirkinger 等（2010）、Woutersen 和 Khandker（2013）、O'Toole 等（2014）、Saravanan（2016）等学者利用不同国家（或地区）的经验数据证实，金融供给不足（或信贷约束）是制约农业生产和产业化发展的关键因素。为此，众多学者从不同角度提出了加强农业产业化发展中金融支持的具体路径。Drabenstott 和 Meeker（1997）在分析美国农村资本市场现存问题的基础上，提出了加快发展农村股票市场以及扩大农村社区银行信贷规模等措施。Klose 和 Outlaw（2005）提出了一种针对金融及风险管理（或服务）的援助计划，以确保产业化农民获取金融咨询与服务的便利化、长期化以及多元化。Mazure（2007）指出，可以通过改革农村信用体制以及完善政府政策扶持等途径，扩大农业产业化的金融供给。Khan 和 Hussain（2011）、Chaudhuri 和 Dwibedi（2014）、Yusuf（2015）等学者对非正规金融在农业产业化过程中的作用进行考察后指出，政府应积极创造有利条件，引导非正规金融规范、有序发展，以满足农业产业化发展过程中巨大的资金需求。

近些年来，与农村产业融合发展较为契合的农业价值链融资模式备受重视。农业价值链融资模式促使金融机构加入到农业价值链活动之中，通过加深对农业生产经营主体的了解，从而量身提供金融服务，以实现金融在产业多元融合发展中的融通作用（Quirós et al.，2007；Miller and Jones，2010）。农业价值链融资能够顺利进行，其背后存在一定的动力机制。Onumah（2003）、Swinnen 和 Maertens（2013）借鉴价值链驱动理论指出，在农业价值链当中，生产者为了促使农户广泛地参与价值链活动，主要利用融资活动不断完善农业价值链治理；而消费者为了实现农产品种植、加工等功能的转换升级，则主要利用融资活动有效控制和带动农业价值链。正是在生产者和消费者的共同推动之下，标准化、规模化以及合约化逐渐成为农业生产经营活动的典型特征，并由此吸引农业领域投资规模的持续扩大，最终实现农业产业化。Bourns 和 Fertzicer（2008）、Miller（2012）从交易成本理论出发，认为农业价值链的发展极大地节约了各个阶段的交易成本，首先是决策成本，这主要源于信息不对称程度缓解所导致的农业价值链内各个主体监督成本的降低；其次是议价成本，这主要源于农业价值链内上下游主体通过引入契约可以确定交易的具体规模。Mauer（2014）和 Middelberg（2017）基于信息不对称理论，认为农业价值链融资在密切关联价值链内各个行为主体的基础上，还实现了与金融机构等价值链外部行为主体的紧密联系，从而有效提升了行为主体之间的信息透明度，最终带来了信息采集成本的极大节约。

2.2.1.3　关于农业技术进步与农村产业融合发展关系的研究

国外有关农业技术进步与农村产业融合发展关系的研究源起于技术进步（创新）在产业融合过程中的作用探讨。Rosenberg（1963）最早从技术视角出发，界定了产业融合的概念及内涵，在 Rosenberg 看来，技术融合是产业融合的根源所在，其本质是不同的产业运用共同的知识与技术进行生产。其后，Nicholas（1975）描述了计算产业、印刷产业以及广播产业之间的技术融合现象，在他看来，产业之间的交叉处是创新最多以及成长最快的领域，并且指明技术融合可以显著改变同一产业或不同产业的产品形态、竞争形式以及价值创造过程。这一观点也得到了 Fai 和 Tunzelmann（2001）、Lei 和 David（2001）等学者的认可。Shane 和 Tamn（1997）指出，产业融合是指利用数字技术的推动，实现产业边界的缩小或消失，以适应相关产业发展的需要。Lind（2005）也认为，行业壁垒和产业边界因技术因素而不断消除和淡化，一些原本相对较为独立的行业或产业得以关联起来。由此可见，技术创新作为产业融合的内部动因，也是学术界的主流观点之一（European Commission，1997；Hacklin，2010）。从技术创新驱动产业融合的途径来看，Hauschildt 和 Salomo（2005）指出，需求结构将因技术创新而不断升级，其途径主要是驱动功能融合，包括构建生产技术服务中心，或者使不同产业体系制造同类产品，也就是说，产业融合的必要性以及可能性因技术创新而得以大大增加。Bröring 等（2010）则认为，技术创新会驱动不同机构发生融合，从而为不同产业之间的融合创造组织条件。

国外直接涉及农业技术进步与农村产业融合发展关系的研究主要聚焦于农业技术进步在农业增长或农业产业化过程中的作用探讨。早在 18 世纪 50 年代，重农学派领袖 Quesnay 就强调了农业技术在农业生产过程中起到非常重要的作用。在 Fei 和 Ranis（1964）的二元经济理论中，由于大量农业劳动力的转移就业，使农业经济的进一步发展必须依赖于农业技术的持续进步。Schultz（1990）指出，传统农业之所以落后，其根本原因在于农业技术水平的低下与农业技术进步的停滞。保证农业在经济产业中比重提高的关键，是用新型生产要素来实现对传统农业生产要素的替代，这就需要发挥农业技术进步的重要性。而不断丰富农业科研成果以及提高农业劳动力素质均是促进农业技术进步的重要途径。日本学者 Hayami 和美国学者 Rutton（2000）在其诱致性技术进步理论中指出，阻碍现代农业发展的瓶颈关键在于农业生产要素的滞后，加快农业技术进步是突破瓶颈以及发掘潜力的唯一途径。Lynne 和 Gary（2002）的研究发现，农产品的数量随着农业技术水平的不断提升而出现了明显增长。Cui 等（2012）研究认为，农业技术、农业资金以及农业基础设施均是阻碍现代农业发展的关键因素，因此，要推动现代农业的快速发展，必须要持续增强农业技术研发、加大农业资金投入以及完善农业基础设施建设。Power 等（2012）认为，农业产业化的本质是推动传统农业向现代农业持续转变，而这种转变必须依赖于农业技术进步水平的不断提升。Dennis 等（2013）利用农业二元经济模型证实，现代农业技术是推动农业产业化的核心途径，而其他要素投入（资金、劳动力等）对农业产业化的贡献十分有限。

2.2.2　国内研究现状

综合来看，国内学者对相关问题的研究主要集中在以下几个方面：

2.2.2.1 关于农村产业融合发展及相关问题的研究

中国对农村产业融合发展的研究起步较晚，2015 年中央一号文件首次提出"推进农村一二三产业融合发展"，此后，国内学者开始就相关问题展开了积极研究，并形成了诸多颇有价值的文献。总体而言，相关学术研究主要侧重于农村产业融合的概念内涵①、发展模式或类型、传导机制、产生条件及存在问题等几个方面。

（1）关于农村产业融合发展的类型或模式研究。赵海（2015）梳理了农村产业融合的四种类型，分别为龙头企业主导型、农民合作社主导型、农户主导型以及"互联网+X"型。与此类似，吕岩威和刘洋（2018）将农村产业融合发展归纳为工商资本带动型、农业龙头企业带动型、垂直一体化经营型以及"互联网+"农业电商平台型四种模式。马晓河（2015）认为，农村产业融合的模式主要可以分为农业内部的产业整合型融合、农业产业链的延伸型融合、农业与其他产业交叉型融合以及先进要素技术对农业的渗透型融合。龚晶（2016）指出，依据涉及产业的关系，农村产业融合形态可以分为两类：一类是纵向产业融合，即通过延伸农业产业链使农业与其他产业紧密联系起来；另一类是横向产业融合，即通过拓宽农业产业链使农业具备了其他产业的功能。国家发展改革委宏观院和农经司课题组（2016）从更广泛的角度总结为种养结合型融合、技术渗透型融合、功能拓展型融合、链条延伸型融合以及多元复合型融合。此外，欧阳胜（2017）以武陵山片区为例，总结出贫困地区农村产业融合发展的四种典型模式：农旅一体化带动型、纵向一体化延伸型、基层党组织引领型和电商平台助推型。

（2）关于农村产业融合发展存在问题及原因的研究。马晓河（2015）、苏毅清等（2016）、芦千文和姜长云（2016）、姜晶和崔雁冰（2018）等学者均认为，当前中国农村产业融合发展水平和层次还比较低，产业融合主体发育迟缓且带动能力较弱，产业融合的外部支撑环境有待优化。王兴国（2016）指出，制约农村产业融合发展的主要因素包括休闲农业和乡村旅游发展水平不高、农产品加工业大而不强、农业多功能性认识不足以及农村资源环境严重透支。刘海洋（2016）认为农村产业融合主要面临着土地利用率过低、资金缺口过大以及农产品品质较差等发展瓶颈。李玉磊等（2016）认为农产品营销

---

① 本部分的文献回顾详见第 3 章 3.1.3 节。

及电子商务、农村物流等发展滞后，极大地制约了农村产业融合的顺畅发展。王丹玉等（2017）则认为，农村产业内部管理不规范、村庄承载能力不强以及产业体制机制障碍等问题，严重阻碍了农村产业融合发展以及美丽乡村的建设进程。李乾（2017）认为中国现有的农村产业融合发展支持政策发挥着调动融合主体积极性、优化融合环境以及激发融合路径创新等重要作用，但与此同时，还存在着诸如政策覆盖面狭窄、缺乏针对性等现实问题。王颜齐和李玉琴（2018）以黑龙江省六个贫困县为例调研发现，制约贫困地区农村产业融合发展的现实困境主要包括产业融合的载体发展落后、硬件条件不足、技术人才匮乏以及利益联结机制缺乏。

2.2.2.2 关于农村金融深化与农村产业融合发展关系的研究

目前，国内仅有少量文献（张红宇，2016；孟秋菊，2018）直接研究了农村产业融合发展的金融支持问题，有关农村金融深化与农村产业融合的研究主要建立在对农业产业化与金融服务体系关系的探索上。其研究基本脉络为：首先从农村金融的供需现状、农村金融运行的内在逻辑、农业产业化主体融资的特殊性和制度安排等方面定性阐述了金融支持农业产业化发展的必要性（齐成喜和陈柳钦，2005；罗富民和朱建军，2007；方行明和李象涵，2011；徐全忠，2013；赵国杰，2016）；紧接着对金融支持与农村产业化发展之间的关系进行了定量分析与验证。朱建华和洪必纲（2010）、陈池波等（2011）、尹成远和李兆涛（2013）、姚樊（2016）等学者利用不同层面的经验数据证实，金融支持显著促进了农业产业化发展水平的提升。进一步地，分析了金融服务支持农业产业化过程中存在的问题及成因，主要包括市场信息不对称、信用评价担保体系不健全、产业投融资机制不够健全、风险管理措施缺乏、民间金融发展滞后以及政府扶持力度过小等（罗剑朝和郭晖，2008；何德旭和常戈，2010；朱建华等，2010；王元春，2011；陈俭，2015；郑学党，2016；刘美辰，2018）。在理论研究与实证研究的基础上，一些学者探索了中国农业产业化金融支持模式的创新路径，提出了打造"信贷+保险+期货+基金"政策组合拳（曹平辉，2005；高连水，2012），创新金融产品和服务（徐全忠，2013；汤金升和王学良，2014；吕忠伟，2014；赵晶晶和邓尧，2018），改善农村金融生态环境（孙运锋，2011；孙龙，2014；郅靖，2016）等。

自2003年美国国际开发署组织提出农业价值链融资概念以来，其作为解决农业金融弊端的一种新型信贷形式，不仅在理论发展上得到了国内学者的广泛研究，同时在实践操作上也促成了国内实业界的积极应用。关于农业价值链融资的概念内涵，蔡智（2011）将其定义为：资金供给者通过分析产业链的整合程度，以及考察核心企业的经营状况、财务状况与发展前景，甄选出产业链中能够实现价值增值的优质客户，并为其提供金融服务的一种新型融资模式。可见，农业价值链融资的服务主体是农业产业链的上下游企业，目的是满足这些企业的资金需求（李建英等，2015）。根据资金来源不同，张庆亮（2014）、何广文和潘婷（2014）等将农业价值链融资分为两种模式，即内部融资模式与外部融资模式。其中，内部融资模式多以农业产业链下游的企业作为资金供给者，将资金以预付货款、商品赊销等形式流向农业生产经营者，目前主要有四种模式："公司+农户"模式（姚淑芬，2011；王刚贞，2015；马九杰和罗兴，2017）、"农场+农户"模式（洪银兴和郑江淮，2009；姜松，2018）、"大型超市+农户"模式（马九杰和吴本健，2013；张超和张陈，2018）、"互联网金融+农户"模式（王刚贞和江光辉，2017；吴本健等，2018）。外部融资模式多以传统金融机构作为资金提供者，一般采取贸易信贷合作或者银行信贷的模式为农业生产经营者提供资金，如四川省资阳市探索开展的"六方合作+保险"模式、黑龙江省龙江银行创设的"五里明模式"等（刘西川和程恩江，2013）。

2.2.2.3　关于农业技术进步与农村产业融合发展关系的研究

国内有关农业技术进步与农村产业融合发展关系的研究主要集中在两个方面：一是农业技术支持对农业产业化的影响。龙方等（2002）较早地论述了农业技术创新在农业产业化经营中的重要作用，并且系统阐述了农业产业化经营中技术创新体系的构建策略。黄明元（2005）也认为，农业产业化的发展对农业技术创新具有很大的依赖性，农业技术创新与农业产业化之间具有协同效应，这与李源生（2007）、赵国锋和段禄峰（2012）的观点基本一致。姜涛（2015）则指出，技术创新是农业产业化的核心动力所在，而技术标准制定则是农业产业化过程中技术核心地位确立的重要标志，即农业技术标准化具备的"柔性契约"功能、信息揭示功能可以有效推动农业产业化。张斌和郝小红（2005）、舒伟权（2005）、郑剑生（2007）、崔海霞和卢秀茹（2011）以及田润芙和杨旭（2016）等学者从不同角度阐述了信息技术在农业产业化过程中的重要作用。郜玉环等（2004）、郑意生（2004）、潘群香（2007）、张鸿等（2010）、曹兴全（2017）等学者则分别讨论了农业高新技术、农业生物技术、植物转基因技术、农业关键共性技术、农业机械技术在农业产业化过程中的重要作用。在如何加强农业技术支持促进农业产业化方面，尹丽辉等（2003）、杨曼利（2006）、王洪梅（2014）、兰守格（2017）认为，必须建立一个全面有效的农业技术服务体系，在发掘优势资源、农业技能培训、建设农技推广体系、新观念和新技术普及以及标准化技术体系的建立等环节给予农业产业化充分的支持。

二是农业技术支持对农业产业结构优化调整的影响。熊玉娟（2000）较早地从农业技术与农业结构调整不相协调的角度，探讨了结构调整中农业技术研究方向的转变及重点研究、运用的技术。李容（2000）讨论了在农业产业结构调整的背景下，农业技术创新所面临的现实问题及其对策选择，指出必须进一步改革农业技术创新体系，以提供更好的技术支持和服务，从而确保农业产业结构调整的顺利进行。陈铭恩等（2001）、陈平和骆进军（2002）、刘炜（2004）分别讨论了在中国农业结构调整的背景下，如何发挥农业生物技术、节水灌溉技术以及农业高新技术的支撑作用。曾福生（2004）指出，技术进步是推动农业产业结构优化的重要力量，进一步根据其作用程度和方式可以划分为两个方面：一方面是通过改造传统产业、形成新兴产业以及优化产业结构等途径直接作用于农业产业结构；另一方面则是通过改变就业结构、消费结构、需求结构以及贸易格局等途径间接作用于农业产业结构。刘辉和曾福生（2004）、张柏林和韩道柱（2004）、梁世夫和王雅鹏（2005）、曹俊杰（2008）等也从不同角度论述了农业技术进步对农业产业结构调整的重要作用。鉴于当前中国农业技术还不能满足农业产业结构调整的现实需要，朱希刚（2004）、张玉明（2006）、安顺兵（2014）、张正新（2016）等提出了依靠农业技术进步促进农业产业结构优化调整的对策建议。

2.2.3 国内外研究述评

通过梳理国内外相关文献可以发现，涉及农村金融深化、农业技术进步与农村产业融合发展关系研究的文献较多，这也为本书研究的开展提供了极为重要的参考价值与逻辑起点。然而，纵观国内外相关领域研究，均还存在有待进一步完善和深化的空间。第一，国内外有关农村金融深化与农村产业融合发展关系的研究更多地隐含于金融支持与农业产业化关系的研究中，鲜有直接研究农村金融深化与农村产业融合发展关系的文献。第二，国外文献关于农业技术进步与农村产业融合发展关系的研究源于技术进步（创新）在产业融合过程中的作用探讨，并聚焦于农业技术进步在农业增长或农业产业化过程中的作用探讨；国内文献则主要研究农业技术支持对农业产业化、农业产业结构优化调整的影响，均未有文献系统地研究农业技术进步对农村产业融合发展的影响。第三，无论是国内还是国外，从农业技术进步的视角来研究农村金融深化影响农村产业融合发展的传导机制的文献仍然是一片空白。

总的来看，目前关于农村金融深化、农业技术进步与农村产业融合发展的研究尚未形成特有的理论框架体系，还没有系统地研究农村金融深化、农业技术进步支持农村产业融合发展现状及问题，也没有实证检验农村金融深化、农业技术进步及其两者交互作用对区域农村产业融合发展的影响，而且还没有系统地设计农村金融深化和农业技术进步促进农村产业融合发展的长效机制。此外，由于在研究视角、研究方法以及研究路径等方面存在一定差异，现有国内外相关文献的研究结论也并没有达成一致。为此，本书不仅从农村产业融合发展的金融需求和技术需求出发，系统构建了农村金融深化和农业技术进步影响农村产业融合发展的理论分析框架，同时也在实证层面构建起较为完善的农村金融深化和农业技术进步影响农村产业融合发展的经验证据支撑，以期在理论与实证双重层面上深化和完善农村金融深化、农业技术进步对农村产业融合发展影响的研究。

2.3　经验考察

本节重点考察世界部分主要国家借助金融和农业技术推动本国农村产业融合发展的具体做法和实践经验，以期为中国合理推进农村产业融合发展提供一定经验借鉴。

2.3.1　美洲实践经验考察

2.3.1.1　美国经验考察

美国农业生产的专业化程度非常高，农业与工商企业之间建立了稳定的契约关系，从而形成以农业生产为中心，由不同行业所组成的农产品供销一体化体系，即"农工商一体化模式"。这种模式主要有两方面特点：一方面，以农业综合企业为实体，通过农业产业纵向融合，产前、产中、产后服务体系的日益完善，着力构建出了一条各个环节（农产品生产、加工、流通以及销售等）密切关联的农业产业链；另一方面，农业产业与非农产业之间的横向融合发展，形成了新的产业形态，如生态农业、生物农业、旅游农业、太空农业等（宗锦耀，2017）。为了推动农工商一体化发展，在金融支持方面，美国政府推出了"农产品抵押贷款计划"，农民在收获农作物以后一旦发现市场价格过低，可通过抵押农产品的形式偿还贷款；与此同时，政府实施财政贴息或低息贷款以及信贷担保，农业贷款期限短期一般1~5年，长期甚至可达40年，且利率非常低；此外，美国的作物保险制度也比较完善，极大地分散了农业生产经营风险。在农业技术方面，美国高度重视农业教育、科研以及技术推广，并通过立法的形式，形成了农业教学、农业科研和农业技术推广三者紧密结合的"三位一体"体系。在这个体系中，农业教育和科研由各州的农学院承担，农业技术推广由农业部和农学院共同领导，并以农学院为主，为农业生产提供服务。此外，为了便于农产品生产、加工、流通以及销售等经营主体更好地作出生产经营决策，美国构建的农业信息服务体系也较为完善，以及时、全面地提供国内外市场信息（李乾，2017）。

2.3.1.2　巴西经验考察

巴西是一个农业大国，农业也是巴西经济的支柱产业。为了实现农业现代化，巴西目前正大力推进农村工业化进程，而农村工业发展的核心经营组织为农工联合企业。作为一个将农牧业生产、加工、流通以及销售等环节集于一身的"企业生产组合"（戴孝悌，2014），农工联合企业不仅有效地提升了农业生产的专业化水平，同时也促进了农村一二三产业之间的融合发展，最终带动了巴西农业生产的较快增长以及农村经济的持续繁荣。为了发展农业经济以及促进产业融合，巴西政府出台了强有力的信贷支持政策。首先，在资金来源上，规定所有商业银行吸收存款的25%左右必须用于农业贷款，同时，商业银行必须将农业信贷的一定比例发放给中小农户。其次，在贷款用途上，用于农业种植、农产品流通和农业投资的贷款占贷款总额的比例分别为60%、30%和10%。最后，在贷款利率上，规定农业信贷年利率最高不超过12%，远低于一般市场25%的信贷利率水平，对中小生产者的利率优惠力度更大，分别低至

9% 与 6%。在农业技术方面，巴西政府高度重视发展农业科技发展在农业现代化中的作用。早在 1975 年，巴西政府就主导成立了主要负责开展农业科技研发工作的 "巴西农牧业研究公司"，该公司同时还与 "巴西农牧技术推广公司" 一起负责农业技术的具体推广工作（蒋和平和宋莉莉，2007）。目前，巴西农牧业研究公司在巴西境内建立的技术推广站达到 3000 多个，拥有 1.3 万名基层技术推广人员。2012 年，为了促进生态农业和有机农业的快速发展，巴西科技与创新部、农业畜牧与食品供应部以及教育部共同为其提供资金支持，并计划为此设立农业科技发展示范项目 22 个，主要负责农业技术创新与技术培训（韦艳宁，2014）。不断创新农业技术是巴西振兴农业的重要途径之一。

2.3.2　欧洲实践经验考察

2.3.2.1　法国经验考察

近年来，休闲农业和乡村旅游已然成为法国旅游业的第二大产品，其快速发展不仅有效促进了当地农村一二三产业之间的融合发展，同时也极大地推动了当地农村经济的繁荣发展，其实践经验值得中国参考和借鉴。在金融支持方面，早在 1955 年，法国政府就启动了 "繁荣小城镇计划" 和 "农村家庭旅游服务计划"，通过财政信贷补贴的形式支持农户从事生态农业和乡村旅游业（莫莉秋，2017）。随后，法国逐步建立了包括全国农业信贷银行、省级农业信贷互助银行以及地方农业信贷互助银行在内的健全的农业信贷体系（唐海艳，2016），通过为休闲农业和乡村旅游项目提供低息贷款资金，不仅有效地改善了农业产业结构及农业资源环境，也极大地推动了农村产业之间的融合发展。与此同时，法国构建了较为完善的农业保险体系。其中，最基层的农业互助保险社分布于法国所有乡镇，为发展休闲农业和乡村旅游提供了充分的保险支持。在农业技术方面，法国尤为注重农业信息技术管理和服务，并努力为产业融合发展创造有利条件。目前，农业信息技术服务在法国十分完善，拥有一套系统完整的农产品虚拟供应链已经成为当地农业合作社的标配，利用信息技术平台可以实现供应链上的各个环节（包括供应商、生产商以及经销商）之间的紧密结合，由此加强了农业生产供给与市场需求的对接。此外，法国农业技术推广也成效显著，遍布法国各地的农业合作社，其职能已贯穿农业产业链的各个环节，通过向农业生产经营者提供技术培训及指导、优质农资、农产品加工及销售等领域的服务，在推动法国农村产业融合发展的过程中起到了非常重要的作用（孟莉娟，2016）。

2.3.2.2　荷兰经验考察

荷兰是全球举足轻重的农业发达国家，其农业生产素以专业化、集约化、现代化而著称，并在较短的时间内创造出了"荷兰农业奇迹"，这种奇迹与其农业三产不断融合密切相关，特别是在花卉产业、畜牧产业和农产品加工业等多个领域值得中国借鉴。从金融支持方面来看，为了支持国内农场（尤其是中等规模农场）的建设与发展，荷兰政府成立了农业贷款担保基金，目前担保贷款额度达到了5亿欧元，占到了荷兰年农业投资总额的5%左右。从2009年开始，农业贷款担保基金由荷兰农业部负责管理，政府每年会补贴200万欧元。此外，对于农产品加工业的从业者，荷兰政府实行了低利率（4%~6%）的贷款政策，以帮助其生产经营活动的开展。在农业技术方面，近年来，荷兰积极开展农业产业与技术创新，并致力于通过构建系统高效的农业产业链条来形成产业集群。目前，在荷兰高效农业产业链条基础上形成的典型产业集群代表包括"绿港"和"食品谷"等（赵霞和姜利娜，2016）。与此同时，荷兰通过大力推行"OVO"①，以农民为核心，促进农业科研、推广以及教育系统之间的协同发展，从而建立起了一个极其发达的农业技术创新体系。而农业技术创新体系的核心内容是在政府相关政策的扶持和指导之下，通过政府组织各种力量积极为农业生产经营活动研发和提供适宜的新型技术，同时利用教育培训途径持续提升涉农生产经营主体的文化素质水平，推动其将农业新技术不断应用到农业生产实践之中，从而有效提高荷兰农业的现代化水平以及实现荷兰农业的可持续发展。

2.3.3　亚洲实践经验考察

2.3.3.1　日本经验考察

21世纪以来，日本积极探索一二三产业之间的融合发展，并称之为"六

---

① 即 Onderzoek（研究）、Voorlichting（推广）和 Onderwijs（教育）三个荷兰单词的缩写。

次产业化"①，其基本含义是将农业生产延伸至二三产业，利用农村中一二三产业之间的相互融合，形成集生产、加工、销售以及服务一体化的完整产业链条（李玉磊等，2016）。为了推动六次产业化发展，日本高度重视金融支持政策的作用。2008 年日本政府通过的《农工商合作促进法》明确指出，要积极采用低息融资和保险优惠等方式，来支持农工商合作事业计划（或者支援事业计划）。其中，根据融资目的以及经营主体类型的不同，低息融资的利率也存在着明显差异，且贷款期限普遍较长甚至没有期限限制；保险方面主要是通过降低保险费率、提高补偿率以及扩大担保金额，对通过认定的从事六次产业的中小企业者予以优惠。为了支持农业生产经营者投资农业"六次产业化"，2010 年日本政府通过了"农林渔业成长产业化支援机构"制定法案，规定由政府与企业一道出资设立产业投资基金，并确定了股权投资、劣后贷款以及政策补助等具体支持方式。在农业技术方面，为了支持六次产业化发展，日本通过制订"农林水产技术研究计划"，鼓励农业技术的研发创新和推广应用，推动农业知识产权的保护和产业化，鼓励以农业为基础的新兴产业发展（祝捷等，2017）。与此同时，日本政府十分注重农业复合型人才的培养，并在全国 50 多所农业学校举办了各类培训班。农业复合型人才不仅要懂得农业技术，还要具有商业开发和销售能力，从而可以有效地开展农产品的商品开发、品牌化建设及后续的销售工作。

2.3.3.2　韩国经验考察

在借鉴日本发展"六次产业"的基础上，韩国政府也开始了"六次产业化"发展进程。韩国发展农业的六次产业化同样将农村和农民作为核心主体，通过将农业与二三产业的深度融合，不断拓展和延伸农业产业链，在充分考虑本地资源禀赋的基础上，融入先进的创意与技术，以创新和融合的方式开拓出新的市场和新的工作岗位，增加农产品的附加值，其根本目的是振兴韩国地方农业，激发广大农村区域新的活力。目前，在韩国金融支持农业六次产业化的过程中，农协扮演着重要角色。其中，由 400 多万城乡居民参与投资的韩国农协银行，规模远超韩国国内其他的商业银行，光是营业网点就达到了 5550 家以上。韩国农协银行不仅负责为农事活动提供基金支持，还负责为农业发展提供全面的金融服务（程承坪和谢雪珂，2016）。与此同时，韩国政府采用贷款

---

① 之所以称之为"六次产业化"，是因为一二三产业相加（1+2+3）或者相乘（1×2×3）都等于6。

支援第六产业化经营主体发展，贷款支援有低利率、事业发展前几年不用偿还贷款两种方式。此外，韩国政府还成立了农林水产业者信用保证基金，为信用度较低的农林水产业从业者提供信用担保，以帮助其获得资金支持，从而促进农林渔业的顺利发展。在农业技术方面，韩国政府十分注重对农民技术的培训和教育。韩国农业振兴厅主要负责农业科研、农业技术推广以及农村生活指导的培训工作，是韩国农民技术培训的实施主体；同时，专业农民教育作为韩国农业教育的核心组成部分，重点在于培养和扶持具有较高产业化经营和管理水平的专业种养大户。另外，为了发展"六次产业"，韩国政府建立了农业研究和发展促进中心，为农业研究项目提供资金支持，并实行了"区域农业集合计划"，向农民提供农业生产技术服务指导和农产品营销帮助（李乾，2017）。

2.4 本章小结

本章首先系统梳理和回顾了金融结构理论、金融深化理论、金融约束理论等现代金融发展理论，农业信贷补贴理论、农村金融市场理论和不完全竞争市场理论等派生于现代金融发展理论的农村金融理论，新古典经济学派技术进步理论、诱致性农业技术创新理论、农业技术扩散理论、农业技术推广理论等经典的农业技术进步理论，产业融合理论、产业链理论、农业多功能性理论、农村产业集群理论等重要的农村产业融合发展理论。在此基础上，从农村产业融合发展相关问题、农村金融深化与农村产业融合发展的关系、农业技术进步与农村产业融合发展的关系等方面对相关国内外文献作了归纳整理与总结评述。最后还全面系统地总结了美国、巴西、法国、荷兰、日本和韩国等世界主要国家农村产业融合发展的主要实践经验以及对中国农村产业融合发展的借鉴和启示。

第3章

农村金融深化、农业技术进步与农村产业融合发展的理论分析框架

为了系统全面地分析农村金融深化、农业技术进步对农村产业融合发展的影响，首先需要构建相应的理论分析框架，明晰农村金融深化、农业技术进步、农村产业融合发展等相关概念、内涵以及测度指标，廓清三者之间的基本关系原理。因此，本章首先对相关概念及内涵进行科学界定，其次从理论上剖析农村金融深化、农业技术进步与农村产业融合发展之间的作用机理，最后为农村金融深化、农业技术进步与农村产业融合发展确定科学合理的测度依据与方法，从而为后续章节研究提供坚实的理论基础。

3.1 农村金融深化、农业技术进步与农村产业融合发展的概念界定

3.1.1 农村金融深化的概念及其内涵

金融深化的概念最早是由 Mckinnon 和 Shaw（1973）所提出，指的是政府持续减少甚至取消对金融体系和金融市场的过度人为干预，使利率与汇率可以真实反映资本市场和外汇市场的供求状况，金融市场能够实现对社会资金的有效动员及配置，进而促进经济快速增长。此后，在金融深化理论发展的过程中，学者们结合自己的理解，对金融深化作了不同定义。饶余庆（1983）指出，金融深化是指政府不再过度干预金融市场，利率水平可以充分反映资金的供需状况，并且完全由金融市场来决定。Williamson 和 Mahar（1998）将金融

深化的内涵扩展为六个方面，包括贷款控制消除、利率管制放松、银行机构私有化、金融机构自主化、金融服务业市场化以及国际资本流动自由化。李炳炎（2000）认为，金融深化是指金融机构、金融市场和金融工具的现代化。彭兴韵（2002）指出，金融深化是通过不断完善、扩充金融功能以促进金融效率提升和经济增长的过程。刘翔峰（2014）认为，金融深化是金融改革中不断减少政府干预、放松金融管制、提高金融效率的过程。在概括总结前人相关研究的基础之上，本书认为金融深化是一个动态的过程，具体包括两个维度：一是金融广度，即金融机构种类和数量的增长，金融规模的不断扩大；二是金融深度，即金融结构的优化以及金融效率的提高。

农村金融有狭义和广义之分。其中，狭义的农村金融仅指农村信贷市场；而广义的农村金融包括农村领域内一切与生产经营相关的吸收存款、发放贷款、办理结算、现金管理以及农村信用合作等的金融活动（吴霞，2014）。本书侧重从农村金融的广义角度来研究中国农村金融深化问题。结合金融深化及农村金融的相关界定，本书将农村金融深化定义为：农村金融规模持续扩张、农村金融结构不断优化以及农村金融效率逐步提升的状态及过程，是农村领域金融发展的综合表现。农村金融深化的最终结果在于农村金融服务能力的提升，也即是说，农村金融深化是过程，农村金融服务能力提升是结果。一般而言，农村金融深化程度越高，农村金融服务能力越高，农村金融支持农村产业融合发展的作用越大。从中国农村实践的角度来看，农村金融深化主要表现为以下三个方面的特征：一是农村金融改革的渐进性。中国农村金融领域采取的是一种渐进式改革，即由"试点"到"深化"再到"扩大"，这种体制变革带有一定的强制性色彩。二是农村金融机构的多元性。近年来，新型农村金融机构和非正规金融机构不断涌现，在一定程度上对农村正规金融机构形成了有益补充。三是农村金融市场的细分性。农村金融市场的细分性主要源于农村金融机构的多元性，当然，这种细分性又会进一步诱发农村金融机构的多元性（叶维武，2013）。

3.1.2 农业技术进步的概念及其内涵

目前，学术界对技术进步的理解主要有狭义和广义之分。其中，狭义的技术进步是指包括机械技术、化学技术、生物技术等硬技术的水平提高及其应用于生产中的过程；广义的技术进步是指除资金、劳动等要素外，一切能导致生产效率提高的方法和手段应用于生产中的过程，即除了上述硬技术外，还包括管理技术、决策技术、经营技术等软技术。本书更加赞同广义技术进步的说法，因为狭义的技术进步在现实中难以独立存在，硬技术和软技术对经济增长的影响总是共同存在和相互交错的。有鉴于此，本书将农业技术进步定义为：一个不断创造新知识和新技术并将其推广应用到农业生产的实践当中，合理重组生产要素，构建成本更低、效率更高以及效能更优的生产技术新体系，提高农业生产综合效益，促进农业技术水平不断提升和农业有效增长的过程。具体来说，农业技术进步有以下四层含义：首先，农业技术进步的本质是创造农业新知识和新技术并将其投入到农业生产实践之中；其次，农业技术进步的关键是按照新的比例重新配置农业生产要素；再次，农业技术进步的目标是农业新知识和新技术以及配置手段（包括计划、组织、管理、经营、决策等），可以带来经济、社会以及生态效益；最后，实现农业的有效增长以及农业技术水平的宏观递进则反映的是农业技术进步的累积效果。

概括起来，农业技术进步具有以下特点：一是连续性和渐进性。绝大多数的农业生产技术均是以原有技术为基础，通过不断的改进和完善使农业技术得以积累变化，从而推动着农业技术不断发展和进步。当某种农业技术水平持续量变到一定程度之后必然会产生质变，而每一次的农业技术质变又为新一轮的渐进的农业技术进步奠定了坚实基础。因此，要实现农业技术进步水平的有效提升，既要注重农业技术的飞跃，同时也要重视渐进的农业技术进步。二是周期性。农业技术进步的周期性主要表现在两个方面：一方面，任何一种农业技术从研发到推广应用再到淘汰的发展过程具有周期性；另一方面，农业技术从理论转化为生产力并实现经济效益的过程具有一定周期。三是选择性。农业生产对外部环境的依赖较高，必须根据各地的经济、社会以及生态状况因地制宜地应用农业技术，即农业技术进步表现出一定的选择性。四是社会性。农业技术进步的社会性主要表现在，农业技术的研发创新以及推广应用均属于社会活动，与此同时，社会经济的发展也会受到农业技术研发创新以及推广应用的深远影响。五是效益外溢性。农业技术进步可以降低农业生产成本，提高农产品产量，农产品供给数量的增加进一步推动市场供需均衡产生变化，而农产品的供需双方（尤其是消费者）均会因此变化而获益（刘余莲，2008）。

3.1.3 农村产业融合发展的概念及其内涵

目前，对于农村产业融合发展概念的定义众说纷纭、尚无定论。国内早期涉及农村产业融合发展定义的是对农业产业融合（何立胜和李世新，2005；孙中叶，2005；王昕坤，2007；李俊岭，2009；）以及农业与相关产业融合（王振如和钱静，2009；梁伟军，2011；刘孝蓉和胡明扬，2013）的界定。一般认为，较早对农村产业融合发展概念进行系统阐述的学者是马晓河和姜长云。在马晓河（2015）看来，农村产业融合发展是通过技术渗透、产业集聚、产业联动以及体制创新等方式，将资本、技术以及资源要素进行跨界集约化配置，同时有机整合农业生产、加工、销售、餐饮、休闲以及其他服务业，促使农村一二三产业之间的紧密联系与协同发展，从而不断拓展农业产业范围、延伸农业产业链条以及增加农民收入。姜长云（2015）则认为，农村产业融合发展是以产业之间的融合渗透和交叉重组为路径，以产业链延伸、产业范围拓展和产业功能转型为表征，以产业发展和发展方式转变为结果，形成新技术、新业态、新商业模式，带动资源、要素、技术、市场需求在农村的整合集成和优化重组，以及农村产业空间布局的调整。在此基础上，后续学者（王兴国，2016；国家发展改革委宏观院和农经司课题组，2016；张红宇，2016；苏毅清，2016；杨晶和丁士军，2017；李云新，2017；王乐君和寇广增，2017；汤洪俊和朱宗友，2017）结合自己的理解，从不同的角度对农村产业融合发展概念进行了界定。

在参考和借鉴现有学者定义的基础上，本书尝试将农村产业融合发展的概念凝练为：各类新型经营主体以农业为依托，以农产品加工业为引领，以利益联结机制为纽带，以技术创新、制度创新和商业模式创新为动力，以产业链延伸、产业功能拓展和新兴业态形成为表征，将农村一二三产业有机整合、一体推进，最终实现农业增效、农民增收以及农村繁荣的动态发展过程。可以看出，农村产业融合发展具体有以下几层含义：第一，新型农业经营主体（家庭农场、农民专业合作社以及农业龙头企业等）是农村产业融合发展的关键主体，对于带动农民参与农村产业融合起着非常重要的作用。第二，农业是农村产业融合发展的基本依托。只有立足于农业发展的基础上，通过延伸农业产业链条，拓展农业多重功能，培育农业新兴业态，才能从根本上解决"三农"问题。第三，农产品加工业是农村产业融合发展的支柱产业。农产品加工业作为连接工业和农业的产业，不仅产业关联度较高、行业覆盖面较宽，同时对农民就业增收的带动作用也比较强，在农村产业融合发展过程中发挥着核心引领作用。第四，利益联结机制是农村产业融合发展的纽带。在不同的产业融合主体之间，只有建立有效的利益联结机制，才能促使其形成分工协作、互利共赢的新格局。第五，技术创新、制度创新和商业模式创新是农村产业融合发展的动力。只有抓住技术革命的机遇进行技术创新和商业模式创新，同时进行制度创新，下放权力和放松管制，才能唤醒农村潜在的各种资源，激发农村融合发展新动能。第六，产业链延伸、产业功能拓展和新兴业态形成是农村产业融合发展的核心表征。农村产业融合发展的关键就在于拓展农业多种功能和价值，延伸产业链，打造供应链，培育新业态。最后，农村产业融合发展的最终目标是要实现农业增效、农民增收以及农村繁荣。

3.2　农村金融深化、农业技术进步与农村产业融合发展的作用机理

3.2.1　农村金融深化对农村产业融合发展的作用机理

农村金融深化与农村产业融合发展之间是一种相互影响、相互作用的关系。一方面，农村产业融合发展是决定农村金融深化的重要力量。农村产业融合发展水平、速度以及效率的提高，会产生多元化、多层次、综合化的金融需求，以此推进农村金融深化，缺少农村产业融合发展的决定力量，农村金融深化将缺乏后劲。另一方面，农村金融深化是促进农村产业融合发展的关键因素。农村金融的规模扩张、结构优化以及效率提升，可以为农村产业融合发展提供更多数量、更优质量的金融服务，以此助力农村产业融合发展，缺少农村金融深化的重要作用，农村产业融合发展将缺乏活力。限于研究范围，本书仅探索性研究农村金融深化对农村产业融合发展的作用机理。

针对农村金融深化作用于农村经济增长的内在机理，经典的金融深化理论与内生金融发展理论均已经做过系统阐释。本书在借鉴这些研究的基础上，结合 Pagano（1993）的 AK 模型以及 Mckinnon 和 Shaw（1973）的金融深化理

论，分析农村金融深化作用于农村产业融合发展的内在机理。

假设农村是一个封闭的经济系统，农村经济中仅生产一种产品，该产品既可用于消费也可用于投资；在人口规模一定的情况下，农村经济总产出是农村总资本存量的线性函数。因此，农村生产函数可以表示为：

$$Y_t = AK_t \tag{3.1}$$

其中，Y_t 表示农村经济的总产出水平，A 表示农村资本边际生产率，K_t 表示农村总资本存量。农村产出可以看作在一定的农村产业融合发展下作用的结果，本书进一步假设农村经济的总产出水平是农村产业融合发展水平的线性函数，此时的农村生产函数可以表示为：

$$Y_t = BQ_t \tag{3.2}$$

其中，Q_t 表示农村产业融合发展水平，B 表示农村产业融合发展的产出率。结合式（3.1）和式（3.2）可知：

$$AK_t = BQ_t \tag{3.3}$$

可转化为：

$$Q_t = \frac{A}{B}K_t \tag{3.4}$$

令 $\frac{A}{B} = \eta$，则有：

$$Q_t = \eta K_t \tag{3.5}$$

令农村产业融合发展水平的增长率为 φ，第 t 期农村产业融合发展水平的增长率可表示为 φ_t，则有：

$$\varphi_t = \frac{Q_t}{Q_{t-1}} - 1 \tag{3.6}$$

由于该模型中生产的产品是用于投资 I，假设资本折旧率为 δ，则 t 期的总投资水平 I_t 为：

$$I_t = K_{t+1} - (1 - \delta) K_t \tag{3.7}$$

在没有政府参与的封闭经济系统中，资本市场的均衡表现为总储蓄（S）全部转化为总投资，即 $I = S$。然而，在储蓄向投资转化的过程中，存在一定比例的消耗，假设消耗比例为 $1 - \theta$（$0 < \theta < 1$），则储蓄—投资转化率为 θ（$0 < \theta < 1$），则：

$$I_t = \theta S_t \tag{3.8}$$

根据式（3.7）、式（3.8）可知：

$$K_{t+1} = \theta S_t + (1 - \delta) K_t \qquad (3.9)$$

由式（3.5）、式（3.6）、式（3.9）可知，$t+1$ 期农村产业融合发展水平的增长率为：

$$\varphi_{t+1} = \frac{Q_{t+1}}{Q_t} - 1 = \frac{\eta K_{t+1}}{\eta K_t} - 1 = \frac{\theta S_t + (1 - \delta) K_t}{K_t} - 1 = \theta \frac{S_t}{K_t} - \delta \qquad (3.10)$$

结合式（3.1）、式（3.10）可得：

$$\varphi_{t+1} = \theta \frac{S_t}{Y_t / A} - \delta = A\theta \frac{S_t}{Y_t} - \delta \qquad (3.11)$$

令总储蓄率 $\dfrac{S}{Y} = s$，则式（3.11）可转化为：

$$\varphi_{t+1} = A\theta s_t - \delta \qquad (3.12)$$

式（3.12）表明，农村产业融合发展水平增长率受到农村储蓄率 s、农村总储蓄转化为投资的比例 θ 以及农村资本的边际生产率 A 即资源配置效率的共同影响。

进一步，根据 Mckinnon 和 Shaw（1973）的金融深化理论[①]，农村储蓄率、总储蓄转化为投资的比例以及资本的边际生产率均不是恒定不变的，而是会受到农村金融深化（F）的影响，则有：

$$s = s(F) \qquad (3.13)$$
$$\theta = \theta(F) \qquad (3.14)$$
$$A = A(F) \qquad (3.15)$$

结合式（3.13）、式（3.14）、式（3.15）代入式（3.12）可得：

$$\varphi_{t+1} = A(F)\,\theta(F)\,s(F) - \delta \qquad (3.16)$$

由式（3.16）可知，随着农村金融深化程度的不断提升，农村储蓄率、储蓄转化为投资的比例以及资本的边际生产率不断上升，农村产业融合发展水平增长率也不断攀升。结合中国农村金融发展的实践，在农村金融体系持续完善和不断健全的环境下，农村金融市场和金融中介蓬勃发展，农村金融规模日益扩大、农村金融结构不断完善以及农村金融效率逐渐提高。而农村金融深化主要通过储蓄效应、投资效应以及资源配置效应作用于农村产业融合发展（见图 3-1）。

――――――――――

① 在 Mckinnon 和 Shaw 看来，金融深化的本质在于不断地降低金融交易的成本，提高资金的配置效率，最终促进经济的增长。具体而言，金融深化的作用一方面体现在提高一国的储蓄水平，并将其高效地转化为投资，另一方面体现在优化投资产出效率，两个方面共同影响一国的经济增长。

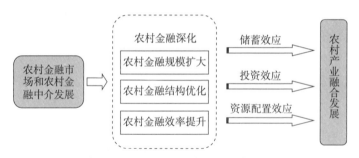

图 3-1　农村金融深化对农村产业融合发展的作用机理

3.2.1.1　农村金融深化对农村产业融合发展的储蓄效应

　　资金投入是农村产业融合发展的主要推动力，农村资本的积累和有效转化对农村产业融合发展至关重要。对于农村金融机构而言，尽管其本身既非储户，也并非投资者，但是作为从事农村领域资金融通的主要中介机构，通过对储户与投资者双方的资金供求进行重新安排，有助于提升对农村产业融合发展的贡献效率。这种作用首先表现为储蓄效应。农村储蓄是农村产业融合发展投资的重要资金来源，只有储蓄规模达到一定程度，才能够确保有足够的资金来支持农村产业融合发展。在过去普遍存在金融抑制的情况下，中国农村之所以难以实现社会储蓄规模的大幅增长，其根本原因在于利率管制。一方面，对于那些拥有闲置资金的农村居民而言，官方利率过低使其难以从储蓄活动中获得收益，因而其更加倾向于即时消费；另一方面，农村金融产品和金融工具也将因官方利率过低而日益单一化，从而使农村居民参与储蓄的信心与热情进一步被抑制，并最终致使农村金融发展停滞不前。换句话说，与均衡利率相比，利率管制时的农村金融市场利率相对更低，因此农村实际储蓄水平会明显低于均衡储蓄水平，这在一定程度上抑制了农村居民收入向农村社会储蓄的转化效率，即人为地压低了收入—储蓄率。

　　随着农村金融深化的加强，利率管制政策逐步放松，在利率市场化的大力推动之下，农村金融市场的实际利率水平将逐步靠齐均衡利率水平，农村地区甚至城镇地区的闲置富余资金受到各种高利率储蓄产品的吸引纷纷进入农村金融机构，从而使农村地区的储蓄总量大大提升，并且有助于扩大农村金融体系内的信贷资金规模。无论是运用 Mckinnon 和 Shaw（1973）的传统金融深化模型，还是 Kapur（1976）、Mathieson（1980）等改进的卡普—马西森模型，均可以证实这个结论。而随着农村地区信贷资金规模的不断扩大，也将汇聚成向农村产业融合发展投资的巨大资金池。与此同时，农村金融中介机构的种类和数量也将随着农村金融的持续深化而不断丰富，其信用中介职能将得以充分发挥，资本的流动性和透明度不断增强，融资渠道更加多元化、便利化，由此使储户与投资者的风险系数得到极大降低，农村经济个体的储蓄信心和意愿得到有效提升，进而使农村大量闲置、分散的资金能够转化为支持农村产业融合发展的长期资本。由此可见，农村金融深化的推进通过储蓄效应对农村产业融合发展产生积极影响。

3.2.1.2　农村金融深化对农村产业融合发展的投资效应

储蓄效应既为农村产业融合发展积累了资本，也为农村产业融合发展提供了更多的信贷资金。但归根结底，农村储蓄仅仅是农村资金形成的准备阶段，只有实现农村储蓄向农村投资的转化，才能够真正对农村产业融合发展起到推动作用。也就是说，农村储蓄向投资转化的效率越高，为农村产业融合发展提供的资本要素越充足，对农村产业融合发展的支持作用才会越发明显，当然，无效率的转化也会对农村产业融合发展带来不利影响。从理论上来看，一个有效运转的农村金融体系，一方面可以动员农村储蓄并实现农村资金的大规模集聚，另一方面还可以实现农村储蓄向农村投资的高效转化。随着农村金融深化的持续推进以及农村金融市场的完善发展，农村领域的投融资渠道、金融产品和金融工具日渐丰富、多样化，由此带来投资者交易成本的不断减少，并促使城乡居民可以利用农村金融中介机构将富余资金规模化地投资到农村产业融合发展领域中去，从而为新型农业经营主体进行产业融合投资拓宽了融资渠道、扩大了融资规模以及解决了资金难题，提高了储蓄转化为投资的比例，最终带动全社会资金使用效率的有效提升。

与此同时，农村金融深化可以有效缓解农村金融市场存在的信息不对称现象，从而充分发挥其对农村产业融合发展的投资效应。农村金融中介和金融市场的日益发育和逐步完善，不仅提升了农村经济个体运用系统内在信息的能力，还提高了其向金融体系提供外部信息的能力，促使农村金融机构、资金需求者以及储蓄者之间的信息不对称性得到一定程度上的缓解，在有效降低农村储蓄者资金风险的同时，也明显减少了农村储蓄资金转化为投资资金所耗费的交易成本，极大地提高了农村储蓄资金向投资资金转化的效率（申蕙，2017），从而有助于提升农村金融对农村产业融合发展领域投资的水平和质量。此外，随着农村金融知识的大力宣传和广泛普及，不仅极大地丰富了农村资金闲置者的投资理财知识，同时也有效地提升了其投资理财能力，在一定程度上可以减少由信息不对称导致的信息成本和交易成本过高等问题，有利于农村储蓄资金向投资资金的高效转化，进而为农村产业融合发展提供充足的资金支持。

3.2.1.3 农村金融深化对农村产业融合发展的资源配置效应

随着农村金融深化程度的不断提升，农村社会储蓄规模不断攀升，储蓄转化为投资的效率逐步提升，农村金融资源也实现了合理配置和高效利用，从而为农村产业融合发展提供了高质量的金融服务。具体而言，农村金融深化对农村产业融合发展的资源配置效应主要表现在两个方面：一是资金导向机制。资金导向机制是指农村金融机构根据金融市场资金供求的收益水平和资金价格，引导资金从收益率较低的产业向收益率较高的产业流动，实现农村金融资源在农村产业部门间的优化配置，进而推进农村产业融合发展。伴随农村金融中介和金融市场的日益发育和不断完善，农村金融资源的配置效率也得以优化和改善，使农村金融机构可以利用信息收集功能甄别和评估出投资效率相对较高的农村产业融合主体或项目，进而优先为其提供农村有限的资金支持。在此过程中，通过一定的手段和途径监督资金的使用情况，降低资金的运行风险，减少农村产业融合主体在资金配置中的短期行为，不仅有利于提高资本边际生产率或资金使用效率，同时还可以保障农村产业融合发展项目建设的顺利实施以及提升农村产业融合发展质量。此外，农村金融机构还能够通过其信用筹资功能，促进城乡之间以及农村内部的资金融通，优化和改善农村金融资源的空间配置（全亚楠，2012），为农村产业融合发展拓宽融资渠道。

二是产业整合机制。产业整合机制是指农村金融机构通过合理开发与配置农村金融资源，促进农村金融创新、资金积累以及技术进步，从而培育壮大农村特色产业和农业产业化龙头企业，发挥农村产业整合的重要作用，最终加快农村产业融合发展的步伐。首先，农村金融深化创新了农村的金融产品与金融工具，使农村大量的金融资本可以实现快速流动和有效积聚，这也恰好与农村产业融合发展对资金的巨大需求相适应，有利于促进休闲旅游农业、农产品加工业以及农业服务业等产业的快速发展，从而推动了农村产业融合发展的步伐。其次，在长期的农村金融与农村产业不断发展与相互渗透的过程中，农村金融资本的聚集因"三元结构"金融体系的形成而不断加快，农村龙头企业率先从这种资本集聚中获益，不仅促进了其发展规模的壮大，同时还提高了其市场竞争力，从而有效带动了农业与二三产业之间的融合发展。最后，农村金融机构通过合理配置金融资源可以推动农村创新活动的开展，而创新成果一旦为农业所吸收便可以迅速扩散至整个农业产业链，不仅能够有效促进农业产业化发展，同时也可以优化农村领域的生产要素配置并带动农村二三产业发展，从而也有利于提升农村产业融合发展水平。

3.2.2　农业技术进步对农村产业融合发展的作用机理

农业技术进步与农村产业融合发展之间也是一种相互影响、相互作用的关系。一方面，农村产业融合发展可以拉动农业技术进步。农村产业融合发展所释放出的巨大技术需求，有利于拉动农业技术创新、农业技术推广以及农业技能培训等活动的开展，从而促进农业技术进步。另一方面，农村产业融合发展离不开农业技术进步的内在驱动。根据产业融合理论的观点，技术进步是产业融合的基本前提和内在驱动力，而农村产业融合发展作为农业产业化的升级与拓展，是一种以农业为基本依托的新型农村产业发展模式，因而也离不开农业技术进步的内在驱动。农业技术进步可以为农村产业部门提供充裕的技术要素，进而驱动农村产业融合发展。限于研究范围，本书仅探索性研究农业技术进步对农村产业融合发展的作用机理。具体而言，农业技术进步主要从以下几个方面作用于农村产业融合发展（见图 3-2）。

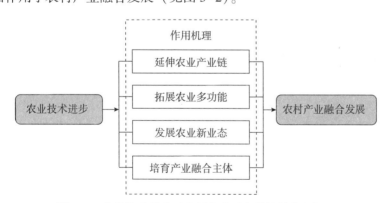

图 3-2　农业技术进步对农村产业融合发展的作用机理

3.2.2.1　农业技术进步有助于延伸农业产业链，进而支撑农村产业融合发展

首先，农业技术进步可以提高农产品的产量和质量，为农业产业链的延伸

奠定良好基础。一方面，育种技术和生产技术创新提高了农业土地生产率。中国耕地后备资源缺乏、耕地质量总体偏低以及人均耕地面积较少的基本国情，决定了中国农业发展的根本出路在于不断提高耕地的单产量。改革开放以来，随着以品种改良、土壤改良、栽培技术、耕作技术以及防灾减灾技术等代表的农业新技术的广泛推广与运用，直接推动和保障了农产品产量的不断增长；与此同时，依靠不断突破的现代育种技术，加快动植物优良品种的培育，使农产品的品质质量也在持续改进，从而在源头上切实保障了国家的粮食安全。另一方面，机械化技术进步提高了农业劳动生产率。随着新型城镇化以及新型工业化的持续深入推进，大量人口从农村、农业转移到城镇和非农产业，导致农村劳动力极为紧缺。再加上不断攀升的劳动力成本，以及日益增强的土地、水、肥等资源约束，依托农业机械化技术进步成为发展现代农业的必然选择。农业机械化技术进步有利于转变农业生产方式，提高农业劳动生产率，提升农业综合生产能力，从而更好地挖掘农产品增产、增收的巨大潜力。总体而言，农业科技创新与技术进步增加了农产品的产量和质量，提高了农业全要素生产率，推动了农业高质量发展，从而为延伸农业产业链奠定了良好基础。

其次，农业技术进步能够增强农产品加工转化能力，提高农业产业链的附加值。做大做强农产品加工业，是延伸农业产业链的主要途径。一方面，农业技术进步通过提升农产品加工转化能力，丰富了加工品种、提升了加工质量、创建了加工品牌，从而有助于提高农产品附加值。储藏、保鲜、烘干、清选分级、包装等农产品初加工技术的进步，可以有效减少粮食、油料、薯类、果品、蔬菜、菌类和中药材等农产品的产后损失；而通过加快生物、工程、环保、信息等技术的集成应用，以及新型非热加工、新型杀菌、高效分离、节能干燥、清洁生产等技术的研发升级，不断促进农产品精深加工技术进步，则可以持续挖掘农产品加工潜力以及拓展农产品的增值空间。另一方面，农业技术进步促进了农产品的加工转化，有助于培育壮大一批农副产品加工型龙头企业，从而带动了农业产业链的延伸。作为农业产业化的核心，龙头企业具有"上联市场、下联农户"的优势，通过市场这只"无形的手"引导农民有序、成建制地进入市场，从产业链低端向中高端进发，分享加工、流通环节带来的利润，同时又把市场信息反馈给农民，推动了农产品生产、加工、储存、销售等产业链各个环节的快速发展。总的来看，农业技术进步提高了农产品加工转化能力，有利于开拓农产品增值新领域，以及获取产业价值链的增值效益，从横向、纵向角度对产业链环节进行拓宽和延伸。

最后，农业技术进步可以强化农业产业链环节的关联性，延伸农业产业链条。一方面，冷链技术进步促进了农产品供应链的转型升级，在增强农产品品质保障能力的同时，拉长了农产品加工销售产业链。近年来，随着国家"产地冷链最初一公里"和"销地冷链最后一公里"体系建设的不断推进，田间地头冷库、产地冷链加工中心等设施的日益完善，农产品冷链技术得以不断进步，这使越来越多的生鲜农产品享受到预冷、加工、冷链运输、冷库仓储、冷链配送等"待遇"，农产品损耗大大降低，品质明显提升，附加值不断放大。与此同时，冷链技术不仅通过减少物流中间环节促进了农产品的加速周转，同时还通过追溯各个环节信息提高了交易效率以及降低了物流成本，从而拉长了农产品加工销售产业链。另一方面，农业信息技术进步完善了农业产业信息链，提高了农业产业链的整体效益。随着农业信息技术的不断进步，农业产业链条上各主体之间的信息共享与交流日益频繁，生产者和加工者对农产品的选择、营销和反馈进行数据集成、动态监控，可以有效捕捉到充分的市场信息，以减少农产品的盲目生产和加工，同时持续拓宽农产品的交易渠道，不断扩大农产品交易规模；消费者也可以远程监控农产品的种植和加工过程、追溯农产品各环节的信息，以及进行农产品电子平台实时交易等。由此可见，农业技术进步强化了农业产业链的上游生产、中游配送流通以及下游消费者之间的衔接，从而有利于延伸农业产业链。

3.2.2.2　农业技术进步有助于拓展农业多功能，从而促进农村产业融合发展

第一，农业技术进步能够促进绿色生态技术的逐步推广，拓展农业的生态功能。"绿水青山就是金山银山"，绿色生态发展是农业高质量发展的重要内涵，也是农村产业融合发展的基本要求。近年来，随着农业技术的不断进步，秸秆养分资源高效利用技术、新型肥料研制技术、平衡施肥与精准施肥技术以及水肥一体化等方面取得了巨大突破，绿色农用生物产品（如生物肥料、生物农药等）得以产业化应用，使农业生产中化肥和农药的施用量逐年递减，化肥农药利用率逐步增高，并推动了传统化学农业向现代生物农业的转变。与此同时，节约型、循环型农业技术的进步，推动了生态循环农业的发展。例如，南方"猪—沼—果"生态模式及配套技术、北方"四位二体"生态模式及配套技术、草地生态恢复与持续利用生态模式及配套技术、平原农林牧复合生态模式及配套技术，这些技术进步促进了农业的循环可持续发展，为建立绿

色农产品基地打下了坚实的基础。总之，农业生产过程本身也是保护、改善农业资源和生态环境的过程，绿色生态农业技术的逐步推广有利于发挥农业的生态功能，从而为农村产业融合提供新的发展模式。

第二，农业技术进步可以促进休闲观光农业的快速发展，拓展农业的文化功能。农业作为人类最为古老的产业，一方面承载着农村经济发展与社会生活方式，另一方面还具有乡村景观保护以及乡土文化传承的功能。通过将农业的休闲观光和文化传承功能融入到农业生产活动当中，不仅可以带动农村生产生活环境的极大美化和改善，同时还能够保持文化的传承性与多样性，并且为农业农村经济发展培育新的增长点。休闲观光农业是一种以农村特色风貌、农业生产过程、农民劳动场面以及生活场景等为主要吸引物的旅游活动，涉及多产业、多领域、多要素的融合以及新业态、新产业的再造。因此，要促进休闲观光农业的迅速发展，需要多维技术的集成与创新。一是观赏型动植物新品种、栽培技术的创新，以及国内外新产品、新技术的引进、消化、吸收以及再创新，促使现代农业的休闲景观功能得以充分展示；二是休闲观光农业规划设计、建造布局以及景观设置等方面的工程技术创新，可以促进休闲观光农业的规模化与标准化发展；三是现代农业经营管理技术的进步，也有助于强化休闲观光与现代农业生产之间的有机结合（赵西华，2008）。休闲农业作为农村产业融合发展的核心业态，其发展状况直接影响着农村产业融合发展的整体水平。

3.2.2.3 农业技术进步有助于发展农业新兴业态，从而推动农村产业融合发展

首先，农业设施化技术能够促进农业与工业的融合，有利于发展工业化农业（设施农业）。作为对传统种养方式的一种革命，设施农业一方面给农业发展带来了巨大的经济效益，另一方面，其集优良品种技术、先进设施技术、现代营销方式以及科学管理手段于一体的鲜明特点，还能够起到较强的示范带动作用，代表着现代化农业的发展方向（刘余莲，2008）。近年来，随着设施环境条件控制技术和设施作物抗逆调控技术实现了重要突破，以及种苗生产工厂化、自动化、智能化研究也取得了明显进展，大批先进的设施技术得以推广并应用到现代农业发展之中，从而实现了农业设施技术的产业化应用。特别是在农业高科技示范园区建设的过程中，一些设施技术的产业基地、设施农业的试验示范基地与发展基地的建成，也带动了设施农业的发展。从设施农业的具体

领域来看，在交通运输条件、水利基础设施较好的区域积极开展设施种植，通过合理利用保护地栽培新技术以及温室大棚技术，大力种植设施食用菌、设施花卉以及设施蔬菜；设施养殖则主要依靠品种改良技术的推广引用，积极推动水产养殖和畜牧养殖的快速发展，并以此加速了农村产业融合发展进程。

其次，农业综合技术进步可以促进农业与服务业的融合，有利于发展农业服务业。农业服务业是现代农业的重要组成部分，也是农村产业融合发展的重要业态，其发展受到多种农业技术进步的综合影响。其中，农业机械装备技术的进步拓展了农机服务领域，有利于实现传统单一的农机服务向现代"大农机"服务的转变，促进了新型农机服务的发展；育种技术的进步促进了农作物和畜禽新品种的自主培育和推广，以及种业企业和品牌的培植，推动了现代种子种苗服务的发展；检测技术和设备的进步，不断完善农产品质量安全标准，提高农产品质量认证服务水平，推动了农产品检测认证服务的发展；农业科研能力的增强以及科技推广体制机制的健全，促进了农技推广服务的发展；冷链技术进步推动了农产品现代物流服务的发展。此外，互联网、物联网、云计算等现代信息技术的进步，实现了对农业生产、加工、营销全过程的智能化控制，推动了精准农业、智慧农业的发展；而"大数据"和"互联网+"等信息技术的应用，构建了农产品电商平台，促进了电商企业、农产品加工流通企业与新型农业经营主体之间的全面对接融合，推动了农村电商这一"新业态"的快速发展。

3.2.2.4　农业技术进步有助于培育产业融合主体，从而驱动农村产业融合发展

第一，农业技术进步能够改善农业生产的物质装备条件，为新型农业经营主体的产生创造"硬"条件。农业技术进步为农业提供了先进适用的耕作技术、生产工具等，使很多大型机械开始广泛地应用于农业生产，从而有利于改善农业生产现有的物质装备条件，提高农业技术装备水平，提升劳动生产率以及降低生产成本。而农业技术装备水平的提高要求农户转变传统的分散、单独作业，从事规模化生产，以达到规模经济效益；进一步地，这种生产方式的转变还要求提升农业生产的组织化水平。在传统农业不断转向现代农业的过程中，农业组织发展呈现出以下趋势，即小户发展为大户、大户发展为企业，这在本质上属于农业生产规模的扩大。其中，在以家庭为单位从事生产活动的过程中，有少数大户成为领先者，逐步发展成为专业大户或家庭农场；其余大部

分小户则采取联合经营、合作经营以及企业化经营的方式，成立了农民专业合作社、农业产业化龙头企业等农业组织，以共同抵御生产风险。总的来看，农业技术进步通过提升农业技术装备水平促进了农业的规模化生产，进而带动了新型农业经营主体的产生。

第二，农业技术进步可以提升农业经营管理水平，为新型农业经营主体的产生创造"软"条件。传统农业经营主体的经营管理水平普遍较低，不管是面临来势汹汹的进口农产品冲击，还是面临频繁波动的国内农产品市场，似乎都难以招架（张照新和赵海，2013）。与此相对应，拥有较高的经营管理水平则是新型农业经营主体的重要内涵。广义农业技术进步带来的农业经营管理水平提升，为农业产业化经营提供了大量有文化、懂技术、会管理的专门人才，这些高素质人才的投入不仅将加快农业微观经济组织变革的步伐，推动多样化新型农业经营主体的诞生，同时也有利于新型农业经营模式的推广。此外，随着农业经营管理水平的提升，农户更有能力融入到市场竞争之中，加快了农户从种养殖向流通、加工等产业链环节发展的步伐，也促进了小户与大户向企业化生产经营方向的转变，从而也推动了新型农业经营主体的产生。总的来看，农业技术进步通过提升农业经营管理水平，为新型农业经营主体的诞生奠定了良好的人才基础，进而带动了新型农业经营主体的迅速成长。

3.2.3 农村金融深化对农业技术进步的作用机理

农业技术是现代农业的基础，农业技术进步则是农村产业融合发展的核心驱动。为了促进农村产业融合发展，就必须加强农业技术创新、技术推广以及技能培训，提高农业技术进步水平。但农业技术进步过程是一个不完全合约过程，过高的交易成本以及极大的不确定性使资金瓶颈成为制约农业技术创新活动顺利开展的重要障碍之一。随着农村金融深化程度的提升，金融机构能够利用所获得信息降低交易成本和信息成本，将资金从分散的盈余者手中汇聚并投资到农业技术创新部门，为农业技术进步提供充足的物质保障；同时，金融机构通过扮演战略投资者和风险投资者的角色，可以有效地分散农业部门的技术创新风险。根据已有文献，本书分别就农村金融深化如何从资本形成、信息处理、风险分散、项目监控等维度减少农业技术创新过程中的不确定性和交易成本，进而促进农业技术进步进行分析（见图3-3）。

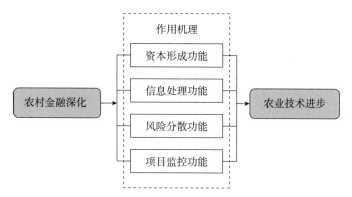

图 3-3　农村金融深化对农业技术进步的作用机理

3.2.3.1　农村金融深化对农业技术进步的资本形成功能

农业技术创新是一个从研发到生产再到推广应用的连续性过程，这个过程需要长期的、持续的资金投入和完善的金融支持。以作为农业技术创新主体的农业高新技术企业为例，其从成立到最终稳定发展，大致会经历萌芽、创业、成长、扩张以及稳定五个阶段。其中，萌芽阶段与稳定阶段对资金的需求较小，萌芽阶段的主要任务是寻找市场空白，进而有针对性地进行原始创新，当步入稳定阶段后，企业的盈利能力已然初步形成，因此能够较快回笼资金；然而在创业阶段与成长阶段，农业高新技术企业的资金需求相对较高，需要大量的长期投资，这两个阶段也是农业高新技术企业能否发展壮大的关键阶段。但是，处于创业阶段和成长阶段的农业高新技术企业往往缺乏有效的抵押担保物，与此同时，考虑到农业技术研发创新的风险较大且成功率较低，通过权衡收益与风险，那些低风险、低收益的短期项目更加容易获得风险规避型投资者的青睐，而一些相对高风险、高收益的农业技术创新项目则更有可能面临长期资金投资严重不足的困境。

随着农村金融市场和金融中介的完善和发展，农村金融深化能够将城乡储蓄者的闲置资金有效集中起来，积少成多、续短为长，并通过构建高效率的储蓄向投资转化机制，可以在一定程度上满足农业技术创新领域的融资需求。也就是说，农村金融深化利用储蓄向投资转化机制有助于将更多的资金投入到长期面临融资约束的农业技术创新项目当中，合理配置金融资源，推动农业技术创新活动开展，这些对于农业技术进步有着重要意义。与此同时，随着农村金融深化程度的不断提升，农村金融机构传统业务竞争激烈，利润增长缓慢，找寻新的利润增长点已成为各家金融机构的主要任务。在国家高度重视农村产业融合发展以及鼓励农业技术进步的背景下，农村金融机构也迎来了一个难得的发展机遇，依托农业技术进步与农村产业融合发展的政策导向，农村金融机构通过开拓新的资金渠道与投资模式，将金融产品和业务推向更富有生产性的优质农业技术研发创新项目，使金融资金充分地与农业科技资本进行有机结合，从而持续提升农业技术进步水平，使农村产业融合发展真正建立在农业技术进步的基础之上。

3.2.3.2 农村金融深化对农业技术进步的信息处理功能

农业技术进步过程是一个信息极不对称的过程，极易产生逆向选择与道德风险问题。一方面，农业技术创新项目的不确定性较高并且专业性较强，其项目质量好坏对于普通投资者而言难以有效判断，因此对于这类项目，普通投资者要求的收益率也会比较高。与 Akerlof（1970）的"柠檬市场"类似，信息不对称必然会对农业技术创新项目造成挤出效应，使农业技术创新项目难以获得外部资金的注入。另一方面，出于自身利益保护的需要，农业技术创新者可能会借助自身所拥有的信息优势，刻意对不利信息进行隐瞒；抑或是对不同的农业技术创新投资者同时出售农业技术。由于创新失败的资金损失是由投资者所承担，为了获取技术创新成功之后的高额回报，农业技术创新者可能有意选择那些高风险的技术创新项目。由于缺乏农业技术进步过程中的相关信息（如项目风险与收益、担保品状况、借款者信誉等），拥有金融资源的投资者难以对农业技术创新主体或活动进行有效评估，再加上事后需要耗费大量的时间和精力对农业技术创新主体或活动进行监督，高昂的信息成本为潜在的优质农业技术研发创新项目融资造成了巨大阻碍。

为此，如何有效地解决农业技术研发创新投融资中普遍存在的信息障碍，是农村金融深化促进农业技术进步水平有效提升的核心关键所在。由于具备高效化的信息揭示功能，金融体系在信息收集、处理以及传递方面的优势可谓得天独厚（陈国进和可钦锋，2012），其中，金融中介凭借其专业化优势，利用历史交易信息积累和资信调查等多种方式获取信息，可以实现对优质农业技术创新项目的有效筛选，并优先满足这些项目的融资需求，客观上引导了企业家的创新和投资行为；金融市场具有多元化的信息审查机制，通过利用股票等金融工具价格信号，能够直接引导金融资源向那些优质的农业技术创新项目转移，从而达到资源配置的作用。无论是通过金融市场还是金融中介进行信息处理，目的均是确保资金的高效配置，让资金流向资本回报率较高的地方，这就必然要求农业技术创新项目相关信息的充分披露。而相关信息披露的有效性，为农业技术创新项目融资提供了经济基础，从而有利于推动农业技术进步。

3.2.3.3　农村金融深化对农业技术进步的风险分散功能

尽管农业技术进步可以有效地推动农村产业融合发展，但是在农业技术进步过程中，特别是农业技术创新作为一种具有创造性的活动，不仅难度极大，而且复杂度极高，因此必然潜藏着许多事先难以估计的、可变的以及不可控制的风险（如流动性风险、收益率风险以及其他不确定性的风险），从而导致农业技术进步水平难以实现稳定提升，严重阻碍了农村产业融合发展的顺利推进。高风险特性成为阻碍农业技术创新主体获得创新资金的重要原因之一。以流动性风险为例，其指的是将资产转化为交换媒介时的不确定性。在流动性风险约束下，投资者往往偏好于流动性高、收益低的短期项目，以致出现类似农业技术创新这样流动性低、回报高的长期项目投资严重不足。随着农村金融市场和金融中介的不断发展和完善，可以通过设计与农业技术进步相关联的、多样化的金融产品和服务，构建投资组合弥补农业高科技企业融资困难缺陷，为农业技术创新主体建立良好的风险分散机制，将农业技术进步中的风险分散给投资者，降低农业技术创新风险，从而促进农业技术进步。

所谓金融体系的风险分担功能，是指金融体系不仅能够实现风险的跨时期配置，同时还能将风险进行跨个体配置，使风险由诸多的投资者来共同承担，从而最大限度地分散风险。一是金融中介的风险分散功能。以银行为代表的金融中介可以促使资金不断从盈余者转向短缺者，除为了应付储户流动性需求而要留存一定资金外，其分散收益率风险的方式主要依靠向不同客户提供各类贷款。因此，对于农业技术创新主体而言，金融中介能够减少其对自我融资的依赖，缓解其资金约束，并且避免在投资期必须进行资产清算所带来的资源浪费，从而刺激农业技术创新。二是金融市场的风险分散功能。农业高技术企业通过上市发行股票可以把社会闲散资金聚集起来并转化为企业创新生产资金，股市融资最大的特点在于不仅能够减少甚至消除流动性风险，同时短期的股票收益波动并不会对企业经营带来异常剧烈的影响，从而有助于企业技术创新活动的顺利开展。与此同时，金融市场上可供选择的金融资产较多，不同的投资者可以根据自身的风险偏好和风险承担能力，通过对不同风险收益水平的资产进行合理组合来配置资金，也可以达到降低收益率风险的目的。

3. 2. 3. 4 农村金融深化对农业技术进步的项目监管功能

农业技术创新项目所涉及的参与主体比较多，其中还存在类似技术开发人员、创业家以及投资者之间的委托代理关系（郭建万，2010），在不对称信息条件下，容易出现逆向选择与道德风险。因此，加强对农业技术创新项目的有效监管必不可少，因为一旦脱离了外在监管的约束，即使耗费了大量的人力、物力和财力，但是技术创新效率却并不高，不能有效地促进农业技术进步。随着农村金融中介和金融市场的持续发展和不断完善，金融体系在信息的收集和传递方面具有得天独厚的优势，通过对完整、真实以及有效的信息进行及时收集和获取，在此基础上选择那些优质的、适合的农业技术创新主体或项目进行投资。在对农业技术创新项目进行资金支持后，农村金融机构通过定期分析财务报表、评定信用等级等方式，可以有效地对农业技术创新项目进行监控和管理，使技术创新主体不断向规范化和专业化的方向发展，进而提升整个地区的农业技术进步水平，保证农村产业融合的健康发展。

具体而言，农村金融深化对农业技术进步的项目监控功能主要表现在两个方面：一是金融中介的监控功能。金融中介所拥有的信息生产功能较强，对于减少企业的逆向选择行为作用较大，因此依靠金融中介对借款企业进行监控的优势较为突出。Diamond（1984）的受托监控模型表明，由金融中介作为投资者的代表来统一对企业进行监督，不仅能够避免重复监督行为，同时还可以极大地降低监督成本、提高监督效率。与各个投资者分别对企业进行监督所付出的成本相比，金融中介的监督成本因其规模优势而明显更低一些。因此，伴随金融中介发展所带来的监督成本减少，可以有效降低农业技术创新主体对外融资的各项成本，从而也有利于其技术创新活动的顺利开展。二是金融市场的监控功能。在金融市场上面，企业筹集资金的使用状况等财务信息必须公开披露并接受社会监督，而投资者向企业经营者传递警告信号的方式一般是用"脚"投票。因此，良好的农村金融市场可以全程监管农业技术创新投资项目的开展，这种监督势必会对农业技术创新主体产生极大的激励作用，有助于提高农业技术创新项目的成功率，进而促进农业技术进步。

3.2.4　农村金融深化、农业技术进步与农村产业融合发展的作用机理

由上文的分析可知，农村金融深化影响农村产业融合发展的直接路径主要包括：通过发挥储蓄效应为农村产业融合发展提供稳定的资金来源；通过发挥投资效应缓解农村产业融合发展的融资约束；通过发挥资源配置效应有效提升金融服务于农村产业融合发展的整体质量。农业技术进步影响农村产业融合发展的具体路径主要包括：通过提高农产品的产量和质量、增强农产品加工转化能力以及农业产业链环节的技术关联，有利于延伸农业产业链；通过促进绿色生态技术的逐步推广以及休闲观光农业的快速发展，有利于拓展农业生态、文化等多重功能；通过促进农业与工业、农业与服务业的融合，有利于发展工业化农业、农业服务业等农业新兴业态；通过创造新型农业经营主体产生的"硬""软"条件，有利于培育农村产业融合主体。此外，农村金融深化可以从资本形成、信息处理、风险分散以及项目监控等维度推动农业技术进步，进而影响一个地区的农村产业融合发展水平。因此，本书归纳出农村金融深化、农业技术进步与农村产业融合发展的作用机理（见图 3-4）。

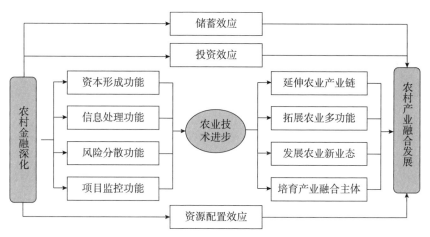

图 3-4　农村金融深化、农业技术进步与农村产业融合发展的作用机理

3.3 农村金融深化、农业技术进步与农村产业融合发展的量化测度

3.3.1 农村金融深化的测度依据与方法

结合前文的概念界定可知，农村金融深化主要体现为农村金融规模的持续扩大、农村金融结构的不断优化以及农村金融服务效率的逐步提升等方面，农村金融深化的最终结果是农村金融服务能力的提升。鉴于中国各个省、市、自治区（以下简称"省份"）统计数据的可获取性和可比较性，本书综合参考刘赛红和王国顺（2012）、丁志国等（2014）、张林（2016）、王淑英等（2016）、杜思正等（2016）、温涛等（2018）等学者的做法，构建了中国省际农村金融深化程度的综合测度指标体系（见表3-1）。其中，用人均农户贷款、人均农户存款以及农村每万人拥有小型金融机构数三个指标来衡量农村金融规模扩张情况，其值越大表示农村金融规模越大，农村金融深化程度越高；用农业保险深度和农业保险密度两个指标反映农村金融结构优化状况，其值越大说明农村金融结构越趋合理，农村金融深化程度越高；用农户存贷款总额与农业增加值之比和农户贷存比两个指标来衡量农村金融效率提升情况，其值越大意味着农村金融机构吸收的农户存款以及发放的农户贷款越多，同时农村金融机构将农户存款转化为农户贷款的比例越高，农村金融市场效率和服务质量越高，农村金融深化程度越高。

表3-1　农村金融深化的测度指标体系

测度指标		代码	指标说明	单位
农村金融深化（*FIN*）	农村金融规模扩张	F_1	人均农户贷款	元
		F_2	人均农户存款	元
		F_3	农村每万人拥有小型金融机构数	个

测度指标		代码	指标说明	单位
农村金融深化（FIN）	农村金融结构优化	F_4	农业保险深度	%
		F_5	农业保险密度	元
	农村金融效率提升	F_6	农户存贷款/农业增加值	%
		F_7	农户贷存比	%

在构建上述综合测度指标体系的基础上，本书借鉴李晓龙和冉光和（2019）的做法来计算中国省际农村金融深化程度的综合指数。首先，为了消除量纲不同所造成的影响，利用极小极大标准化方法对各个二级指标原始值进行标准化处理。具体而言，用以标准化处理的公式如下式所示：

$$F_{ij} = \frac{fs_{ij} - \min(fs_j)}{\max(fs_j) - \min(fs_j)} \times 10 \tag{3.17}$$

在式（3.17）中，经过标准化处理后的数据 $F_{ij} \in [0, 10]$，其值越大，意味着其对农村金融深化程度综合指数的贡献越大。其中，fs_{ij} 表示第 i 个省份的第 j 个指标的原始值（$i = 1, 2, \cdots, m; j = 1, 2, \cdots, n$），$m = 30$，$n = 5$。$\max(fs_j)$、$\min(fs_j)$ 分别表示各个二级指标原始数值在 30 个省份中的极大值和极小值[1]。

在获得标准化处理的数据之后，本书进一步利用加权求和法来计算 2008~2016 年中国 30 个省份农村金融深化程度的综合指数[2]，具体公式如下：

$$FIN_i = \sum_{j=1}^{n} \omega_{ij} F_{ij}, \text{ 其中 } \sum_{j}^{n} \omega_{ij} = 1 \tag{3.18}$$

其中，ω_{ij} 为各二级指标的权重。为了尽可能地避免测度结果受到主观影响，本书采用熵值法来确定各个二级指标的权重大小[3]。

农村金融深化是一个动态发展的过程，各个二级指标的权重大小（对农村金融深化综合指数的贡献度）会随着农村金融的不断发展演化而产生

---

[1]　香港特别行政区、澳门特别行政区、台湾地区以及西藏自治区由于统计数据存在不同程度的缺失，未被纳入研究样本中，因此，本书样本共涉及中国大陆 30 个省份。

[2]　鉴于本书另一重要变量——农村产业融合发展原始数据（农产品加工业主营业务收入、休闲农业营业收入、设施农业总面积以及农民专业合作社数量）在 2008 年之前不可得，与此同时，本书所涉数据在 2016 年之后大多还未公布，因此，本书将样本时间跨度设定为 2008~2016 年。

[3]　作为一种客观赋权法，熵值法主要根据各项评价指标值的离散程度来确定指标权重（离散程度越大，对综合评价的影响越大），从而可以有效避免人为因素可能造成的偏差。

一定变动，为此，本书参考张勇等（2013）、张林（2016）等学者的普遍做法，采用熵值法逐年计算各个二级指标的权重大小，详细结果如表 3-2 所示。

表 3-2 农村金融深化评价指标的权重

年份	F_1	F_2	F_3	F_4	F_5	F_6	F_7
2008	0.0538	0.1940	0.0599	0.1999	0.2082	0.2122	0.0720
2009	0.1964	0.1967	0.0618	0.1998	0.2119	0.0565	0.0769
2010	0.1657	0.1711	0.0540	0.1718	0.1869	0.1808	0.0697
2011	0.0534	0.2028	0.0646	0.1795	0.2094	0.2092	0.0812
2012	0.0527	0.1989	0.0633	0.1846	0.2213	0.2013	0.0779
2013	0.0515	0.2010	0.0648	0.1890	0.2167	0.2013	0.0757
2014	0.0527	0.2072	0.0648	0.1850	0.2128	0.2020	0.0754
2015	0.1678	0.1894	0.0582	0.1535	0.1971	0.1686	0.0655
2016	0.1633	0.1919	0.0583	0.1565	0.1992	0.1655	0.0653

注：数据由笔者根据公式计算整理得到。

综合来看，首先，采用式（3.17）对中国农村金融深化程度测度指标的原始值进行标准化处理；其次，采用式（3.18）同时结合表 3-2 中各个二级指标的具体权重，便能够计算得出 2008~2016 年中国 30 个省份农村金融深化程度的综合指数（FIN）。

3.3.2 农业技术进步的测度依据与方法

农业技术进步也是本书研究的核心解释变量。在资源环境约束日益趋紧的现实背景下，技术进步已然成为加速农业发展最为有效的一种途径，而农业生产效率则被广泛用于研究农业技术进步（陈嘉等，2018）。事实上，早在 20 世纪 40 年代，已有学者利用单要素生产率来分析农业生产效率，其后，全要素生产率（Total Factor Productivity，TFP）被广泛地用于研究农业生产变化。农业全要素生产率反映了农业生产过程中除农业投入要素增长以外各个因素的综合影响效应，目前也是学者们用来衡量广义农业技术进步的通用指标（杨钧，

2013；戴育琴等，2014；李斌等，2015；杨义武和林万龙，2016；杨义武等，2017）。本书借鉴上述学者的普遍做法，采用基于数据包括分析的 Malmquist 指数来测度农业全要素生产率，用以衡量中国省际农业技术进步水平。

具体而言，可以将每个省份视为一个农业生产决策单元（Decision Making Unit，DMU），x^t 和 y^t 分别表示 t 时刻的农业生产投入向量和产出向量，$T = \{(x^t, y^t)\}$ 表示 t 时刻的农业生产技术，即可以生产 y^t 的所有 x^t，而农业生产产出的距离函数则可以相应地表示为 $D^t(x^t, y^t) = \inf\{\varphi > 0: (x^t, y^t/\varphi) \in T^t\}$（inf 为集合的下确界）。进一步地，通过借助距离函数，可以构造如下形式的 Malmquist 指数：

$$M(t, t+1) = \left[\frac{D_0^t(x^{t+1}, y^{t+1})}{D_0^t(x^t, y^t)} \times \frac{D_0^{t+1}(x^{t+1}, y^{t+1})}{D_0^{t+1}(x^t, y^t)} \right]^{1/2} \tag{3.19}$$

式中，$M(t, t+1)$ 表示 t 到 $t+1$ 期的全要素生产率（TFP）变化情况，大于 1 表示全要素生产率提升，小于 1 表示全要素生产率下滑，等于 1 表示不变；(x^t, y^t) 和 (x^{t+1}, y^{t+1}) 分别表示第 t 期和第 $t+1$ 期的农业生产投入向量与产出向量；$D^t(x^t, y^t)$ 和 $D^{t+1}(x^{t+1}, y^{t+1})$ 分别表示以 t 时期农业技术为参照物的第 t 期与 $t+1$ 期的农业技术效率水平，与此类似，$D^{t+1}(x^t, y^t)$ 和 $D^{t+1}(x^{t+1}, y^{t+1})$ 分别表示以 $t+1$ 时期农业技术为参照物的第 t 期与 $t+1$ 期的农业技术效率水平。Malmquist 指数可以进一步分解为技术效率变化指数（EF）和前沿技术进步指数（TG）：

$$EF(t, t+1) = \frac{D_0^{t+1}(x^{t+1}, y^{t+1})}{D_0^t(x^t, y^t)} \tag{3.20}$$

$$TG(t, t+1) = \left[\frac{D_0^t(x^{t+1}, y^{t+1})}{D_0^{t+1}(x^{t+1}, y^{t+1})} \times \frac{D_0^t(x^t, y^t)}{D_0^{t+1}(x^t, y^t)} \right]^{1/2} \tag{3.21}$$

结合前文的概念界定，本书重点关注的是广义农业技术进步，即农业全要素生产率（TFP），后续实证研究以 GTE 表示；与此同时，为了进行稳健性检验，本书也计算了狭义农业技术进步，即上文对 Malmquist 指数进行分解得到的农业前沿技术进步指数（TG），后续实证研究以 NTE 表示。在采用 Malmquist 指数对农业全要素生产率进行测算时，还要进一步确定产出和投入指标（详见表 3-3）。借鉴目前学者们的通常做法（杨钧，2013；戴育琴等，2014；杨义武和林万龙，2016），产出指标以第一产业增加值来表示，这里的增加值以 2008 年为基期采用增加值指数进行了平减处理。投入指标主要包括以下四类:一是土地投入,以农作物总播种面积来表示;二是劳动投入,以第一产业就业人员数来衡量;三是机械投入,以农业机械总动力来表示;四是化肥投入,以实际用于农业生产的化肥施用量来度量。

表 3-3   农业技术进步的测度指标体系

指标类型	指标名称	指标释义	指标单位
产出指标	农业产出	以第一产业增加值表示,并以 2008 年为基期进行平减处理	亿元
投入指标	土地投入	以农作物总播种面积表示	千公顷
	劳动投入	以年底第一产业就业人员数表示	万人
	机械投入	以农业机械总动力表示	万千瓦
	化肥投入	以本年实际用于农业生产的化肥施用量表示	万吨

3.3.3   农村产业融合发展的测度依据与方法

农村产业融合发展为本书考察的被解释变量。目前,学术界尚未有一个指标可以全面直观地反映农村产业融合发展的水平和质量。已有文献主要采用两种方法对农村产业融合发展指标进行测度。一是协调发展指数法。如谭明交(2016)利用协调发展系数方法,在分别计算农村产业化实际值和理想值的基础上,测算了 2005~2014 年中国各省份农村产业融合发展系数。二是综合指数法。唐超和胡宜挺(2016)、李芸等(2017)均以北京市为例,构建了可以较好反映农村产业融合发展水平的综合评价指标体系。李晓龙和冉光和(2019)则进一步将农村产业融合发展水平的综合评价指标体系拓展到了中国省际层面,从农业产业链延伸、农业多功能性发挥以及农业服务业融合发展三个方面出发,构建了可以在一定程度上反映中国各省份农村产业融合发展水平的综合评价指标体系。本书在借鉴上述研究做法并考虑省际层面数据可得性的基础上,从农业产业链延伸、农业多功能性拓展、农业新业态形成以及产业融合主体培育四个方面来构建农村产业融合发展水平综合评价指标体系,详见表 3-4。

表 3-4　农村产业融合发展的测度指标体系

测度指标		代码	指标说明	单位
农村产业融合发展（CON）	农业产业链延伸	C_1	农产品加工业主营业务收入/第一产业总产值	%
	农业多功能性拓展	C_2	休闲农业营业收入/第一产业总产值	%
	农业新业态形成	C_3	设施农业总面积/耕地面积	%
		C_4	农林牧渔服务业总产值/第一产业总产值	%
	产业融合主体培育	C_5	农村每万人拥有农民专业合作社数量	个

一是农业产业链延伸。农业产业链延伸是指依托农业进行纵向延伸，将农业生产、加工以及销售等环节紧密结合，不断优化农业产业链条，从而建立起现代化的农业产业体系。考虑到加快发展农产品加工业是目前延伸农业产业链的重点领域，本书选取农产品加工业主营业务收入与第一产业总产值的比值，来反映农业产业链延伸情况。

二是农业多功能性拓展。农业多功能性拓展是指推动农业与旅游、文化以及健康养老等产业之间实现深度融合，充分发挥农业的生产、生活以及生态功能。鉴于大力发展休闲农业与乡村旅游业是现阶段农业多功能性拓展的重点领域，因此，本书选取休闲农业营业收入与第一产业总产值的比值，反映农业多功能性拓展情况。

三是农业新业态形成。农业新业态是指以新思维、新技术、新模式对传统农业加以改造而形成的新型农业业态。目前，设施农业和农业服务业是中国重点发展的农业新型业态，发挥着重要的生产与服务功能。因此，本书选取设施农业总面积与耕地面积的比值、农林牧渔服务业总产值与第一产业总产值的比值，来反映农业新业态形成情况。

四是产业融合主体培育。农村产业融合发展能否发挥带农惠农、促进农民增收致富的重要作用，关键取决于产业融合主体（农民专业合作社、龙头企业）的参与及其对农户的带动程度。一般而言，产业融合主体越多，农村产业融合发展的利益联结方式（如合同式、股份式、合作式）越多元，农户越容易共享产业融合发展所带来的增值收益。本书选取农村每万人拥有农民专业合作社数量，反映农村产业融合主体的培育状况。

在构建上述综合测度指标体系的基础上，本书利用与农村金融深化程度综合指数相同的计算方法，来测算各省份农村产业融合发展水平的综合指数。详细的计算方法和测算过程在此不再赘述，表 3-5 列示了各年份各个二级指标的权重大小。进一步地，借助式（3.18）并结合表 3-5 中的具体权重，便能够计算出 2008~2016 年中国各省份农村产业融合发展水平的综合指数[①]。此外，为了确保本书研究结论的稳健性，在本书实证研究环节，也将采用谭明交（2016）所构建的农村产业融合发展系数进行稳健性检验。

表 3-5　农村产业融合发展评价指标的权重

年份	C_1	C_2	C_3	C_4	C_5
2008	0.2502	0.3054	0.2799	0.0811	0.0834
2009	0.3295	0.1019	0.3497	0.1092	0.1096
2010	0.3327	0.1025	0.3413	0.1114	0.1121
2011	0.3322	0.1030	0.3434	0.1081	0.1133
2012	0.3299	0.1028	0.3470	0.1096	0.1107
2013	0.3259	0.1025	0.3546	0.1094	0.1076
2014	0.3254	0.1024	0.3611	0.1091	0.1020
2015	0.3219	0.1013	0.3658	0.1095	0.1014
2016	0.2398	0.3157	0.2803	0.0843	0.0799

注：数据由笔者根据公式计算整理得到。

3.4　本章小结

本章核心目的在于构建农村金融深化、农业技术进步与农村产业融合发展的理论分析框架。首先，科学界定了农村金融深化、农业技术进步、农村产业融合发展的相关概念及其内涵。其次，系统剖析了农村金融深化、农业技术进步与农村产业融合发展之间的作用机理，初步了解了农村金融深化与农业技术进步对农村产业融合发展的具体影响。最后，构建了农村金融深化、农业技术进步与农村产业融合发展的量化评价指标体系，并利用加权求和法和熵值法测算了农村金融深化和农村产业融合发展的综合指数；采用基于数据包分析的 Malmquist 指数测度了中国农业技术进步状况。

---

　　① 鉴于农村产业融合发展原始数据（农产品加工业主营业务收入、休闲农业营业收入、设施农业总面积以及农民专业合作社数量）在 2008 年之前不可得，且本书所涉数据在 2016 年之后大多还未公布，因此，本书将样本时间跨度设定为 2008~2016 年。

第4章

农村金融深化、农业技术进步与农村产业融合发展的现状与存在的问题

　　研究农村金融深化、农业技术进步对农村产业融合发展的影响，不但要构建相应的理论分析框架，同时也要全面掌握农村金融深化、农业技术进步与农村产业融合发展的现状、趋势及问题。为此，本章将系统分析中国农村产业融合发展的现状、特征及趋势，考察农村金融深化、农业技术进步支持农村产业融合发展的现状，并总结农村金融深化、农业技术进步支持农村产业融合发展存在的主要问题，从而为后续研究提供重要的现实依据。

4.1　中国农村产业融合发展的现状

　　全面分析中国农村产业融合发展的现状，是准确把握其对农村金融支持和农业技术支持的相关需求，以及提高农村金融深化、农业技术进步支持农村产业融合发展针对性与实效性的重要前提。接下来，本节将首先分析农村产业融合发展的产业基础及主要业态，在此基础上，结合上一章3.3.3节的测算结果，系统讨论中国农村产业融合发展水平的变动趋势以及省际分布特征。

4.1.1　农村产业融合发展的产业基础及主要业态

4.1.1.1　农村产业融合发展的产业基础

4.1.1.1.1　农业生产能力明显增强
近年来，农业作为农村产业融合发展的基础产业，保持了较为稳定的增长态势，农业综合生产能力也迈上了新的台阶（详见表4-1）。粮食产量从2008年的52871万吨，增长到2016年的61625万吨，年均增长率约为1.93%，从而有力地保障了口粮的绝对安全。值得注意的是，2016年粮食产量相比2015年有所减少，其原因主要在于，为了缓解粮食品种的供需矛盾，各地区在2016年主动对农业生产结构和区域布局进行了优化调整，主要措施包括"粮改油""粮改饲"以及"玉米改大豆"等，农业种植结构的变动调整使粮食播种面积出现一定减少，最终也影响到了粮食产量的增长。与此同时，棉花、油料以及糖料等经济作物保持了较为平稳的发展；蔬菜、茶叶以及水果等园艺作物产量实现了明显增长，其中以茶叶的增长速度最快，2016年的茶叶产量达到240万吨，相比2008年增长了约1.9倍，年均增长率高达8.39%；从主要畜产品（肉类、牛奶和禽蛋）的产量来看，在样本期内都经历了较大幅度的增长，较好地满足了市场需求；此外，水产品产量在样本期内增长超过1.4倍，市场供应比较充足。总的来看，样本期内农业生产能力的明显增强，为农村产业融合发展提供了有力支撑。

表4-1　2008~2016年中国主要农产品产量情况　　单位：万吨

年份 品种	2008	2009	2010	2011	2012	2013	2014	2015	2016
粮食	52871	53082	54648	57121	58958	60194	60703	62144	61625
棉花	749	638	596	660	684	630	618	560	530
油料	2953	3154	3230	3307	3437	3517	3507	3537	3630
糖料	13420	12277	12008	12517	13485	13746	13361	12500	12341
蔬菜	59240	61824	65099	67930	70883	73512	76005	78526	79780
茶叶	126	136	148	162	179	192	210	225	240
水果	19220	20396	21401	22768	24057	25093	26142	27375	28351
肉类	7279	7650	7926	7965	8387	8535	8707	8625	8538
牛奶	3556	3519	3576	3658	3744	3531	3725	3755	3602
禽蛋	2702	2743	2763	2811	2861	2876	2894	2999	3095
水产品	4896	5116	5373	5603	5908	6172	6462	6700	6901

资料来源：国家统计局网站。

4.1.1.1.2　农业产业化主体蓬勃发展

农村产业融合发展源于农业产业化经营，归根结底落脚在带农惠农、促进农民增收致富，需要各相关主体的积极参与并发挥其对农民的带动作用。一是农民专业合作社。自 2007 年《农民专业合作社法》实施以来，合作社数量快速增长，到 2016 年末，全国农民专业合作社数量已经高达 179.4 万家，入社农户超过 1 亿户，占农户总数的比重达到 44.4%（见图 4-1）。2016 年，全国农民专业合作社经营收入达 5807 亿元，合作社可分配盈余总额近 1000 亿元，向成员分红总额达 824.6 亿元，入社农户的收入普遍比其他未入社农户高出 20% 以上，有的甚至高出 50% 以上，合作社在农业技术推广和提高农户发展能力方面正扮演着越来越重要的角色。二是农业龙头企业。截至 2016 年底，全国农业龙头企业高达 12.9 万家，其中不乏新希望、中粮以及温氏等大型龙头企业，当年市场销售收入超过 9 万亿元，主要城市"菜篮子"产品供应量的 2/3 以及农产品市场供应量的 1/3 均由农业龙头企业所提供。三是家庭农场。作为中国农业生产的生力军，截至 2016 年末，全国家庭农场的数量已经达到 87.7 万家，其中，有 41.4 万家家庭农场通过了各级农业部门的资格认定。以从事种植业的家庭农场为例，其平均经营耕地超过 170 亩，劳均纯收入接近 8 万元，实现年均纯收入约 25 万元，与传统农户相比优势明显。农民专业合作社、农业龙头企业以及家庭农场等农业产业化主体的不断发展壮大，不仅密切了与农民之间的利益联结关系，同时也为农村产业融合发展提供了组织准备。

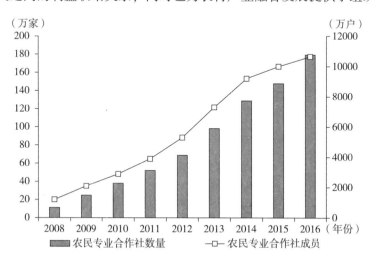

图 4-1　2008~2016 年全国农民专业合作社发展情况

资料来源：国家工商行政管理总局，笔者改绘。

4.1.1.2 农村产业融合发展的主要业态

4.1.1.2.1 农产品加工业不断发展壮大

农产品加工业作为连接工业和农业的产业，不仅产业关联度较高、行业覆盖面较宽，同时对农民就业增收的带动作用也比较强，是农村产业融合发展的必然选择。近年来，随着农产品总量不断增加、品种日益丰富以及消费逐渐升级，农产品加工业也实现了较快发展。一是综合实力明显提升。2016 年全国拥有规模以上农产品加工企业数量为 8.1 万家，主营业务收入达到 20.29 万亿元，相比 2008 年（7.35 万亿元）增长了约 2.76 倍（详见图 4-2），年均增长了约 13.53%。除 2010 年外，样本期内其余年份规模以上农产品加工企业主营业务收入增速均要明显高于工业企业主营业务收入的平均增速，同样反映了农产品加工业良好的发展态势。二是行业结构持续优化。2016 年，精制茶加工业全年增加值增速为 11.4%，领跑农产品加工业；果蔬加工、中药加工等经济作物加工业增加值增速分别为 6.0% 和 8.2%。与此同时，植物油加工业和肉类加工业增加值增速明显低于平均水平，分别为 4.0% 和 4.2%；烟草制造业与制糖业发展也呈萎缩趋势，2016 年增加值较 2015 年分别下降 8.3% 和 3.9%。三是产业集聚速度加快。农产品加工业逐步向优势主产区集聚，初步形成了东北地区大豆、玉米以及水稻加工，环渤海和西北地区苹果加工，黄淮海地区小麦加工，长江流域和沿海地区水产品加工，中原地区牛羊肉加工，长江流域油菜籽和水稻加工等产业聚集区。四是带动农户能力增强。在农产品加工业的推动下，一大批规模化、专业化以及标准化的原料产地逐步建立起来，向周边地区辐射带动超过 1 亿农户增收致富。

4.1.1.2.2 休闲农业发展取得显著成效

发展休闲农业与乡村旅游业，推动"农""旅"之间的深度融合，是实现产业融合的新手段，也是推动农业转型升级、实现农业现代化的强大动力。近年来，在政策推动和市场拉动的双重形势下，中国休闲农业与乡村旅游业发展取得了显著成效。一是产业规模日趋壮大。2016 年，全国休闲农业和乡村旅游规模以上的经营主体达 30.57 万个，比上年增加近 4 万个；全国休闲农业和乡村旅游年接待游客超过 24 亿人次，相比 2008 年增长了约 8 倍，年均增长率高达 29.68%；与此同时，全国休闲农业和乡村旅游年营业收入也在 2016 年达到 5700 亿元，较 2008 年增长了 5205 亿元，保持年均 35.72% 的增长态势（详见图 4-3）。二是产业类型缤纷多样。为了满足不同群体的休闲消费需求，各

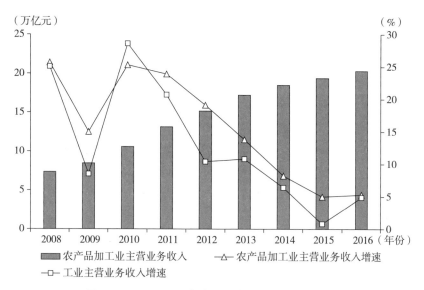

图 4-2　2008~2016 年中国农产品加工业发展情况

资料来源：农业部农产品加工局，笔者改绘。

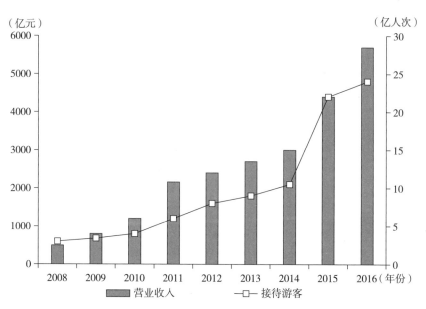

图 4-3　2008~2016 年中国休闲农业发展情况

资料来源：根据艾格农业大数据改绘。

地因地制宜，建立了类型多样、形式新颖以及主题鲜明的休闲场所，如农家乐、休闲农庄、现代农业示范园、农业观光园、民俗村等。在此基础上，还进一步创新挖掘，精心开发出农业嘉年华、农业主题公园、高端精品民宿、尖端特色小镇以及乡村田园综合体等形式多样、特色各异的休闲体验、乡野旅居新类型、新模式，开辟了产业发展的新途径。三是综合效益显著提升。2016 年，全国休闲农业和乡村旅游园区农副产品销售收入达 3641.5 亿元，占休闲农业和乡村旅游总收入的 63.9%；休闲农业和乡村旅游从业人员 845 万人，并带动672 万户农民受益，同比 2015 年分别增长 7% 和 22% 以上；从业人员人均年收入超过 3 万元，户均年收入超过 6 万元。可见，休闲农业和乡村旅游有效促进了农业增效以及农民增收。

4.1.1.2.3 农业服务业发展势头良好

农业服务业作为一个为农业产前、产中及产后环节提供中间服务的产业，是现代农业产业体系的重要组成部分，也是推进农村产业融合发展的重要业态和关键切入点。近年来，随着现代农业深入发展，农业生产性服务业加快成长，各类服务组织蓬勃兴起，数量超过 115 万家，2016 年农业生产性服务业总产值达到 4866 亿元，比 2008 年增长了 2848 亿元，年均增长率保持在 10%以上（见图 4-4）。与此同时，农业生产性服务业的服务领域逐步涵盖种植业、畜牧业、渔业等各个产业，并涌现出"土地托管""代耕代种""联耕联种""农业共营制"等多种农业生产托管服务方式。农业生产托管是指在土地经营权不进行流转的前提下，农业经营主体将农业生产过程中的"耕、种、防、收"等作业环节，全部委托或者部分委托给农业生产性服务组织完成的一种新型经营方式。近年来，农业生产托管的发展趋势较为迅猛，俨然已成为当前农业服务业服务于农业最为重要以及最有效率的形式。农业部的统计数据显示，截至 2016 年末，以综合托管系数测算的全国农业生产托管服务面积高达2.32 亿亩，从事农业生产托管的服务组织数量达到 22.7 万个，服务农户 3600多万户。调查显示，与农户传统方式自种相比，全程农业生产托管整体上可以降低成本 20%~40%，因此能够释放出农业现代化的巨大利益空间，从而在带动小农户发展现代农业方面发挥着显著作用。

4.1.1.2.4 设施农业实现稳步发展

设施农业通过整合现代生物技术、工程技术与农业设施，大幅度提高了农业生产的集约化水平，是推进农村产业融合发展的必然选择。近年来，中国高度重视推进农业供给侧结构性改革，同时大力推动农业绿色发展，设施农业的产业规模也获得了稳定发展。截至 2016 年底，全国设施农业总面积为 2082.88

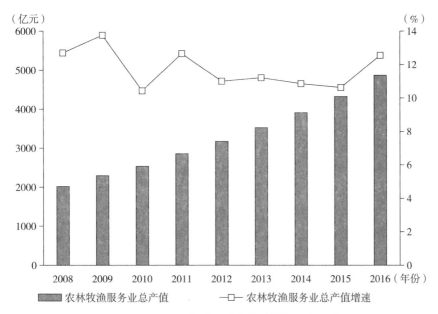

图 4-4　2008~2016 年中国农林牧渔服务业发展情况

资料来源：根据历年《中国统计年鉴》改绘。

千公顷，相比 2008 年的 813.12 千公顷，增长了约 2.56 倍，年均增长率高达 12.48%（见表 4-2）。其中，2016 年连栋温室、日光温室与塑料大棚的面积分别为 51.77 千公顷、661.45 千公顷及 1369.67 千公顷，与 2008 年的面积（17.88 千公顷、254.13 千公顷及 541.11 千公顷）相比，分别增长了 289.61%、260.28% 及 253.12%，增长速度较为均衡，可见不同类型设施农业的发展比较协调。在设施农业产业规模不断扩张的同时，其产业结构也逐渐完善，特别是设施蔬菜产业获得了较快发展。目前，全国设施蔬菜已覆盖茄果类、瓜类、豆类、甘蓝类、白菜类、葱蒜类、叶菜类、多年生类、食用菌类等上百个品种。第三届设施农业产业大会的数据显示，2016 年设施蔬菜的产量高达 2.52 亿吨，占全国蔬菜总产量的比重为 30.5%，吸纳就业人数超过 2900 万人，全年产业净产值高达 5700 多亿元，带动农村人口人均增收约 980 元，而在重点设施园艺优势产区甚至高达 3000 元以上；同时，2016 年，全国蔬菜出口贸易顺差高达 141.9 亿美元，与 2015 年相比增长了 11.47%，是中国平衡农产品贸易逆差的首要农产品，其中，干蔬菜、加工保藏蔬菜以及鲜冷冻蔬菜是当前最为重要的蔬菜出口类型。

表 4-2　2008~2016 年中国设施农业面积变动情况　　　　单位：公顷

年份	连栋温室	日光温室	塑料大棚	设施农业总面积
2008	17875	254132	541110	813117
2009	18157	241287	619300	878744
2010	19836	378929	701693	1100458
2011	20436	409636	801742	1231814
2012	26251	461228	918035	1405513
2013	56941	612389	1204907	1874237
2014	40499	696570	1321301	2058369
2015	46355	697205	1388614	2132163
2016	51767	661448	1369668	2082883

资料来源：全国温室数据系统。

4.1.2　农村产业融合发展水平的现状分析

4.1.2.1　农村产业融合发展水平的变动趋势

根据上一章 3.3.3 节的测算结果，图 4-5 绘制了 2008~2016 年全国及分区域①农村产业融合发展水平的变动趋势。从图中可以看出，在样本期间，中国农村产业融合发展的基本走势较好，总体发展水平有了非常明显的提升，农村产业融合发展水平综合指数从 2008 年的 1.0393，逐步提升到 2016 年的 2.5671，年均增长率高达 11.97%。这与近年来国家对"三农"工作的重视密不可分，使中国农业产业融合处于一个不断发展的状态之中。分区域来看，东部地区和中西部地区农村产业融合发展水平均呈现出稳步增长的态势，这与全国总体情况是一致的。但与此同时，两大区域农村产业融合发展水平也存在明显差异。其中，东部地区农村产业融合发展水平综合指数在 2016 年高达 3.4797，相比 2008 年提高了 1.8223，年均增长率为 9.72%；中西部地区农村产业融合发展水平综合指数由 2008 年的 0.6815 迅速提升到 2016 年的 2.0387，

———————

①　本书根据中国地域分布将全样本划分为东部地区和中西部地区，其中，东部地区包括北京、天津、河北、辽宁、上海、江苏、浙江、福建、山东、广东和海南；中西部地区包括山西、内蒙古、吉林、黑龙江、安徽、江西、河南、湖北、湖南、广西、重庆、四川、贵州、云南、陕西、甘肃、青海、宁夏和新疆。

增长了近 3 倍，年均增长率高达 14.68%。由此可见，在样本期间，从农村产业融合发展的整体水平上来看，东部地区明显高于中西部地区；但从农村产业融合发展的增长速度上来看，中西部地区则要明显快于东部地区。

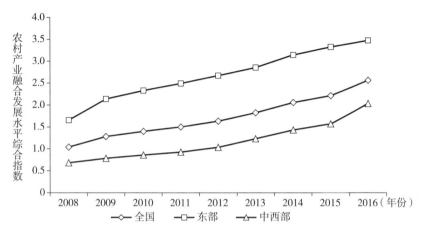

图 4-5　2008~2016 年全国及分区域农村产业融合发展水平的变动趋势

4.1.2.2　农村产业融合发展水平的省际分布

表 4-3 和图 4-6 报告了 2008~2016 年中国各省份农村产业融合发展水平均值、均值排序以及平均增长率。从中可以看出，在样本期间，农村产业融合发展水平排名前 8 位的省份分别为天津、北京、上海、江苏、山东、辽宁、浙江以及河北，这些省份全部位于东部地区，农业比较发达且产业化经营程度较高，为农村产业融合发展奠定了良好的基础；与此同时，这些省份农产品加工业、休闲农业、农业生产性服务业以及设施农业等农村产业融合发展主要业态的总体发展势头较好。相对而言，在样本期间，广西、新疆、云南、贵州、青海、黑龙江以及海南等省份的农村产业融合发展水平还比较低，除海南外，这些省份均位于中西部地区。海南作为中国最大的"热带宝地"，生产优质的椰子、橡胶等热带农业经济作物，其农村产业融合发展水平较低的原因主要在于，农产品加工业发展水平过低，大量热带农业经济作物均是以原材料的形式销售出去。在样本期间，海南农产品加工业总产值与第一产业总产值之比仅为 0.27：1，排在全国倒数第一，远低于全国平均水平的 1.84：1。值得注意的是，甘肃是农村产业融合发展水平最高的中西部省份，其原因主要在于：在本书样本期间，甘肃的农业生产性服务业发展走在全国前列，农业生产性服务业

总产值占第一产业总产值的比重高达 9.50%，远高于全国 3.62% 的平均水平。

表 4-3　2008~2016 年中国各省份农村产业融合发展水平均值及排序

省份	均值	排序	省份	均值	排序	省份	均值	排序
北京	4.8540	2	浙江	2.2177	7	海南	0.5861	30
天津	4.9905	1	安徽	1.4697	13	重庆	1.6411	11
河北	1.8166	8	福建	1.3407	17	四川	1.6634	10
山西	1.4989	12	江西	1.0244	21	贵州	0.7518	27
内蒙古	1.0581	20	山东	2.8643	5	云南	0.7702	26
辽宁	2.5959	6	河南	1.1643	19	陕西	1.1754	18
吉林	1.4296	15	湖北	1.4121	16	甘肃	1.7549	9
黑龙江	0.6793	29	湖南	0.9999	22	青海	0.7001	28
上海	4.3549	3	广东	0.9230	23	宁夏	1.4391	14
江苏	2.9118	4	广西	0.8266	24	新疆	0.8256	25

注：数据结果由笔者计算整理得到。

　　从样本期间农村产业融合发展水平的增长情况来看，不同省份之间存在着较为明显的差异。整体而言，在农村产业融合发展水平均值较高的省份，其平均增长率相对较低；而在农村产业融合发展水平均值较低的省份，其平均增长率则相对较高。其中，2008~2016 年中国各省份农村产业融合发展水平平均增长率最高的 8 个省份分别为黑龙江、吉林、湖南、安徽、重庆、青海、山西和江西，全部位于中西部地区，这些省份在样本初期的农村产业融合发展水平较低，增长的潜力和空间较大，因此其农村产业融合发展水平的增长速度也比较快。相对而言，北京、天津、河北、上海、山东等农村产业融合发展水平均值较高的东部地区省份，由于其在样本初期时的农村产业融合发展水平就比较高，发展潜力和增长空间相对较小，因此其农村产业融合发展水平的增长速度也较一些中西部地区省份更慢一些。由此不免会产生这样的疑问，中国省际农村产业融合发展水平的差异程度到底有多大？在不同增长速度的作用之下，中国农村产业融合发展水平的省际差异呈现出怎样的变动趋势？

　　为了定量分析中国农村产业融合发展水平的省际差异程度及其变动趋势，本书进一步借鉴李敬等（2008）的做法，采用基尼系数（$GINI$）、对数离差均值（GE_0）以及泰尔指数（GE_1）三个指标，对中国农村产业融合发展水平的

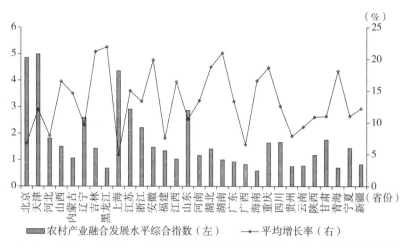

农村产业融合发展水平综合指数（左）　　◆─平均增长率（右）

图 4-6　2008~2016 年中国各省份农村产业融合发展水平均值及平均增长率

省际差异程度进行测度。基尼系数、对数离差均值以及泰尔指数分别对中等水平、底层水平和高层水平的变化较为敏感，因而可以比较全面准确地度量中国农村产业融合发展的省际差异。

用来测度省际农村产业融合发展差异的基尼系数的具体公式如下：

$$GINI = \frac{2}{n^2 \bar{y}} \sum_{i=1}^{n} i y_i - \frac{1+n}{n} \qquad (4.1)$$

式中，n 为样本数，y_i 为各省份农村产业融合发展水平由低到高排列之后第 i 个省份的指标值，$\bar{y}$ 为各省份农村产业融合发展水平的平均值。从计算公式可以看出，基尼系数的数值在 0 到 1 之间。

对数离差均值和泰尔指数是由泰尔（Theil，1967）在计算收入不平等时所提出，其具体公式分别如下：

$$GE_0 = \frac{1}{n} \sum_{i \in n} \ln \frac{\bar{y}}{y_i} \qquad (4.2)$$

$$GE_1 = \frac{1}{n} \sum_{i \in n} \frac{y_i}{\bar{y}} \ln \frac{y_i}{\bar{y}} \qquad (4.3)$$

式中，n 为省份个数，y_i 为各省份农村产业融合发展水平的指数值，$\bar{y}$ 为全国农村产业融合发展水平的平均值。

利用式(4.1) 至式(4.3)，可以分别计算出 2008~2016 年中国省际农村产业融合发展水平的基尼系数、对数离差均值以及泰尔指数，结果详见表 4-4。

表 4-4　2008~2016 年中国省际农村产业融合发展水平差异的比较

年份	2008	2009	2010	2011	2012	2013	2014	2015	2016
$GINI$	0.3855	0.3785	0.3740	0.3684	0.3586	0.3379	0.3313	0.3225	0.3113
GE_0	0.2513	0.2482	0.2454	0.2384	0.2234	0.1934	0.1829	0.1724	0.1532
GE_1	0.2452	0.2333	0.2265	0.2180	0.2050	0.1815	0.1756	0.1663	0.1549

注：数据结果由笔者计算整理得到。

总体来看，2008~2016 年，中国农村产业融合发展水平的三个差异指数均比较大，表明中国农村产业融合发展的省际差异非常明显。从变动趋势来看，三个差异指数均在整体上呈现出逐步递减趋势，且都在 2016 年达到最小值 0.3113、0.1532 和 0.1549，说明 2016 年中国各省份之间的农村产业融合发展水平差异最小。如前文所述，在本书样本期间，农村产业融合发展水平均值较低的省份，增长的潜力和空间较大，因此其平均增长率也相对较高；而农村产业融合发展水平均值较高的省份，其平均增长率则相对较低，从而使省际农村产业融合发展水平的差异程度不断缩小，因此表现出各差异指数均逐年下降的趋势。通过对三个差异指数的大小进行比较可以发现，2008~2016 年中国农村产业融合发展水平的基尼系数（$GINI$）最大，对数离差均值（GE_0）次之，泰尔指数（GE_1）相对最小。这表明在本书样本期间，农村产业融合发展水平处于中等水平的省份变动相对较大（如吉林、安徽、重庆等），而农村产业融合发展水平处于高等水平的省份变动相对较小（如北京、辽宁、上海等）。

4.2　农村金融深化、农业技术进步支持农村产业融合发展的现状

4.2.1　农村金融深化支持农村产业融合发展的现状

4.2.1.1　农村金融深化支持农村产业融合发展的基础

近年来，随着中国农村金融改革的不断深化，农村金融服务水平持续提高、能力明显增强，总体上为推进农村产业融合发展提供了一个较为良好的金

融支持环境。

4.2.1.1.1 农村金融体系逐步完善

目前，中国多层次、广覆盖、适度竞争的农村金融服务体系日益完善，政策性金融、商业性金融和合作性金融功能互补、相互协作的格局也逐渐形成（中国人民银行农村金融服务研究小组，2017）。表4-5列示了2012年、2014年以及2016年农村中小金融机构法人机构、从业人员和营业网点情况。从总体上来看，农村中小金融机构在这段时间获得了较快成长，2016年法人机构、从业人员和营业网点相比2012年分别增长509个、141297人以及7854个。从内部结构来看，相比于农村信用社、农村合作银行的逐步收缩，以及贷款公司、农村资金互助社的变化不大，农村商业银行和村镇银行则经历了较大幅度的扩张，尤其是村镇银行，截至2016年底，全国村镇银行数量已达到1519家，而中西部地区占据了总数的64.5%，资产规模达到1.24万亿元，累计服务小微企业与农户多达352万家，累计发放约3万亿元贷款资金。此外，截至2016年底，全国金融机构空白乡镇已经减少到1296个，超过52万个行政村被纳入到基础金融服务范围之内，整体覆盖率得到明显提升。

表4-5 部分年份农村中小金融机构从业人员、法人机构和营业网点情况

	法人机构数（个）			从业人员数（人）			营业性网点（个）		
	2012年	2014年	2016年	2012年	2014年	2016年	2012年	2014年	2016年
农村信用社	1927	1596	1125	502829	423992	297083	49034	42201	28285
农村商业银行	337	665	1114	220042	373635	558172	19910	32776	49307
农村合作银行	147	89	40	55822	32614	13561	5463	3269	1381
村镇银行	800	1153	1443	30508	58935	81521	1426	3088	4716
贷款公司	14	14	13	111	148	104	14	14	13
农村资金互助社	49	19	48	421	521	589	49	49	48
合计	3274	3566	3783	809733	889845	951030	75896	81397	83750

资料来源：根据历年《中国农村金融服务报告》整理得到。

4.2.1.1.2 涉农贷款持续较快增长

近年来，在国家政策大力支持的背景下，中国涉农贷款出现了较为稳定的增长态势，增速持续高于全部贷款平均增幅，金融支持"三农"发展的力度持续加大。表4-6列示了2008~2016年中国涉农贷款变动情况。其中，截至

2016 年末，金融机构农村贷款余额高达 23.01 万亿元，占金融机构总贷款余额的比例约为 21.6%，相比 2015 年末增长 6.5%，较 2008 年底增长 314.1%，八年间平均年增速为 19.9%；金融机构农业贷款余额为 3.66 万亿元，占金融机构总贷款余额的比例约为 3.4%，相比 2015 年末增长 4.2%，较 2008 年底增长 135.4%，八年间平均年增速为 12.5%；金融机构农户贷款余额 7.08 万亿元，占金融机构总贷款余额的比重为 8.0%，同比增长 15.2%，较 2008 年底增长 367.0%，八年间的平均年增速为 21.3%；金融机构全口径涉农贷款余额达到 28.23 万亿元，占金融机构总贷款余额的比例约为 26.5%，相比 2015 年末增长 7.1%，较 2008 年底增长 308.4%，八年间的平均年增速为 19.6%。

表 4-6 2008~2016 年中国涉农贷款变动情况

年份	农村贷款		农业贷款		农户贷款		全口径涉农贷款	
	余额（亿元）	同比增长（%）	余额（亿元）	同比增长（%）	余额（亿元）	同比增长（%）	余额（亿元）	同比增长（%）
2008	55569	18.4	15559	10.0	15170	16.4	69124	20.8
2009	74551	34.2	19488	25.2	20134	32.7	91316	32.1
2010	98017	31.5	23045	18.3	26043	29.4	117658	28.9
2011	121469	24.7	24436	13.7	31023	19.1	146016	24.9
2012	145467	19.8	27261	11.6	36195	15.9	176310	20.8
2013	173025	18.9	30437	11.7	45047	24.5	208893	18.5
2014	194383	12.4	33394	9.7	53587	19.0	236002	13.0
2015	216055	11.2	35137	5.2	61488	14.8	263522	11.7
2016	230092	6.5	36627	4.2	70846	15.2	282336	7.1

资料来源：根据历年《中国农村金融服务报告》计算整理得到。

4.2.1.1.3 农业保险取得快速发展

自 2007 年中央财政对农业保险实施保费补贴等政策以来，中国农业保险也实现了跨越式发展。在 2008~2016 年，中国农业保险保费收入从 110.70 亿元增加到 417.12 亿元，年均增速达到 18.0%（详见图 4-7）。与此同时，农业保险提供风险保障从 2008 年的 1540 亿元增加至 2.16 万亿元，约占农业生产总值的 34%，年均增速高达 39.1%。从农业保险的覆盖领域来看，目前基本覆盖了农、林、牧、渔业各个领域，其发展重点是粮食作物保险、主要畜产品保险、重要"菜篮子"品种保险以及森林保险，同时也积极开发了农机具保险、农业基础设施保险以及设施农业保险等特色保险，以充分满足农业产业化过程中新型农业经营主体的现实需求。此外，农业保险经营主体已经从2008年的7家增加到2016年的26家，已建成农业保险基层服务网点36.37万个，保险协办员45.55万人，农业保险服务点乡镇覆盖率高达93%，村级覆盖率也达到48%。农业保险的快速发展有利于发挥其"稳定器"和"助推器"的作用，对于促进农村经济社会的持续健康发展至关重要。

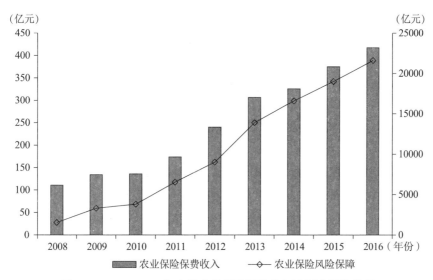

图4-7　2008～2016年中国农业保险保费收入及风险保障状况

资料来源：根据历年《中国农村金融服务报告》改绘。

4.2.1.1.4　农村金融基础设施持续改善

近年来，在人民银行的大力推动下，中国农村金融服务基础设施有了较大程度的改善。在农村信用体系建设方面，各省份结合自身实际条件，通过多种渠道对农村地区生产经营主体（农户、农民专业合作社、家庭农场等）的信用信息进行采集，并在县（市）层面建立起了农户信用信息数据库。截至2016年底，全国累计为1.72亿位农户建立信用档案，相比2008年底的0.95亿位，增加了0.77亿位（详见图4-8）。与此同时，截至2016年底，获得银行贷款的农户已经接近9248万位，实现总贷款余额2.7万亿元。不断健全和完善的农村信用体系，可以为有信用、有市场的农村生产经营主体提供便捷的金融服务，从而缓解农村地区融资难、融资贵问题。在农村支付服务环境方面，农村地区结算账户、支付工具以及支付清算网络得到了巨大推广。截至 2016 年底，农村地区人均持卡 2.8 张，助农取款服务点达到 98 万个，覆盖行政村超过 50 万个，行政村覆盖率超过 90%，极大地改善了农村支付服务环境。

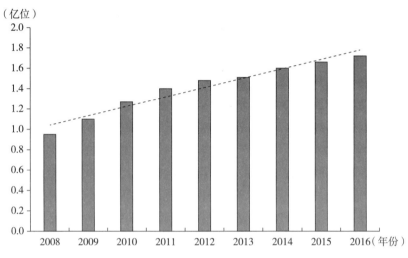

图 4-8 2008~2016 年中国农户信用档案数量变动趋势

资料来源：根据历年《中国农村金融服务报告》改绘。

4.2.1.1.5 农村金融支持政策不断完善

近年来，中央高度重视金融支农的作用，并综合运用财政、税收、货币、信贷等政策，不断强化金融支持"三农"发展的正向激励。一是财政税收政策。包括出台县域金融机构涉农贷款增量奖励、农村金融机构定向费用补贴政策，引导和激励金融机构加大对"三农"发展的支持力度；对主要涉农金融机构给予税收优惠，按照 3% 的征收率计算缴纳增值税；对农业保险保费实施补贴政策，补贴品种不断增多，补贴比例逐渐提高，补贴区域扩大至全国范围，同时因地制宜实行差异化的补贴政策。2016 年，中央财政拨款 158.3 亿元用于农业保险保费补贴，相比 2015 年增长 7.5%，撬动风险保障 2.16 万亿元，杠杆效应近 133 倍。二是货币信贷政策。包括积极运用差别化存款准备金率政策工具，继续对主要涉农机构执行较为优惠的存款准备金率；完善支农再贷款和再贴现政策，适时适度下调支农、支小再贷款利率水平，鼓励农村金融机构将更多的信贷资源配置到"三农"领域。截至 2016 年底，全国支农再贷款余额为 2089 亿元，比 2015 年同期增加 127 亿元，再贴现余额也达到 1165 亿元①。

4.2.1.2　农村金融深化支持农村产业融合发展的实践

随着农村金融深化支持农村产业融合发展的基础不断夯实，各地区和相关涉农金融机构针对农村金融深化支持农村产业融合发展的具体业务也进行了一些有益探索和积极实践。

4.2.1.2.1　支持农业产业链条延伸

围绕支持农业产业链条延伸，一些地方和金融机构进行了积极探索。中国农业银行开展新型农业经营主体融资增信试点，与各级政府合作，由财政出资成立共保基金，为家庭农场、专业大户、农民合作社、龙头企业等客户提供担保，中国农业银行按照一定比例放大安排授信额度。以山东省为例，截至 2016 年末，"融资增信"业务已在该省 39 个县开展试点，发放贷款 5.4 亿元②，有效解决了新型农业经营主体面临的贷款难、贷款贵问题。中国建设银行黑龙江分行为了解决涉农大额贷款难题，创新推出了类似"供应链金融"的"农链通"金融服务，该服务的核心是农副产品交易，同时延伸到农业产业链上下游，一方面解决了产业链上游涉农企业的融资问题，另一方面也解决了产业链下游农户的资金问题。中国农业银行广东分行为了满足农业产业链条延伸的现实需要，极力扶持农业龙头企业在农业基地建设、物流设施以及市场营销等方面的资金投入，引导新型农业经营主体从事农产品加工、农产品流通以及休闲农业等。截至目前，中国农业银行广东分行已累计贷款余额 34.8 亿元，服务于 440 家农业产业化龙头企业③。邮储银行江苏分行为了更好地服务农业产业链条上下游的客户，自 2014 年起相继推出了专业大户（家庭农场）贷款和农民合作社贷款，大力支持参与产业融合发展的新型农业经营主体。到 2016 年末，邮政储蓄银行江苏分行贷款余额 40 多亿元，累计放贷高达 100 多亿元，用于扶持新型农业经营主体发展④，极大地推动了农业产业链条向更深层次延伸。

---

① 数据来源于《中国农村金融服务报告（2016）》。

② 数据来源于和讯网，http://bank.hexun.com/2017-03-07/188407898.html，2017-03-07。

③ 数据来源于国务院扶贫办，http://www.cpad.gov.cn/art/2017/3/9/art_5_60406.html，2017-03-09。

④ 数据来源于搜狐财经，http://www.sohu.com/a/128733486_618595，2017-03-13。

4.2.1.2.2 加大农户信用贷款力度

为了使农村产业融合发展从业主体顺利获得信用贷款，一些地方和金融机构共同积极开展信用评定，加强农村信用体系建设。截至2016年底，全国累计为1.72亿位农户建立信用档案，其中获得银行贷款的农户已经接近9248万，贷款余额高达2.7万亿元①。辽宁省农村信用社根据农户信息电子档案，采取信用评价体系评分系统对其进行信用评级。目前全省已有1153129户农户完成了信用评级，其中AAA级744430户、AA级349367户、A级55565户、BB级3029户、B级738户②。在此基础上，辽宁省农村信用社创建"农户信用评级+信贷"支农服务新方式，信用评级越高的农户，其享受的利率优惠和授信额度越高。甘肃省农村信用社积极推进农户信用评级授信工作，打造农户小额信用贷款工程，使全省356.09万农户获得使用小额信用贷款资格，占到了总农户数的79.13%，授信总额达到1438.15亿元，自推行以来，累计发放农户小额信用贷款1445.92亿元，目前贷款余额343.33亿元③。浙江省采取合作社自愿申报、分级采信、统一评信、开放用信的办法，在全省全面推行合作社信用评级。2013年全省7073家合作社申报了信用信息，共评定出信用等级A级以上农民合作社6244家，其中AAA级575家、AA级3091家、A级2578家④。农民专业合作社的信用评定结果也为其享受贷款资金优先、利率优惠、信用额度提高等优惠政策提供了依据，有利于破解外部融资担保瓶颈制约，从而满足农民专业合作社的生产融资需求。

4.2.1.2.3 创新涉农特色金融产品

围绕农村产业融合发展所涉及的规模种养殖、农产品加工业以及休闲观光农业等农业产业形态，各地金融机构根据当地农村改革进度、主导产业发育、资源要素禀赋以及未来发展规划等，开发了各具特色的金融产品。一是贷款产品。甘肃省涉农金融机构创新推出了"苹果特色产业小额贷款""马铃薯收购与加工特色小额贷款"等，以满足当地特色优势产业的发展需要；黑龙江绥化市涉农金融机构根据当地农业、农村发展状况，创新推出了"金秋贷""助农贷""农兼融""双保贷"等特色贷款业务；广西崇左市、北海市等地推出

① 数据来源于《中国农村金融服务报告（2016）》。
② 数据来源于中国金融信息网，http://www.financialnews.com.cn/qy/dfjr/201706/t20170614_119161.html，2017-06-14。
③ 数据来源于经济网，http://www.ceweekly.cn/2016/0928/165514.shtml，2016-09-28。
④ 数据来源于中国新闻网，http://www.chinanews.com/df/2013/11-26/5550112.shtml，2013-11-26。

了"蔬菜大棚贷款"以及"支农宝"等特色贷款产品，积极支持当地"一村一品"特色农业发展；山东和四川分别结合当地农户在农资购买环节和农产品销售环节的贷款需求，与京东金融联合推出了"先锋京农贷"与"仁寿京农贷"；重庆农村商业银行根据休闲农业蓬勃发展的现状，开发了"农家乐经营贷款""美丽乡村住房贷款"等产品。二是保险产品。在保监会的积极引导下，保险经营机构加大产品创新力度，开发推出了几百个地方特色优势农产品保险产品，包括中药材、茶叶、葡萄、枇杷、火龙果、石榴、果树、烤烟等多个品种。与此同时，农业保险从生产领域的自然灾害逐步向流通领域的市场风险拓展，蔬菜价格保险试点由上海逐渐扩大到山东、广东以及江苏等地区，生猪价格保险试点由北京逐步扩大到湖南、重庆以及四川等地区。此外，天气指数类产品从新疆、河南、黑龙江等粮食主产区的大宗粮食作物向茶叶、枇杷、芒果等地方特色产品过渡，承保品种不断丰富和创新。

4.2.1.2.4　探索扩大可抵押物范围

针对农村产业融合发展从业主体普遍面临的有效抵押物不足问题，各地金融机构充分挖掘以及探索扩大了可抵押物范围。一是在条件成熟的试点地区，开展农村产权抵押融资。山东在 109 个县（市、区）全面开展农村土地经营权、林权、水域使用权抵押贷款，同时相继推出集体用地、蔬菜大棚、农机设备以及水利设施等产权抵押贷款①。黑龙江绥化市的土地流转面积已经达到五成，全市土地承包经营权抵押贷款 25.08 亿元，同比增加 1.13 亿元②。二是对于商业化涉农项目，积极探索扩大抵押物范围（如土地使用权、经营收益权、存货质押、大型设备以及应收账款等），同时充分利用好多种抵押担保方式（如农民联保、企业担保等）。中国建设银行黑龙江分行创新推出的"社连融"金融产品，通过质押"土地预期收益权"和"农产品销售合同应收账款"，同时结合农户连带责任保证以及农民合作社联保等抵押担保方式，为当地农民合作社下属农户发放贷款。该产品较好地适应了农业生产经营的周期性特征，从而极大地带动了当地订单农业的快速发展。三是对于农户个体与涉农中小企业，主要采取龙头企业担保、多户联保以及订单质押等方式，同时根据当地产业特色对抵押和质押方式进行不断创新。比如在浙江、河北以及贵州等地推出

---

①　数据来源于中国农业信息网，http：//www.agri.cn/V20/ZX/nyyw/201606/t20160620_5180965.htm，2016-06-20。

②　数据来源于中国金融新闻网，http：//www.financialnews.com.cn/ncjr/focus/201807/t20180717_142201.html，2018-07-17。

的基酒抵押贷款；在福建创新推出了林权、茶树茶园以及特色花卉苗木抵押贷款；在辽宁大连开展海域使用权、渔船使用权等抵押贷款业务。抵押方式的创新，有效地增强了农村产业融合发展从业主体的融资能力。

4.2.1.2.5 与互联网金融跨界融合

围绕农村产业融合发展的商业模式变革与创新，"互联网+金融+农业"的跨界融合已经成为农业农村经济发展的普遍趋势。在"互联网+"时代，一方面，农业各行业纷纷借助互联网金融寻求"线上+线下"的发展。另一方面，P2P 网络借贷、网络小额贷款、股权众筹融资等互联网金融也逐步开展涉农业务，在支持农村产业融合发展方面起到了重要作用：一是 P2P 网络借贷。"网贷之家"的数据显示，截至 2016 年底，正常运营的 P2P 网络借贷平台数量为2388 家，其中含农村金融业务的平台数量为 335 家，占比为 14%。而在这些借贷的贷款方中，有不少是发展农村加工、流通和旅游业的农户和企业。二是网络小额贷款。截至 2016 年底，全国共有 78 家网络小额贷款公司。以邦信小贷为例，其业务专注于涉农贷款，已累计服务"三农"客户及小微企业 10 万户以上，累计发放贷款 90 亿元以上。蚂蚁金服则通过启动农村金融的"谷雨"计划，联合 100 余家核心产业的龙头企业，为大型种养殖户提供金融服务。三是股权众筹融资。截至 2016 年底，全国正常运营的众筹平台共有 427家，相比 2015 年增加了 144 家，增幅达 50.88%。其中，农业众筹平台共有 9家，相比 2015 年增加了 7 家；2016 年全国农业众筹平台共成功筹资 3.91 亿元，远超 2015 年全年的 1.67 亿元[①]。农业众筹主要通过互联网筹集资金开展农产品的销售和生产，并以生产的农产品作为回报，从而实现了生产、体验和消费的融合。

4.2.2 农业技术进步支持农村产业融合发展的现状

4.2.2.1 农业技术进步支持农村产业融合发展的基础

4.2.2.1.1 农业生产技术不断进步

要素相对结构的变迁既是农业技术进步的自然驱动力，又是农业技术进步过程的体现。因此，以下将根据诱致性技术进步理论，主要从土地要素节约与

---

① 数据来源于《2016 年中国众筹行业年报》。

生物化学型技术进步、劳动力要素节约与机械型技术进步两个方面，分析中国农业生产技术进步的现状。

4.2.2.1.1.1　土地要素节约与生物化学型技术进步

土地是农业生产的重要要素资源，是农业生产经营的主要场所，能够永续利用，且无法被其他要素替代。从表 4-7 中可以看出，2008~2016 年中国农业土地要素投入（即播种面积）整体上呈现出不断增长的趋势，但增长速度有所放缓，土地要素投入量的增长对于保障中国农产品的有效供应起到了十分重要的作用。然而，由于土地资源有限以及逐年耕种产生的土壤肥力退化，仅凭密集化使用土地要素进行耕种已难以满足人们对于农产品消费在质量与数量上的巨大需求，由此也不得不投入大量的化肥、农药与农膜等生物化学型技术要素作为补充，以保障土地生产率的提高。从表 4-7 中 2008~2016 年中国主要生物化学型技术要素的投入情况来看，整体上，中国生物化学型技术要素的投入量十分巨大，其中，农药使用量在 2013 年首次出现下降趋势，并在 2015 年再次出现下降；农用化肥施用折纯量和农用塑料薄膜（包括地膜和棚膜）使用量在经历了 2008~2015 年的缓慢增长之后，在 2016 年也同时出现下降。生物化学型技术要素投入量的减少，一方面与土地播种面积的增长速度放缓密不可分，另一方面则是由于化肥、农药等生物化学型技术要素利用率的提高。

表 4-7　2008~2016 年中国农业土地要素与生物化学型技术要素投入情况

年份	土地播种面积（万公顷）	农用化肥施用折纯量（万吨）	农用塑料薄膜使用量（万吨）	农药使用量（万吨）
2008	15627	5239	201	167
2009	15861	5404	208	171
2010	16067	5562	217	176
2011	16228	5704	229	179
2012	16342	5839	238	181
2013	16463	5912	249	180
2014	16545	5996	258	181
2015	16637	6023	261	178
2016	16665	5984	260	174

资料来源：根据国家统计局网站整理得到。

从图 4-9 中可以看出，2017 年中国主要粮食作物（水稻、玉米、小麦）的化肥利用率为 37.8%，相比 2013 年和 2015 年分别提高了 4.8% 和 2.6%；农药利用率为 38.8%，与 2013 年和 2015 年相比，分别提高了 3.8% 和 2.2%。化肥利用率和农药利用率的不断提升，是新技术和新产品有效集成的结果。首先是机械化施肥、水肥一体化以及测土配方施肥等施肥新技术的集成推广。2017 年，全国机械化施肥和水肥一体化面积分别高达 5.5 亿亩和 1 亿亩，与 2015 年相比，均增长了约 0.3 亿亩，增长率分别为 5.8% 和 42.9%；同时，测土配方施肥技术覆盖率达到 84%，与 2015 年相比增长了约 4%。其次是生物有机肥、缓释肥以及作物专用配方有机肥等新产品的加速推广。2017 年，生物农药应用于主要粮食作物的面积已经达到 10% 以上，与 2015 年相比增长了约 2%；而缓释肥的应用面积相比 2015 年增加了近 1 倍，配方肥占施肥总量的比重也已超过 60%。再次是有机肥等替代技术的加快推进。2017 年，有机肥的施用面积高达 5 亿亩次以上，与 2015 年相比提高了近 1.1 亿亩次。最后是专业化服务迅速发展。近年来，一大批新型的农业社会化服务组织逐步成立，其不仅初具规模，同时拥有良好的技术装备，开展"统配统施""统防统治"的耕地面积也在持续增加。2017 年，全国主要农作物病虫害专业化统防统治的覆盖率已经高达 37.8%，与 2015 年相比增长了约 5.1%[①]。总的来看，生物化学型技术的进步不仅有利于实现农业的绿色、可持续发展，同时也能够保障粮食和主要农产品的持续稳定供应。

4.2.2.1.1.2　劳动力要素节约与机械型技术进步

劳动力作为主要的生产要素，其生产性人口结构比重的不断提高，形成了经济增长的"人口红利"。然而，随着近年来中国人均 GDP 逐渐迈入中等水平，这种以人口红利为基础的经济高速增长动力机制开始弱化，这也使单纯依靠低成本剩余劳动力的农产品在国际市场的比较优势逐渐消失。因此，中国农业技术进步变迁也逐渐从以提高产量为主要方向的初期改革阶段转向提高劳动生产率的后期改革阶段（蔡昉，2010）。表 4-8 列示了 2008~2016 年农业劳动力要素及机械型技术要素投入情况。整体上看，全国农业劳动力要素投入呈现出逐年减少的趋势，2016 年全国农业劳动力人数为 21496 万人，相比 2008 年减少了约 8427 万人，年均减少约 1053 万人。随着农村劳动力的不断移出、农

---

① 数据来源于农业部，http://jiuban.moa.gov.cn/zwllm/zwdt/201712/t20171221_5985009.htm，2017-12-21。

村劳动力年龄结构的老龄化，农业机械型技术的不断进步与推广使用，在替代劳动力参与农业生产的过程中发挥了极为重要的作用。从表 4-8 中可以看出，在 2008~2016 年，中国农业机械型技术要素投入整体上呈现出不断增长的趋势。其中，农业机械总动力从 2008 年的 82190 万千瓦增加到 2016 年的 114400 万千瓦，农用拖拉机、农用拖拉机配套农具的增长趋势也较为明显，农用排灌柴油机在 2013 年出现了减少，但随后保持逐年增长的趋势。

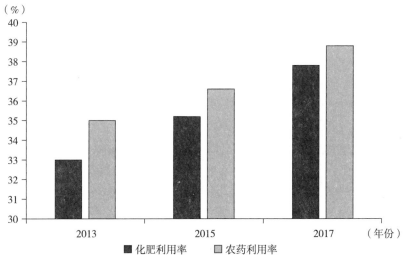

图 4-9　部分年份主要粮食作物的化肥和农药利用率

注：由于未公布 2016 年数据，为便于比较，此处采用了 2017 年数据，笔者改绘。

资料来源：农业部网站。

表 4-8　2008~2016 年中国农业劳动力要素与机械型技术要素投入情况

年份	第一产业从业人员（万人）	农业机械总动力（万千瓦）	农用拖拉机（万台）	农用拖拉机配套农具（万部）	农用排灌柴油机（万台）
2008	29923	82190	2022	3230	898
2009	28891	87496	2102	3423	925
2010	27931	92780	2178	3605	946
2011	26594	97735	2252	3761	968
2012	25773	102559	2282	3844	982
2013	24171	103907	2279	3876	935
2014	22790	108057	2298	3943	936

年份	第一产业从业人员（万人）	农业机械总动力（万千瓦）	农用拖拉机（万台）	农用拖拉机配套农具（万部）	农用排灌柴油机（万台）
2015	21919	111728	2310	4004	940
2016	21496	114400	2317	4022	941

资料来源：根据国家统计局网站整理得到。

　　总的来看，随着农业劳动力要素投入的不断下降，农业机械型技术要素投入却在不断增长，这充分说明机械型技术要素在农业劳动力大量流失的过程中，起到了有效的替代作用。由于农业机械型技术要素与农业土地要素存在一定互补性，且主要替代农业劳动力要素的短缺，最终在土地和劳动力两种农业传统资源要素投入的共同作用之下，中国农业机械化水平也得以不断提升。图4-10绘制了2008~2016年全国农作物耕种综合机械化水平变动情况。从图中可以看出，中国农作物耕种综合机械化水平从2008年的45.8%，逐步提升到2016年的65.2%，年均增长率为4.51%。

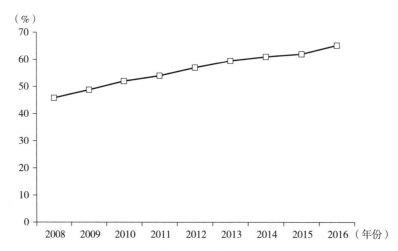

图4-10　2008~2016年中国农作物耕种综合机械化水平变动情况
资料来源：农业农村部农业机械化管理司，笔者改绘。

4.2.2.1.2　农业科技研究力度增强

　　农业技术的不断进步依赖于农业科技研究的持续推动，这不仅需要投入大量的科研经费和科研人员，同时也要提高科研产出及成果转化效率。因此，以下主要从农业科研投入、农业科研产出及成果转化两个方面，分析中国农业科技研究现状。

4.2.2.1.2.1　农业科研投入

图 4-11 绘制了 2008~2016 年中国农业科技经费投入变动情况。从图中可以看出，整体上，中国农业科技经费投入呈现出较高的增长趋势，从 2008 年的 42.05 亿元增加到 2016 年的 126.62 亿元，年均增速高达 14.77%。从农业内部各主要部门的科研经费投入结构来看，狭义农业部门的科研经费投入最多，2016 年高达 88.32 亿元，相比 2008 年增加了约 2.88 倍，占广义农业部门科研经费投入的比重为 69.75%，这与 2008 年的 72.90% 相比出现了一定程度的下降；林业部门的科研经费投入占比也有所下降，相比于 2008 年的 11.71%，2016 年下降到 10.15%；畜牧业和渔业部门的科研经费投入在样本期间的增长速度较快，分别高达 18.21% 和 19.20%，远高于平均增长速度。与此同时，畜牧业和渔业部门的科研经费投入占广义农业部门科研经费投入的比重也出现了明显的上升，分别从 2008 年的 8.23% 和 7.15%，上升到 2016 年的10.42% 和 9.68%，各自上升幅度为 2.19% 和 2.53%。

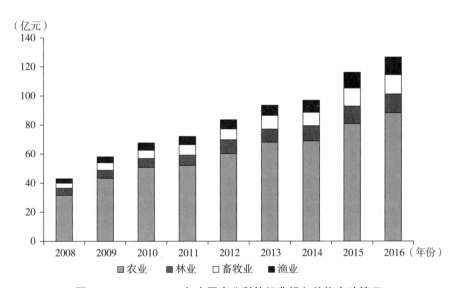

图 4-11　2008~2016 年中国农业科技经费投入结构变动情况

资料来源：根据历年《中国科技统计年鉴》改绘。

图 4-12 绘制了 2008~2016 年中国农业科技人员投入变动情况。从图中可以看出，2016 年全国农业 R&D 人员全时当量为 38444 人/年，仅仅是 2008 年

（27377 人/年）的 1.4 倍，年均增长率仅为 4.34%，说明样本期间中国农业科技人员投入的增长趋势整体上较为缓慢。从农业内部各主要部门科研人员投入的增长速度来看，样本期间狭义农业、林业、畜牧业以及渔业的年均增长率分别为 3.55%、5.85%、7.82% 以及 5.73%，可见，狭义农业部门科技人员投入的增长速度相对较慢（低于整体平均水平），林业、畜牧业以及渔业部门科技人员投入的增长速度则相对较快。从农业内部各主要部门的科研人员投入结构来看，狭义农业部门的科研人员投入占比在样本期内始终最高，2016 年高达 70.52%，这一数字相比 2008 年（74.90%）有所降低，其直接原因在于样本期间狭义农业部门科研人员投入的增长速度相对于其他部门更慢。与此同时，林业、畜牧业以及渔业部门科技人员投入占比有所上升，这也与其科技人员投入的增长速度较快密切相关。总的来看，农业科研经费投入与农业科研人员投入的变动趋势较为一致，表明近年来中国农业科研投入力度正在不断加强。

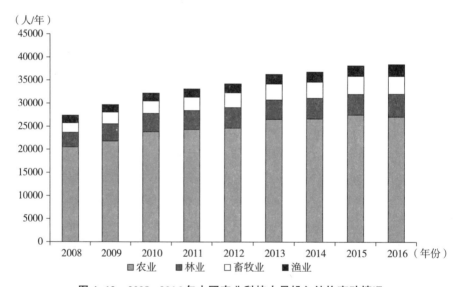

图 4-12 2008~2016 年中国农业科技人员投入结构变动情况

资料来源：根据历年《中国科技统计年鉴》改绘。

4.2.2.1.2.2 农业科研成果及转化

随着农业科研投入力度的不断加强，中国农业科研成果也日渐丰硕。表 4-9 是 2009~2016 年中国农业科研成果及转化情况。其中，在国外发表的农业科技论文总数有所上升，2016 年达到 5741 篇，相比 2009 年的 2073 篇增长了约 2.77 倍，占在国外发表科技论文总篇数的比重也从 2009 年的 8.01% 上升到

2016 年的 11.48%，说明中国的农业科研质量正在不断提高。专利申请数和有
效发明专利数的变化情况与国外发表农业科技论文情况类似，其中，有效发明
专利数的增长速度最快，7 年间增长了约 9.25 倍，年均增长率高达 37.41%，
其占比也从 2009 年的 8.89% 迅速提升到 2016 年的 13.50%。农业科技著作出
版和形成国家或行业标准数在样本期间的变化趋势存在一定波动，但整体上依
旧呈现出明显的增长趋势。从专利所有权转让及许可数的变化情况来看，尽管
其占比存在一定波动，但其在数量上呈现出明显的增长趋势。与此相对应的
是，专利所有权转让及许可收入也从 2009 年的 1434 万元上升到 2016 年的
7904 万元。与此同时，专利所有权转让及许可收入的占比在 2016 年高达
9.16%，明显高于农业科研经费的占比水平（约 5%），可见与其他产业相比，
农业科研成果的相对回报率明显更高。

表 4-9　2009~2016 年中国农业科研成果及转化情况

年份	项目	国外发表科技论文（篇）	出版科技著作（种）	专利申请数（件）	有效发明专利（件）	专利所有权转让及许可数（件）	专利所有权转让及许可收入（万元）	形成国家或行业标准数（项）
2009	总成果	25882	4788	15773	17677	509	120824	2458
	农业	2073	915	2124	1572	90	1434	547
	占比（%）	8.01	19.11	13.47	8.89	17.68	1.19	22.25
2010	总成果	26862	3922	19192	22679	572	290655	3594
	农业	2479	926	2472	1954	112	13482	453
	占比（%）	9.23	23.61	12.88	8.62	19.58	4.64	12.60
2011	总成果	31598	4292	24059	29260	735	66623	3960
	农业	2783	931	2600	2747	125	2477	457
	占比（%）	8.81	21.69	10.81	9.39	17.01	3.72	11.54
2012	总成果	35173	4458	30418	42908	1095	42403	4862
	农业	3445	813	3738	4468	126	1709	517
	占比（%）	9.79	18.24	12.29	10.41	11.51	4.03	10.63
2013	总成果	41072	4619	37040	53636	2644	39681	4368
	农业	4024	939	5069	6861	166	3600	716
	占比（%）	9.80	20.33	13.69	12.79	6.28	9.07	16.39

续表

年份	项目	国外发表科技论文（篇）	出版科技著作（种）	专利申请数（件）	有效发明专利（件）	专利所有权转让及许可数（件）	专利所有权转让及许可收入（万元）	形成国家或行业标准数（项）
2014	总成果	47032	5023	41966	65837	1153	46905	3816
	农业	4734	1044	5685	9009	132	2795	798
	占比（%）	10.07	20.78	13.55	13.68	11.45	5.96	20.91
2015	总成果	47301	5662	46559	86367	3567	72435	3813
	农业	5018	987	6665	10952	185	5412	643
	占比（%）	10.61	17.43	14.32	12.68	5.19	7.47	16.86
2016	总成果	50010	5714	52331	107718	1723	86283	3425
	农业	5741	1110	7648	14541	281	7904	808
	占比（%）	11.48	19.43	14.61	13.50	16.31	9.16	23.59

资料来源：根据国家统计局网站整理得到；由于 2008 年统计标准不一致，未列出。

4.2.2.1.3 农业技能培训持续推进

21 世纪以来，党中央高度重视农业技能培训。2003 年，全国人才工作会议首次提出"农村实用人才"概念，随后逐步实施了农村劳动力转移培训阳光工程、"百万中专生计划"、农村基层组织负责人培训计划、新型农民科技培训工程、农村实用人才创业培训、农村实用人才带头人培训、大学生"村官"示范培训以及新型职业农民培育工程。截至 2016 年底，全国农村实用人才达到 1900 万人，相比 2008 年（820 万人）增加了 1080 万人，增长了约 2.32 倍。尤其是 2012 年中央一号文件首次提出大力培育新型职业农民以来，农村实用人才培养工作进入以新型职业农民为主体的新阶段。2012～2018 年，连续 7 个中央一号文件都对新型职业农民培育做出了部署，表明中央对此项工作的高度重视。从投入力度上来看，2014 年和 2015 年，中央财政为了实施新型职业农民培育工程，连续两年拨付了 11 亿元专项资金，重点补助培育生产经营型职业农民，适当兼顾专业技能型和专业服务型职业农民。2016 年，中央财政安排 13.9 亿元专项资金，持续实施新型职业农民培育工程，同时启动新型农业经营主体带头人轮训计划和现代青年农场主培养计划。从培育范围上来看，2014～2016 年，新型职业农民培育工程示范范围由 2 个省、14 个市和

300 个县扩大至 8 个省、30 个市和 800 个县（见图 4-13）。在新型职业农民培育工程示范带动下，截至 2016 年底，全国已拥有 1401 万新型职业农民，占全国农业生产经营人数的比例为 4.46%。从培育对象类型来看，以生产经营型职业农民为主，占比达到一半以上，专业服务型职业农民和专业技能型职业农民培育人数基本相当。

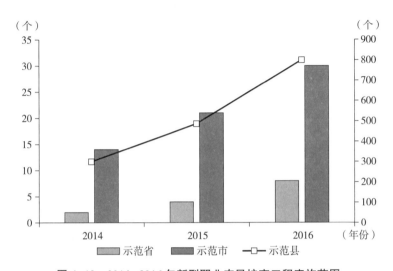

图 4-13　2014~2016 年新型职业农民培育工程实施范围

资料来源：《2016 年新型职业农民发展报告》。

4.2.2.1.4　农业技术推广体系逐步完善

农业技术进步不仅在于产生农业技术创新成果，还要通过技术推广提升一线生产农户的新型农业技术应用能力。2006 年，《国务院关于深化改革加强基层农业技术推广体系建设的意见》对基层农业技术推广体系改革做出了全面部署，农业部为此也安排了相应资金（详见图 4-14），用于保障基层农业技术推广机构履行职能，以深入推行农业技术推广体系改革。经过多年改革建设，全国农业技术推广体系更加健全，截至 2016 年底，全国各类（"省—市—县—乡"四级）农业技术推广机构数量达到 7.49 万个，其中，乡镇一级的农业技术推广机构占比为 72.2%，数量达到了 5.41 万个；全国在编在岗的农业技术人员 51.16 万人，其中，乡镇农业技术人员 28.28 万人，占比为 55.27%。基层农业技术推广体系改革的有序有效推进，为解决农业技术推广"最后一公里"问题奠定了坚实基础。要确保农业技术推广机构有效履行其职能，必须构建科学合理的管理体制。近年来，农业部倡导的"三权（即人、财、物）

在县"的管理体制，较好地适应了农业技术推广工作的需要。"三权在县"的管理模式在保障基层农业技术推广机构履行基本性职能的同时，还可以履行相关公益性职能。截至 2016 年底，全国实行"三权在县"基层农业技术推广机构占比已达 44.98%。从农业技术推广队伍的整体素质来看，经过农业技术推广骨干人才培养计划、特岗计划以及基层农业技术推广补助项目等的持续实施，基层农业技术推广队伍不断壮大。截至 2016 年底，全国在编在岗的农业技术推广人员中，75.24% 的人员拥有各类专业技术职称，67.58% 的人员具有大专及以上学历①，这也为加快促进农业科技成果转化与应用提供了强有力的人才保障。

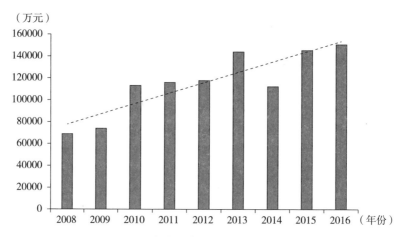

（万元）

图 4-14　2008~2016 年中国农业技术推广经费支出的变动趋势

资料来源：农业部历年部门决算，整理所得。

4.2.2.2　农业技术进步支持农村产业融合发展的实践

4.2.2.2.1　农业技术进步支持农业产业链延伸

自 2007 年底开始，农业部、财政部依据围绕"产业链"部署"创新链"的思路，建立起了一套全产业链（由生产到消费、由产地到餐桌、由研发到市场）的现代农业产业技术研发体系。在现代农业产业技术研发体系中，既包括了那些有着悠久历史的传统农产品（如蚕桑、茶叶以及谷子等），也包括了一些新兴的加工原材料农产品（如酿酒葡萄、啤酒大麦以及木薯等）；既包

①　数据来源于《2016 年中国农业技术推广发展报告》。

括了那些具有规模优势的大宗农产品（如玉米、水稻以及生猪等），也包括了一些关乎农民收入增长的特色优势农产品（如荔枝、食用豆以及水禽等）。由此可见，现代农业产业技术研发体系极大地填补了中国传统农业产业、新兴加工原材料产业以及特色优势农业的科技研发空白，全面优化了农业产业科技研发结构，从而加快促进了农业内部各产业之间的均衡和谐发展。截至 2016 年，现代农业产业技术研发体系共研发提供新产品新装备 110 多个、新工艺新技术 350 多项以及新品种 900 多种，直接减少损失高达 2021 亿元，节约成本多达 1384 亿元，推动了农业产业的提档升级。仅在"十二五"期间，在农业部主推的农产品品种中，现代农业产业技术研发体系参与了近一半品种的研发和推广工作，获得所涉领域 67% 的国家三大科技奖①。总体而言，现代农业产业技术研发体系初步形成了全国农业科技创新的"一盘棋"，极大提升了农业科技创新的整体合力；与此同时，紧密围绕农业产业链，积极布局农业创新链，串联起了农业产业科研创新的"一条线"，从而有效地延伸了农业产业链条。

4.2.2.2.2 农业技术进步支持农业多功能拓展

在农业技术的日益进步下，各地积极发展生态农业和休闲观光农业，有效地拓展了农业的生态和文化功能。天津市"新农村"项目中利用酶催化剂这一生物催化技术，将农田废弃物（如稻草、麦秸等）催化成无臭无味且溶于水的粉末，然后兑水施撒于土壤之中，使原来并不具备耕种条件的盐碱地与宅基地逐步蜕变为沃野良田，实现了农田有机垃圾的零废弃物、无污染，创造了"零废弃生态农业"的"天津模式"。重庆市的一些农艺师、园艺师们采用屋顶绿化和无土栽培的新技术措施，以锯末代替土壤基质，通过在楼顶上造锯末田，种植蔬菜瓜果，既绿化美化了环境，又取得了一定的经济效益。湖南省抢先建立了全国首家省级休闲农业协会，并开设了相应的官方网站平台，举办了大规模的休闲农业技能培训以及星级农庄评定，不仅有效推动了湖南省当地休闲农业的快速发展，同时还为其他省份规范发展休闲农业提供了宝贵经验。北京市通过举办景观休闲园区产业融合提升培训会，从景观作物资源应用和休闲园区产业发展趋势两个维度向学员介绍景观农业作物新资源（包括景观作物品种、种植技术要点、农田裸露地覆盖中的应用、农田创意图案的常用构建方法和护坡缓冲带效果等）、休闲农业与产业融合提升发展新理念等方面内容，

---

① 数据来源于中国农业信息网，http：//www.agri.cn/V20/ZX/nyyw/201605/t20160509_5121187.htm，2016-05-09。

带动了生产型园区向休闲型园区转变。2016 年，农业部紧密围绕休闲农业扶持政策、标准设计、发展模式以及营销推介等核心内容，积极开展了针对休闲农业与乡村旅游经营管理者的交流和培训活动，累计培训人员数量达到 4000 余名①，大大提高了休闲农业与乡村旅游经营管理者的业务能力与政策水平，为休闲农业和乡村旅游业发展提供了人才储备和智力支持。

4.2.2.2.3 农业技术进步支持农业新业态发展

农业技术进步促进了农业与工业、农业与服务业的融合，发展了工业化农业、农业服务业等农业新兴业态。近年来，随着微生物技术的不断进步，以"白色农业"为代表的工业化农业取得了飞速发展。"白色农业"指的是微生物资源产业化的工业型新农业，主要包括高科技生物工程中的"发酵工程"以及"酶工程"。"白色农业"的具体产品包括微生物能源、微生物肥料、微生物生态环境保护剂、微生物农药和兽药、微生物食品、微生物医用保健品及药品等。"白色农业"在各地的大力推行不仅可以有效缓解中国人口膨胀与资源缺乏之间的矛盾，还能够实现"人畜分粮"以解决粮食紧张问题，此外也有利于生态环境保护，实现农业的可持续发展。而互联网、物联网、云计算等现代信息技术的进步，则推动了传统农业服务业的创新发展。在现代信息技术的普及之下，农业生产环节的农机设备、劳动力以及土地要素等逐步市场化、移动化，实现了共享经济，并出现了一批第三方合作平台，例如农忙网、农机帮、帮农忙、e 田科技等农机共享平台，淘力、农民贡、吉工家等劳动力共享平台，土流网、土地资源网、地合网、地呱呱、聚土网等土地共享平台。与此同时，随着农业装备技术与信息技术的持续提升，不同类型的农业专业服务日渐崭露头角，例如无人机植保、激光平地机、农业全程托管、测土配方施肥以及商品化集中育秧等，通过与移动互联网的有效结合，农业专业服务大大提升了服务效率。

4.2.2.2.4 农业技术进步支持产业融合主体培育

近年来，各级政府通过加强农业相关技能培训，积极培育了众多农村产业融合主体，从而有效驱动了农村产业融合发展。2016 年，在国家发改委的大力支持之下，阿里巴巴举办返乡创业试点地区农村电商培训班，带动了试点地区农村电商业态发展，吸纳了更多人员返乡创业就业。农业部通过对新型农业经营主体进行先建后补、贷款贴息以及以奖代补等方式，支持其大力发展农产

---

① 数据来源于土流网，https://www.tuliu.com/read-54097.html，2017-04-12。

品加工与流通、休闲农业与乡村旅游以及农村电子商务等新业态、新产业，同时利用政府购买创业培训服务的形式对农村产业融合主体进行了在线教育培训。2016 年农业部培训 12.2 万名年龄在 18~45 周岁的返乡下乡人员和农村产业融合主体；依托现有园区创建 924 家农村创业创新园区（基地），吸引 600 万农民就业创业，认定 716 个农产品加工流通合作社，以及推介了 20 家农村产业融合领军企业①。科技部深入推行科技特派员制度，在满足新型农业经营主体技术服务需求的同时，也为农村创新创业培育了一批新型实用人才。河北省为了推进农村产业融合发展，专门制订了试点工作方案，提出每年要培育 10 万名新型职业农民并为此投入 1 亿元资金，该方案从 2015 年开始实施②。上海市以农广校、农校为主要依托，积极开展形式多样的涉农教育培训，同时适度降低农业类专业技术职称评审条件，支持大中专毕业生积极参与新型职业农民培训。海南省制订并实施了农村高技能人才振兴计划、农民工职业技能提升计划以及新型职业农民培养计划。

4.3　农村金融深化、农业技术进步支持农村产业融合发展存在的问题

4.3.1　农村金融深化支持农村产业融合发展存在的问题

农村金融深化支持农村产业融合发展，不仅面临着日趋完善的基础环境，同时在业务实践中也已经有了一些探索，但总体而言，农村金融深化支持农村产业融合发展依旧处于初级阶段，并且主要存在以下几个方面的问题。

4.3.1.1　涉农信贷供给总量缺口巨大

近年来，中国涉农贷款一直保持着高速增长态势。中国人民银行发布的

---

① 数据来源于农业农村部，http：//www.moa.gov.cn/ztzl/scw/scdtnc/201706/t20170626_5727399.htm，2017-06-26。

② 数据来源于《农村一二三产业融合发展年度报告（2017 年）》。

《中国农村金融服务报告（2016）》显示，2016 年全口径涉农贷款余额较 2008 年底增长 308.40%，达到 28.2 万亿元，八年间平均年增速为 19.60%。但这一规模仍然无法满足广大农村地区发展的资金需求，调查发现，超过 40% 的有金融需求的新型农业经营主体依旧难以获得贷款，资金缺口仍然较大。2016 年发布的《中国"三农"互联网金融发展报告（2016）》数据显示，2014 年的农户贷款余额约为 5.4 万亿元，这与当年农户贷款投入需求（8.45 万亿元）相比，缺口超过 3.05 万亿元，信贷有效供给总量严重缺乏。当前，中国农村产业融合发展尚处于初级阶段，各方建设和发展急需大量资金的注入。新型农业经营主体作为农村产业融合发展的引导主体，一直面临着严重的信贷融资约束。对于新型农业经营主体而言，其资金需求主要表现在两个方面：一是流动资金需求，主要指的是用于原材料购买、雇佣劳动薪酬、土地流转费用、防疫检验费用以及市场营销费用等成本支付的需求。在总资金需求中，流动资金需求的占比通常高达 80%。二是固定资产投资需求，主要指的是用于生产设备购置、配套设施建设以及基础设施建设等成本支付的需求。一项全国范围内的调查结果显示，目前金融机构实际提供的信贷资金与农业龙头企业信贷需求之间的缺口比例在 30%~40%①。一项针对浙江 206 家农民专业合作社融资状况的调查结果发现，39% 的合作社认为资金短缺是他们生存发展所面临的最大困难②。

4.3.1.2　涉农长期大额贷款极为缺乏

近些年来，在国家"三农"政策持续出台以及农村金融改革不断深化的背景下，涉农金融机构对"三农"领域的支持力度逐步加大，涉农贷款总体规模也呈现出较好的增长趋势。然而，目前的涉农贷款具有明显的"短期化""小额化"特征，即主要为短期的小额信贷，缺乏长期的大额贷款，这对于农村产业融合发展的持续健康推进极为不利。调查显示，在目前农业企业获得的全部贷款中，短期贷款占比高达 80%，仅余下的 20% 为中长期贷款，鉴于中长期贷款的严重不足，不少农业龙头企业不得已占用企业流动资金贷款，从而使原本就比较紧张的流动资金贷款更加捉襟见肘。随着农村产业融合发展的不

---

① 数据来源于农业农村部，http://www.moa.gov.cn/ztzl/sbdhd/sbdjs/201212/t20121203_3094607. htm，2012-12-03。

② 沈应仙，何利良.农民专业合作社融资问题与对策分析——以浙江省为例［J］.经济研究导刊，2013（1）.

断推进，产业融合主体通过土地流转持续扩大生产经营规模，在产业链条上不断延伸，并且在购买苗木、化肥、农药等生产资料和农业机械、加工设备等固定资产方面的投资需求不断加大；与此同时，由于受自然灾害、市场行情等因素的影响较大，开展产业融合实现盈利的周期相对较长，即生产利润率在短时间内可能为负，达到较高的利润水平可能需要 3~5 年时间。因此，产业融合主体对信贷的数量需求不仅越来越多，对信贷的期限要求也越来越长，从而要求金融机构在提高涉农贷款额度的同时，也适当延长涉农贷款的期限。一项针对湖南家庭农场金融服务需求状况的调查结果显示，期盼将贷款额度增加到 20 万元以上的家庭农场占绝大多数，而希望贷款额度和贷款期限分别上调到 50 万元以上以及 5 年以上的家庭农场也占到五成左右①。

4.3.1.3 农业保险难以满足市场需求

近年来，中国农业保险实现了跨越式发展，农业保险制度不断健全，农业保险覆盖面持续扩大，在保护涉农经营主体利益和维护国家粮食安全等方面发挥了重要作用。但总体来看，农业保险发展还比较滞后，与农村产业融合发展的需求之间仍存在不小差距。随着农村产业融合的不断发展，现有农业保险在应对自然灾害、市场风险时，面临着保险品种少、赔付标准低、保障范围窄等问题，尚未有效地起到作为农村产业融合发展的"稳定器""助推器"以及"安全网"的作用。首先，农业保险产品种类较少、差异化程度低，不能满足农村产业融合发展过程中风险管理的多层次需求。与传统的小农经营不同，产业融合主体的生产投入较大以及成本较高，对风险也较为敏感，但目前能够满足其需求的保险产品极少，最终使其对农业保险的需求越发迫切。其次，农业保险产品的保障水平低，大灾风险分散机制尚不健全，难以满足农村产业融合主体的保障需求。目前，现代农业技术的运用越来越普遍，同时农业机械化水平不断提升，从而也加大了农业生产的投入成本。然而，传统的农业保险产品由于其保险金额普遍较低，有时连种养殖的物化成本都不能覆盖，因此也难以适应现代农业的发展需要。此外，农业保险的保障范围也比较狭窄，主要包括暴雨、洪水、内涝、风灾、地震、泥石流等，难以适应全产业链、产业融合发展中产生的一些新需求，从而极大地制约了农村产业融合发展。

---

① 数据来源于中国金融信息网，http://m.hexun.com/bank/2014-07-24/166931766.html，2014-07-24。

4. 3. 1. 4　涉农金融产品创新明显不足

农村产业融合发展的金融需求在不同产业、不同阶段以及不同地区存在着较大差异，这也促使涉农金融机构要持续不断地创新农村金融产品。从间接融资渠道来看，目前涉农金融机构提供的短期小额贷款，不仅在贷款条件方面比较苛刻，贷款种类也十分单一，不能较好地满足农村产业融合发展过程中新型农业经营主体在信贷额度、信贷期限、信贷时效上出现的新需求，由此也急需涉农金融机构创新信贷产品。从直接融资渠道来看，目前针对中小型农业企业的风险投资规模不大，2016 年农业领域的创业投资（VC）和私募股权投资（PE）共有 36 起，融资规模 8.40 亿美元，分别仅占全国总体规模的 1.87% 和 0.48%。农业企业在国内上市融资的也不多，2016 年农业类上市公司仅有 35 家，占 A 股上市公司总数的比例仅为 1.09%，市值最高的农业上市公司是海南橡胶。2016 年农业行业仅有 6 家企业完成首次公开募股（IPO），IPO 融资规模为 7.35 亿美元，占 A 股 IPO 融资规模总额的比例为 3.02%[①]。总体来看，农业企业直接融资的规模过小，与农业增加值占 GDP 的比重不相匹配。此外，期货是规避市场风险的重要手段，但目前只有少数农业经营主体利用期货市场进行套期保值，无法满足众多生产经营者的需要。期货品种主要还是一些大宗农产品（如粮、棉、油、糖等），鲜活农产品期货还比较缺乏，与现货市场相匹配的期货交割仓库布局尚未建立，期货市场缺少机构投资者，价格波动也比较大，难以满足农村产业融合发展的金融需求。

4.3.2　农业技术进步支持农村产业融合发展存在的问题

近年来，随着农业科研、技能培训以及技术推广的持续加强，中国农业技术在整体上呈现出不断进步的发展态势。然而，农业技术进步在支持农村产业融合发展方面仍然存在一些问题，具体表现在农业技术的有效供给不足和有效需求缺乏两个方面。

4. 3. 2. 1　农业技术的有效供给不足

目前，农业技术的有效供给不足，已经严重制约了农村产业融合发展的顺

---

① 数据来源于 CVSource 投中数据。

利推进。从农产品加工业的情况来看，中国农产品加工业大而不强，精深加工技术水平与发达国家之间的差距较大。发达国家农产品精深加工程度在90%以上，但中国目前仅为20%左右；发达国家肉类加工率达到60%，中国却只有17%。此外，60%以上的加工副产物没有得到综合利用，导致每年农业产后损失约3000亿元[①]。从设施农业的发展来看，尽管国内已经研发出一些设施机械装备，但总体而言，这些设施机械不仅种类比较少，同时在技术含量、成套性以及适应性等方面尚需提升，尤其是农业部门补贴的设施农业机械设备，由于缺乏足够的适应性，难以充分满足本地棚室作业的现实需要。从休闲农业的发展来看，农民作为现阶段休闲农业发展的主要管理者和经营者，文化水平和科技水平相对较为欠缺，相关培育种植的技术含量不高，设备、管理也比较落后，从而难以满足休闲农业快速发展的需要。从农业服务业的发展来看，以农机服务业为例，目前已经初具规模，产品系列和种类比较齐全，大致上可以满足农业生产活动的基本需求。但与此同时，产品技术开发滞后、基础研究薄弱等问题也依旧存在，比如在智能化喷雾和智能化液压等技术方面，发达国家至少领先中国20~30年。目前中国推广应用于防治病虫害的喷雾器械，主要为担架式液泵喷雾机与背负式机动喷雾喷粉机，其不仅存在着劳动强度大、机械噪声大、施药质量差以及作业效率低等问题，同时在相关配件的供应方面也难以保证顺利到位。

　　农业技术有效供给不足的原因主要在于：一是农业科研投入严重不足。一般认为，只有当一个国家或地区的农业研发经费投入占农业总产值的比重（即农业科研投资强度）明显高于2%时，其农业科技才开始进入自主创新阶段，如此也才能够保障农业与其他产业之间的协调发展。然而，2016年中国农业R&D经费投入为126.62亿元，农业科研投资强度仅为0.11%，远远低于2%的标准。二是农业科技人才较为短缺。2016年全国农业R&D人员全时当量为47415人/年，占全国R&D人员全时当量的比重仅为1.22%[②]。在农业科研人员紧缺的同时，农村产业融合发展急需的实用型技术人才缺口也很大。截至2016年，全国农业生产经营人员31422万人，高中及以上受教育程度的仅占8.3%，小学及以下的占43.4%，实用型人才仅占农村劳动力的7%[③]。三是农

---

① 数据来源于每日经济新闻，http://www.nbd.com.cn/articles/2018-03-11/1198089.html，2018-03-11。

② 数据来源于《中国科技统计年鉴2017》。

③ 数据来源于《第三次全国农业普查主要数据公报（第五号）》。

业科技成果转化率偏低。尽管近年来中国农业科技创新能力有了明显提升，但依旧面临着农业科技成果转化和应用率偏低的困境。以食品产业为例，中国每年获得科技成果奖的数量达到 2000 项左右，然而能够实现推广应用的成果仅占 2/3；与此同时，在那些得以推广应用的科技成果中，能够完成普及的仅占 30%左右，这说明大量的科技成果未能付诸生产实践（胡祎等，2017）。四是农业科技创新服务平台缺乏。农业技术推广服务部门是目前中国主要的农业科技创新服务平台。然而，与当前农村产业融合对技术的高要求相比，农业技术推广服务不仅在人员方面存在着综合素质偏低、服务理念滞后以及知识结构老化等问题，同时在服务范围上较为狭窄，主要集中于种养殖领域，对农产品加工、贮藏等先进技术涉猎不足，从而难以满足农村产业融合发展的实际需求。

4.3.2.2 农业技术的有效需求缺乏

除了农业技术供给不足之外，在农业技术的推广与应用过程中，还面临着农业生产经营主体不同程度的需求障碍，不利于农村产业融合发展的顺利推进。一是生产性需求不足。相对而言，经营规模越大的农业经营主体，如专业大户、家庭农场、合作社以及龙头企业，对农业技术的需求也越大。但目前中国农业经营主体规模总体较小，以土地经营规模在 20 公顷以下的农户居多，分散化、小规模的土地经营模式，对一些现代化的农业技术采用构成了限制。例如，农业机械技术尽管可以大幅提高劳动生产率，然而在小规模土地上难以起到较好的效果；区域统一种植与病虫害防治技术能够提高棉田植保效率，但分散化的经营不易协调。与此同时，农户的经济实力较弱，拥有的资金量较少，难以承担农业新技术要求增加的资金投入，尤其在面临融资难、融资贵的情形下，会极大地挫伤小规模农户采用新技术的积极性。再加上农业生产本身存在一定的周期性和风险性，并且农业比较利益低下，不能很好地激励小规模农户对产中以及产后农业技术的需求和对寻求农业技术变革进行投资，最终使农户的技术需求无法转变为有效需求。此外，在农业产业链的加工环节，目前中国农产品加工企业的生产规模普遍较小，以中小企业居多，这些企业管理成本较高加上资金缺乏，因而进行技术改造和技术升级的需求也较小，从而不利于规模加工和精深加工的发展。

二是结构性需求不足，所谓结构性需求不足是指当前推广应用的农业技术，难以匹配农业生产经营主体的实际需要，从而降低了其对农业技术的需求。在传统小农经济不断向现代市场经济转变的过程中，农户也逐渐适应了以市场为主导的商品经济。农户更加倾向于种植一些经济价值较高的农作物（如水果、蔬菜等），以代替过去单一化、低价值的粮食作物。然而，当前中国所推广应用的农业技术总体上还比较滞后，主要为大田作物（如水稻、玉米、小麦等）种植技术，而经济作物的种植技术还比较差，从而也影响了产品市场价值。由此可见，农业技术推广体系中的农业技术与农户的实际技术需求之间存在着结构性差异。与此同时，由于农户的传统思想较为浓厚，文化程度普遍较低，缺乏对农业新产品、新技术的足够认识，接纳能力较差，学习难度较大，对新方法、新技术消化吸收能力也较弱。而且，农户在技术推广过程中，容易与技术推广人员沟通不畅，同时存在极大的盲目性，其适应现代农业技术发展的方式主要为被迫使用与跟进使用，而不愿率先采用农业新技术以及承担技术风险，这也影响了农业新技术在更广阔的范围内使用。另外，由于农村地区的经济、文化相对较为落后，土地受到了农户的高度重视，对于农户而言，土地不仅承担着农业生产职能，关键还发挥着生活保障职能，因而并不会积极主动地参与土地流转，客观上导致了大量小规模兼业农户的存在，其多样化的农业技术需求难以获得满足，进而表现为对农业技术的有效需求明显不足，不利于农村产业融合发展的顺利推进。

4.4　本章小结

本章首先在分析农村产业融合发展的产业基础（农业生产能力、农业产业化主体）及主要业态（农产品加工业、休闲农业、农业服务业、设施农业）现状的基础上，详细讨论了中国农村产业融合发展水平的变动趋势、省际分布特征以及区域差异特征。其次，分别分析了农村金融深化和农业技术进步的现状，以及农村金融深化和农业技术进步支持农村产业融合发展的具体实践。最后，全面分析了农村金融深化、农业技术进步支持农村产业融合发展过程中所暴露的问题，包括涉农信贷供给总量缺口巨大、涉农长期大额贷款极为缺乏、农业保险难以满足市场需求和涉农金融产品创新明显不足等导致的农村金融支持不足，以及农业技术的有效供给不足和有效需求缺乏导致的农业技术进步缓慢等问题。

农村金融深化影响农村产业融合发展的实证检验

从第4章中国农村金融深化、农业技术进步与农村产业融合发展的现状分析可知，在样本期内，中国农村产业融合发展水平呈现出不断提升的态势，与此同时，农村金融深化支持农村产业融合发展的基础不断夯实、实践持续拓展。那么，农村金融深化是否有效地提升了中国农村产业融合发展水平？为了规范解答此问题，本章将尝试利用2008~2016年中国省际面板数据，构建静态面板模型和动态面板模型，采用多种计量方法，系统考察农村金融深化对中国农村产业融合发展的影响及其区域差异，并且进一步利用面板门槛模型详细讨论造成这种区域差异的可能原因。

5.1 引言

通过第3章的作用机理分析，可以初步认识农村金融深化在推动农村产业融合发展过程中所发挥的重要作用。而在实证研究领域，尽管尚未有文献直接研究农村金融深化与农村产业融合发展的关系，但已有一些研究就金融支持对农业产业化发展的影响进行了经验印证。如程文兵（2008）利用江西省的实际数据，运用因子分析法证实了农业产业化水平与金融支持程度之间互为条件的关系。赵俊英（2010）、朱建华（2010）、王俊凤和叶琦（2014）、张玉利和郭永清（2016）等学者分别以河南、湖南、黑龙江、上海作为研究对象，也得到了类似结论。陈池波等（2011）的研究则发现，金融支持对农业产业化存在着异质性影响，在农业产业化水平较高的地区具有显著的促进作用，然而，这种促进作用在农业产业化水平较低的地区则并不明显。秦秀红（2012）

运用熵权模糊评价方法，对农业产业化与农业金融的关联性进行定量分析后发现，金融支农程度越高的地区，农业产业化水平越高，反之亦然。王丽娟（2017）从产业扶贫视角实证检验了金融支持对农业产业化的作用，结果表明，金融支持对农业产业化发展起到了正向推动作用。由此不免会有这样的疑问：作为农业产业化的升级版和拓展版，农村产业融合发展是否也会受到农村金融支持的积极影响？事实上，这也为本章实证研究提供了第一个问题切入点：从全国整体层面审视，农村金融深化对农村产业融合发展究竟存在何种影响？

　　与此同时，由于中国幅员辽阔，区域之间农村的自然条件、生产力水平、产业结构以及经济增长等方面各不相同，农村金融深化程度和农村产业融合发展水平也因此呈现出明显的区域差异。从农村产业融合发展水平来看，结合第 4 章的研究结果可知，相对于中西部地区而言，由于东部地区在农业产业链延伸、多功能拓展、新业态发展以及产业融合主体培育方面整体表现较为出色，其农村产业融合发展水平也处于领先地位，由此也产生了较高的金融需求。同时，东部地区农村经济较为发达，农村金融机构较多，农村金融产品和金融服务也较丰富，可以较好地满足当地农村产业融合发展的需要。此外，除了农村金融机构，东部地区省份的城市金融对农村也会有一定的资金支持。与东部地区相比，虽然中西部地区的农村金融发展在近些年取得了显著成效，但不管是在农村金融规模、金融结构还是金融效率方面，均难以为当地农村产业融合发展提供充足的金融支持。因此，不同区域农村产业融合发展受到来自农村金融深化的影响也可能存在一定差异。而通过观测不同区域农村金融深化对农村产业融合发展的影响差异，显然有利于全面把握农村产业融合发展过程中所面临的金融约束。这为本章实证研究提供了第二个问题切入点：从农村金融深化程度和农村产业融合发展水平的区域异质性出发，农村金融深化对农村产业融合发展的影响效应在不同区域是否存在差异？

　　鉴于此，本章利用 2008～2016 年中国省际宏观面板数据，在客观测度农村金融深化程度和农村产业融合发展水平综合指数的基础上，构建静态面板模型和动态面板模型，采用固定效应法（FE）、面板校正标准误法（PCSE）、可行广义最小二乘法（FGLS）以及系统矩估计法（SYS-GMM），系统考察农村金融深化对中国农村产业融合发展的影响及其区域差异，并且进一步采用面板门槛模型详细讨论造成这种区域差异的可能原因。

5.2 实证研究设计

5.2.1 模型设定与估计方法

5.2.1.1 模型设定

为了检验农村金融深化对农村产业融合发展的影响及其区域差异，本书借鉴目前学术界有关农村（或农业）产业结构调整影响因素研究的通常做法（项光辉和毛其淋，2016；杨钧和罗能生，2017；江艳军和黄英，2018），设定了如下基本计量模型：

$$CON_{it} = \alpha_0 + \alpha_1 FIN_{it} + \mu_i + \varepsilon_{it} \tag{5.1}$$

式中，i、t 分别为省份和时间；CON_{it}、FIN_{it} 分别为农村产业融合发展和农村金融深化；α_0 为常数项，α_1 为农村金融深化变量的回归系数；μ_i 为不可观测的地区效应；ε_{it} 为随机扰动项。

除农村金融深化外，农村产业融合发展还受到其他一系列因素的影响，如政府财政支持、城镇化进程、农村创业活跃度、农村人力资本以及地区基础设施等。为此，本书进一步对这些因素加以控制，将式（5.1）调整为如下形式：

$$CON_{it} = \alpha_0 + \alpha_1 FIN_{it} + \alpha_2 GOV_{it} + \alpha_3 URB_{it} + \alpha_4 ENT_{it} +$$
$$\alpha_5 HUM_{it} + \alpha_6 FRA_{it} + \mu_i + \varepsilon_{it} \tag{5.2}$$

式中，GOV_{it}、URB_{it}、ENT_{it}、HUM_{it} 和 FRA_{it} 分别为政府财政支持、城镇化进程、农村创业活跃度、农村人力资本以及地区基础设施；α_2，…，α_6 为控制变量的回归系数。

为了降低遗漏变量可能造成的估计偏误（戴魁早和刘友金，2016），同时考虑农村产业融合发展也可能与过去因素有关，本书进一步在式（5.2）中加入被解释变量（农村产业融合发展）的一阶滞后项，构建了如下动态面板模型：

$$CON_{it} = \beta_0 + \beta_1 CON_{i, t-1} + \beta_2 FIN_{it} + \beta_3 GOV_{it} + \beta_4 URB_{it} +$$

$$\beta_5 ENT_{it} + \beta_6 HUM_{it} + \beta_7 FRA_{it} + \eta_i + \varphi_{it} \tag{5.3}$$

式中，β_0 为常数项；$CON_{i,t-1}$ 为农村产业融合发展变量的一阶滞后项，β_1 为其回归系数；β_2，$\cdots$，β_7 为核心解释变量和控制变量的回归系数；η_i 为不可观测的地区效应；φ_{it} 为随机扰动项。

5.2.1.2　估计方法

关于静态面板数据，可以综合运用 F 检验、LM 检验以及 Hausman 检验在混合效应（POLS）、固定效应（FE）和随机效应（RE）三种模型中进行选择（陈强，2014）。进一步地，有必要对静态面板数据模型进行异方差检验和自相关检验。若面板估计模型存在异方差与自相关，则可以改用面板校正标准误模型（Panel Corrected Standard Errors，PCSE）和可行广义最小二乘法（Feasible Generalized Least Squares，FGLS）重新进行估计，以尽可能地消除异方差与自相关问题。

关于动态面板数据，本书利用系统 GMM（System GMM，SYS-GMM）进行估计。同时，本书利用残差序列相关性检验（AR 检验）和过度识别检验（Hansen 检验）对模型设定与估计的有效性进行判别。其中，AR 检验的原假设是"差分后的残差项不存在序列相关"，Hansen 检验的原假设是"过度识别约束有效"，如果两者均接受原假设，则说明模型设定与估计是有效的（陈强，2014）。此外，SYS-GMM 可以分为一步（onestep）估计与两步（twostep）估计，两步估计由于对异方差和截面相关更具稳健性，一般情况下要优于一步估计。综上，本书将采用两步 SYS-GMM 对式（5.3）进行估计。

5.2.2　变量选取与数据说明

5.2.2.1　核心变量

（1）农村产业融合发展（CON）。利用前文第 3 章构建的农村产业融合发展综合评价指标体系以及各二级指标的权重，计算得到各年各省份农村产业融合发展的综合指数。

（2）农村金融深化（FIN）。根据前文第 3 章构建的农村金融深化评价指标体系和测评方法，计算出各年各省份农村金融深化综合指数。两个核心变量的计算方法和过程均不再赘述。

5.2.2.2 控制变量

（1）政府财政支持（*GOV*）。政府财政政策作为国家宏观调控的重要工具之一，在"三农"支持与保护体系中具有其他投资主体无法替代的特殊功能。国家采取积极的财政政策加大支农投入，可以发挥出积极的示范效应和乘数效应，吸引其他主体投资"三农"领域，从而有助于推动农村产业融合发展。与此同时，农业基础设施建设是公共财政投入重点，因而政府财政支持力度的加大可以缓解农业生产建设所需资金压力，为农业产业化经营提供物质基础，保障农村产业融合发展的顺利推进。本书研究的是地方财政支农投入，而在地方财政"一般预算支出"中的"农林水事务"类科目基本可以涵盖地方财政支农投入，具体包含农林牧渔业、农业综合开发、水利、扶贫、南水北调以及其他农林水事务等方面的支出。为此，本书将地方财政"一般预算支出"中的"农林水事务"类科目支出作为政府财政支农支出的代理变量，并在此基础上进一步计算出各省份政府财政支农支出与第一产业增加值的比率，以反映地方政府财政支出对"三农"问题的重视程度。

（2）城镇化进程（*URB*）。城镇化是一个多元化的演进过程，即以产业结构从农业经济向工业经济、社会结构从农村社会构成向城镇社会构成、人类聚居场所从农村空间形态向城镇空间形态的转化为本质的多元演进过程（周一星，2006）。城镇化与产业化是高度关联的，产业化为城镇化充实内涵，城镇化为产业化发展提供空间。由此可见，城镇化也是农村产业融合发展的重要依托，通过在县城、重点乡镇及产业园区合理规划布局二三产业，形成一批以农产品加工、销售、物流以及休闲旅游业等为特色的小城镇和产业园区，可以有效地带动农村产业融合发展。与此同时，"产城融合"是农村产业融合发展的主要类型之一，其核心是推动农村产业融合与新型城镇化的有机结合、联动发展（陈明星，2018）。一般而言，城镇化进程越快的地区，农村产业融合发展的水平越高。借鉴学术界的普遍做法，本书的城镇化进程用非农业就业人口占总就业人口的比重来度量。

（3）农村创业活跃度（*ENT*）。创业活动是推动一个国家或地区经济可持续增长的重要源泉。近年来，随着"大众创业、万众创新"的深入推进，中国农村地区的创业活跃度明显提升，一批批农村特色产业如雨后春笋般涌现。农村创业有利于形成新产业、新业态以及新模式（韩俊，2017），从而加快农村产业融合发展的速度，并扩大农村产业融合发展的规模。结合中国农村经济发展的特点，本书将农村创业定义为农户从事规模种养殖、个体经营、创立企业或者农民专业合作社等行为。与此同时，考虑到省际宏观层面农村创业数据的可获得性，本书参考韦吉飞和李录堂（2010）、古家军和谢凤华（2012）、王珂英和张鸿武（2016）、郑可和卢毅（2018）、李晓龙和冉光和（2019）等学者的研究，选取各年各省份农村私营企业投资者人数与农村个体户数之和占农村就业总数的比重来反映农村创业的活跃程度，该比值越大，说明农村创业活跃度越高。

（4）农村人力资本（*HUM*）。Schultz（1961）认为，人力资本是体现在人身上的技能和知识存量，它是通过对人的教育、培训、保健等方面的投资而形成的。人力资本主要通过发挥知识效应、外部效应以及知识"外溢"效应，进而促进了经济增长。可以推断，农村人力资本的积累也是促进农村经济增长的重要因素。农村产业融合发展的关键在于人才兴旺。随着中国农村产业融合发展的不断推进，其对农村高素质的人才供给也提出了新的要求，而以管理技能和科技知识为特征的农村人力资本积累，势必将会对农村产业融合发展产生重要影响。本书借鉴学术界的常用做法（骆永民和樊丽明，2012），以各省份农村居民人均受教育年限来衡量农村人力资本水平。其中，农村人均受教育年限=0×文盲和半文盲人口比例+6×小学文化人口比例+9×中学文化人口比例+12×高中文化人口比例+16×大学文化人口比例。

（5）地区基础设施（*FRA*）。鉴于基础设施所具有的"公共产品"属性，在推进农村产业融合发展的过程中，多数基础设施均可以供农村产业融合主体低成本甚至免费享受，这无疑有助于降低农村产业融合主体的生产经营成本，从而为开展农村产业融合创造有利条件。考虑到数据的可获取性，以及道路交通在推动地区产业发展过程中的重要作用，本书的地区基础设施主要是指交通基础设施。事实上，在推动农村产业融合发展的过程中，大量的农产品、生产原料以及劳动力往来于城乡之间，因而连接城乡之间的公路、高速路、各类国道、省道乃至城市道路都会对农村产业融合发展产生重要的推动作用，而不仅仅是农村道路交通（村道和乡道）。借鉴骆永民和樊丽明（2012）的做法，本书以各省份公路密度（公路运营总里程/国土面积）来衡量地区交通基础设施水平。

5.2.2.3 数据说明

考虑到农村产业融合发展原始数据的可得性①，本书样本涉及 2008~2016 年中国 30 个省份。其中，农产品加工业、休闲农业以及农林牧渔服务业数据来源于《中国农业年鉴》《中国农产品加工业年鉴》《中国休闲农业年鉴》《中国乡镇企业年鉴》《中国农产品加工业发展报告》《中国休闲农业发展研究报告》以及各地区休闲农业发展报告、政府报告和相关新闻报道；设施农业面积来源于全国温室数据系统；农民专业合作社数据来源于《中国工商行政管理年鉴》《工商行政管理统计汇编》以及各地区市场主体发展报告和工商行政管理局，个别缺失数据采用线性插值法予以补齐处理；农户存贷款数据来源于《中国农村金融服务报告》《"三农"贷款与县域金融统计》以及《中国金融年鉴》；农村小型金融机构数据来源于《中国区域金融运行报告》；农业保险数据来源于《中国保险年鉴》；各地区农村私营企业投资者人数与农村个体户数来源于各年《中国统计年鉴》；财政支农支出、城乡人口数量、公路里程以及国内生产总值等数据主要来源于历年《中国统计年鉴》；农村居民人均受教育年限原始数据来源于《中国农村统计年鉴》《中国人口和就业统计年鉴》。为了确保统计数据的可比性，本书以 2008 年作为基期，对涉及用货币计量的相关变量均作了平减处理。与此同时，为了尽可能降低离群值（异常值）对估计结果的影响，本书还对部分连续变量做了 1% 的缩尾处理。本书主要借助 Stata13.1 软件进行数据处理和回归，表 5-1 列示了主要变量的描述性统计结果。

表 5-1　变量描述性统计

变量	观测值	均值	标准差	最小值	最大值
CON	270	1.7223	1.3063	0.2279	6.5802
FIN	270	1.7228	1.1492	0.3101	6.7416
GOV	270	0.1911	0.1736	0.0409	1.3120
URB	270	0.5366	0.1335	0.3070	0.8960
ENT	270	0.0682	0.0506	0.0146	0.2503

① 由于统计原因，农产品加工业主营业务收入、休闲农业营业收入、设施农业总面积以及农民专业合作社数量等数据在 2008 年之前不可得，与此同时，本书所涉数据在 2016 年之后大多也尚未公布。

续表

变量	观测值	均值	标准差	最小值	最大值
HUM	270	8.3687	0.7641	5.9840	10.8232
FRA	270	0.8739	0.4771	0.0784	2.0978

5.2.3　典型化事实

图 5-1 汇报了农村金融深化与农村产业融合发展之间的二维散点图及回归的拟合趋势线。不难看出，全国层面的拟合趋势线的斜率为正，即农村金融深化与中国农村产业融合发展之间存在明显的正相关关系。与此同时，不同区域拟合趋势线的斜率存在一定差异，说明不同区域农村金融深化与农村产业融合发展之间的正向关系程度可能也不同。相比中西部地区而言，东部地区拟合趋势线的斜率更大，即农村金融深化与农村产业融合发展之间的正向关系程度在东部地区更为明显。然而，上述结论仅仅是典型化事实的初步刻画，为了得到更为可靠的结论，本书接下来将运用计量分析方法进行严谨的实证检验。

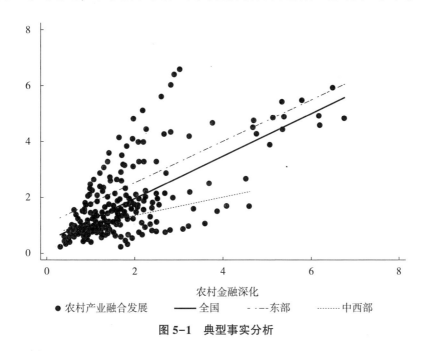

图 5-1　典型事实分析

5.3 经验检验与结果分析

5.3.1 基准检验结果分析

在对静态面板数据模型进行估计之前，本书首先进行多重共线性检验。从检验结果来看，整体回归模型的方差膨胀因子（VIF）总值为2.80，单个解释变量的VIF值最大为4.45，远低于临界值（10），这表明解释变量之间不存在多重共线性问题，可以展开下一步分析。在对静态面板数据模型进行估计时，需要对模型设定的具体形式进行选择，主要包括三种：混合效应模型、随机效应模型以及固定效应模型。本书利用F检验、LM检验和Hausman检验进行综合判定。从检验的结果来看①，F检验、LM检验和Hausman检验均在1%的显著性水平上拒绝了原假设，说明固定效应模型最为合适，因此，本书采用FE方法对模型进行了估计。进一步地，本书对面板模型进行了异方差检验（Wald检验）和自相关检验（Wooldrige检验）。两项检验的P值均为0.0000，强烈拒绝"不存在异方差"和"不存在自相关"的原假设，说明面板模型存在明显的异方差和自相关，为此，本书进一步采用PCSE方法和FGLS方法对静态面板模型进行重新估计。而在对动态面板数据模型进行估计时，结合前文的估计方法说明，本书采用了SYS-GMM方法。综上所述，采用FE方法、PCSE方法、FGLS方法以及SYS-GMM方法的估计结果如表5-2所示。

表5-2 基准回归结果

	FE (1)	PCSE (2)	FGLS (3)	SYS-GMM (4)
FIN	0.2623*** (3.93)	0.1745*** (2.75)	0.2295*** (6.40)	0.1481*** (3.66)

① 限于篇幅，这里省略了检验结果。

	FE （1）	PCSE （2）	FGLS （3）	SYS-GMM （4）
GOV	0.7612* （1.90）	0.6091** （2.05）	0.7739*** （4.06）	0.3731*** （2.69）
URB	2.0510** （2.48）	3.5862*** （3.58）	2.1660*** （5.23）	−1.1858 （−1.35）
ENT	5.3528*** （2.76）	4.7975** （2.52）	5.9626*** （6.28）	−1.5305 （−1.01）
HUM	−0.1082 （−0.97）	−0.0204 （−0.33）	0.0407 （1.08）	0.3807*** （5.51）
FRA	2.3011*** （4.22）	0.6832*** （6.44）	0.5596*** （8.68）	0.2057*** （3.59）
L.CON	—	—	—	0.8416*** （21.13）
常数项	−1.4463 （−1.57）	−1.3728*** （−2.68）	−1.3601*** （−5.07）	−2.5247*** （−6.83）
调整 R^2	0.6713	0.7187	—	—
Wald 值	—	—	1452.32***	—
AR（2）检验	—	—	—	0.3330
Hansen 检验	--	—	—	0.1530
样本量	270	270	270	240

注：***、**、* 分别表示统计值在 1%、5%、10%的显著性水平上显著。括号内为 t 统计量或 z 统计量。

从表 5-2 中 FE 方法和 PCSE 方法的估计结果来看，模型（1）和模型（2）的拟合优度（R^2）分别为 0.6713 和 0.7187，说明模型整体的拟合程度比较高，所得到的估计结果较为可靠。从 FGLS 方法的估计结果来看，模型（3）的 Wald 值通过了 1%的显著性水平检验，说明计量模型设定较为合理，估计结果具有较好的可信度。从 SYS-GMM 方法的估计结果可以看出，模型（4）中的 AR（2）检验说明一阶差分后的残差不存在二阶序列自相关性，Hansen 检验的 p 值明显大于 0.1，说明选取的工具变量是有效的，因此本书设定的动态面板模型基本合理。另外，模型（1）至模型（4）的估计结果不仅在方向上具有一致性，并且大多通过了显著性检验，这也表明模型估计结果具有较好的稳健性。从核心解释变量的估计结果来看，在不同估计方法下，农村金融深化（FIN）对农村产业融合发展影响系数的数值大小尽管有所波动，但在模型（1）至模型（4）中始终显著为正，说明农村金融深化对农村产业融合发展的正向作用是较为稳健的，即农村金融深化有利于提升农村产业融合发展水平，从而回应了本章实证研究的第一个问题。事实上，这与现实情况也十分吻合：在样本期内，整体上中国农村金融深化程度呈现出不断上升的趋势，与此同时，中国农村产业融合发展水平也在不断提高，也就是说，农村金融深化程度的上升促进了中国农村产业融合发展水平的增长。

从其他控制变量的估计结果来看，政府财政支持（GOV）对农村产业融合发展具有促进作用，且系数至少通过了10%的显著性水平检验，说明政府财政支持可以缓解农业生产建设所需资金压力，为农业产业化经营提供物质基础，进而推动农村产业融合发展。城镇化进程（URB）对农村产业融合发展的影响系数在模型（1）至模型（3）中显著为正，表明城镇化作为农村产业融合发展的重要依托，为农业产业化发展提供了空间，由此也有效地提升了农村产业融合发展水平。农村创业活跃度（ENT）与农村产业融合发展正相关，且在模型（1）至模型（3）中至少通过了5%的显著性水平检验，说明地区农村创业活跃度越高，越有利于形成新产业、新业态以及新模式，从而加快农村产业融合发展的速度，并扩大农村产业融合发展的规模。农村人力资本（HUM）对农村产业融合发展的影响系数显著为正，且在模型（4）中通过了1%的显著性水平检验，说明随着农村教育普及的速度加快，接受各类教育的农村居民也在逐渐增多，而科技知识的丰富和管理技能的提升无疑会催生更多的产业融合主体，进而推动农村产业融合发展。地区基础设施（FRA）对农村产业融合发展具有促进作用，且系数全部通过了1%的显著性水平检验，说明地区基础设施的完善可以改善农村产业发展环境，进而推动农村产业融合发展。从被解释变量的一阶滞后项来看，上一年农村产业融合发展（L.CON）与当期农村产业融合发展（CON）之间的正向关系十分显著，这表明农村产业融合发展是一个长期持续的累积过程，当期农村产业融合发展会受到前期农村产业融合发展的积极影响。

5.3.2　区域差异检验结果分析

表 5-3 汇报了农村金融深化影响农村产业融合发展的区域差异检验结果。其中，模型（1）至模型（3）是东部地区样本的估计结果，模型（4）至模型（6）是中西部地区样本的估计结果，模型（1）和模型（4）是采用 PCSE 方法的估计结果，模型（2）和模型（5）是采用 FGLS 方法的估计结果，模型（3）和模型（6）是采用 SYS-GMM 方法的估计结果。根据拟合优度（R^2）、Wald 值、AR（2）检验和 Hansen 检验结果可以判定，模型设定具有合理性，估计结果较为可靠，并且工具变量选择是有效的。从核心解释变量的估计结果来看，在分别采用 PCSE 方法、FGLS 方法以及 SYS-GMM 方法时，农村金融深化（FIN）的估计系数在东部地区分别为 0.4547、0.5245 和 0.4625，且至少通过了 5% 的显著性水平检验；与此同时，农村金融深化（FIN）的估计系数在中西部地区分别为 0.4070、0.2991 和 0.1130，也都至少通过了 5% 的显著性水平检验。上述结果表明：农村金融深化对农村产业融合发展的影响存在显著的区域差异特征，相对于中西部省份而言，农村金融深化对东部地区省份农村产业融合发展水平的提升作用更大，从而回应了本章实证研究的第二个问题。

表 5-3　区域差异检验结果

	东部地区			中西部地区		
	PCSE （1）	FGLS （2）	SYS-GMM （3）	PCSE （4）	FGLS （5）	SYS-GMM （6）
FIN	0.4547 *** （2.67）	0.5245 *** （4.39）	0.4625 ** （2.04）	0.4070 *** （6.41）	0.2991 *** （7.03）	0.1130 ** （2.56）
GOV	−0.9473 （−0.96）	−1.0893 （−1.52）	−0.3831 （−0.37）	0.4815 （1.11）	0.8048 *** （3.45）	0.2961 （1.08）
URB	5.9948 *** （3.70）	3.9766 *** （3.47）	−9.0808 （−1.63）	−0.0474 （−0.06）	1.4389 *** （2.77）	0.4618 （1.03）
ENT	−10.4481 * （−1.84）	−10.8880 *** （−2.98）	10.1871 （1.25）	7.7604 *** （5.26）	6.6677 *** （6.44）	−2.6539 （−1.50）

续表

	东部地区			中西部地区		
	PCSE (1)	FGLS (2)	SYS-GMM (3)	PCSE (4)	FGLS (5)	SYS-GMM (6)
HUM	0.6102 ** (2.32)	0.9386 *** (4.82)	0.1922 (0.91)	-0.0884 (-1.05)	-0.0179 (-0.36)	-0.0176 (-0.46)
FRA	1.6419 *** (5.45)	1.9220 *** (7.83)	2.5774 *** (2.68)	0.6425 *** (5.76)	0.6232 *** (8.16)	0.3153 *** (3.45)
L. CON	—	—	0.3956 * (1.84)			1.0507 *** (14.89)
常数项	-8.2303 *** (-2.98)	-10.2691 *** (-5.24)	0.8824 (0.35)	0.4105 (0.60)	-0.7752 ** (-2.05)	-0.2880 (-0.65)
调整 R^2	0.7083	—	—	0.4445	—	—
Wald 值	—	650.44 ***	—	—	476.16 ***	—
AR (2) 检验	—	—	0.9000	—	—	0.1080
Hansen 检验	—	—	1.0000	—	—	0.6300
样本量	99	99	88	171	171	152

注: *** 、 ** 、 *分别表示统计值在 1%、5%、10%的显著性水平上显著。括号内为 t 统计量或 z 统计量。

从中国各区域农村金融深化程度与农村产业融合发展水平的实际情况来看,在本书样本期间,中西部地区省份农村产业融合发展水平的均值仅为 1.1689,相比较而言,东部地区省份农村产业融合发展水平更高,其平均水平达到了 2.6780。与此同时,样本期间东部地区省份农村金融深化程度均值为 2.1883,而中西部地区省份农村金融深化程度均值仅为 1.4532,可见东部地区农村金融深化程度较中西部地区明显更高一些。由此可以发现,东部地区省份农村产业融合发展水平之所以比较高,其中一个重要原因可能正是该地区农村金融深化程度较高,因而当地农村产业融合发展受到的金融深化推动作用也较强。换句话说,在农村金融深化程度越高的地区,农村金融深化对农村产业融合发展的提升作用也越明显。

5.3.3　稳健性检验

为了确保本章上述估计结果的有效性，本书还做了如下稳健性检验：①对农村金融深化指标进行了重新度量。与前文采用熵值法确定农村金融深化各二级指标权重的做法相比，稳健性检验采用另一种常用的客观赋权方法——主成分分析法，重新确定了二级指标权重，并构建了新的农村金融深化综合指数（*FINS*）。②对农村产业融合发展指标进行了重新度量。与前文利用综合指数法测算农村产业融合发展水平相比，谭明交（2016）利用协调发展系数方法，在分别计算农村产业化实际值和理想值的基础之上，测算了 2005~2014 年各省份农村产业融合发展系数。本书基于谭明交（2016）的测算结果，采用移动平均预测法，获得了 2015 年和 2016 年各省份农村产业融合发展系数，进而利用 2008~2016 年各省份农村产业融合发展系数进行了稳健性检验。表 5-4列示了稳健性检验的详细结果，从中可以看出，无论是在全国层面还是分区域层面，核心解释变量（农村金融深化）的估计系数除数值大小外，其符号和显著性并无本质性变化，说明上文结论是具有可靠性和稳健性的。

表 5-4　稳健性检验结果

	替换核心解释变量			替换被解释变量		
	PCSE （1）	FGLS （2）	SYS-GMM （3）	PCSE （4）	FGLS （5）	SYS-GMM （6）
全国层面						
FIN	—	—	—	0.0736*** （6.69）	0.0845*** （11.23）	0.0418** （1.97）
FINS	0.2012*** （3.46）	0.2298*** （6.09）	0.0726*** （4.77）	—	—	—
调整 R^2	0.7219	—	—	0.5430	—	—
Wald 值	—	1519.62***	—	—	750.03***	—
AR（2）检验	—	—	0.2990	—	—	0.2850
Hansen 检验	—	—	0.2050	—	—	0.2130
样本量	270	270	240	270	270	240

续表

	替换核心解释变量			替换被解释变量		
	PCSE (1)	FGLS (2)	SYS-GMM (3)	PCSE (4)	FGLS (5)	SYS-GMM (6)
东部地区						
FIN	—	—	—	0.1111 *** (4.87)	0.0821 *** (4.68)	0.1147 *** (2.86)
FINS	0.4805 *** (3.42)	0.5437 *** (4.67)	0.2719 * (1.67)	—	—	—
调整 R^2	0.7167	—	—	0.3240	—	—
Wald 值	—	810.05 ***	—	—	59.03 ***	—
AR（2）检验	—	—	0.1190	—	—	0.1280
Hansen 检验	—	—	1.0000	—	—	0.9980
样本量	99	99	88	99	99	88
中西部地区						
FIN	—	—	—	0.0551 *** (4.04)	0.0689 *** (6.74)	0.0322 *** (3.08)
FINS	0.3974 *** (6.17)	0.2980 *** (7.21)	0.1556 *** (3.99)	—	—	—
调整 R^2	0.4500	—	—	0.5475	—	—
Wald 值	—	464.19 ***	—	—	1176.64 ***	—
AR（2）检验	—	—	0.1400	—	—	0.6650
Hansen 检验	—	—	0.8500	—	—	0.5850
样本量	171	171	152	171	171	152

注：***、**、*分别表示统计值在1%、5%、10%的显著性水平上显著。括号内为 t 统计量或 z 统计量。为了节省篇幅，没有报告控制变量、被解释变量滞后项和常数项的估计结果。

5.4 进一步讨论：区域差异的影响因素分析

上一节研究表明，农村金融深化显著促进了农村产业融合发展，且这种影响存在明显的区域差异，接下来，本书将进一步讨论这种区域差异的可能影响因素。从前文的实证结果分析可以看出，在农村金融深化程度越高的地区，农村金融深化对农村产业融合发展水平的提升作用越强，因此，区域之间农村金融深化程度的不同，可能是导致农村金融深化对农村产业融合发展的促进效应存在区域差异的重要因素。除此之外，农村人力资本增强有助于提高个体对金融资源的获取和运用能力。因此，在农村人力资本水平越高的地区，农村金融深化对农村产业融合发展水平的提升作用可能也越强；地区基础设施的完善可以为开展农村产业融合创造有利条件，因此，在基础设施越完善的地区，越有利于发挥农村金融深化对农村产业融合发展水平的提升作用。综上，农村人力资本和地区基础设施也可能是导致农村金融深化对农村产业融合发展的促进效应存在区域差异的重要因素。事实上，这也意味着农村金融深化对农村产业融合发展的促进效应可能存在一定的"门槛特征"，即在农村金融深化、农村人力资本以及地区基础设施的不同门槛值区间，农村金融深化对农村产业融合发展的影响存在显著差异。为此，本书通过构建面板门槛模型，以检验农村金融深化对农村产业融合发展的促进效应是否存在基于农村金融深化、农村人力资本以及地区基础设施等区域因素的门槛特征。

5.4.1　模型设定与估计方法

为了检验在不同的农村金融深化程度、农村人力资本水平以及地区基础设施水平区间内，农村金融深化对农村产业融合发展影响的差异性，本书借鉴 Hansen（1999）的研究思路，对农村金融深化与农村产业融合发展之间的非线性门槛关系进行研究。基于计量模型（5.2）的设定，本书以农村金融深化（FIN）、农村人力资本（HUM）以及地区基础设施（FRA）作为门槛变量，以农村金融深化（FIN）作为门槛依赖变量，分别构建了如下三个面板门槛模型：

$$CON_{it} = \alpha_0 + \alpha_1 FIN_{it} I(FIN_{it} \leq \gamma_1) + \alpha_2 FIN_{it} I(\gamma_1 < FIN_{it} \leq \gamma_2) + \cdots +$$
$$\alpha_n FIN_{it} I(\gamma_{n-1} < FIN_{it} \leq \gamma_n) + \alpha_{n+1} FIN_{it} I(FIN_{it} > \gamma_n) +$$
$$\lambda Control_{it} + \mu_i + \varepsilon_{it} \tag{5.4}$$

$$CON_{it} = \beta_0 + \beta_1 FIN_{it} I(HUM_{it} \leq \nu_1) + \beta_2 FIN_{it} I(\nu_1 < HUM_{it} \leq \nu_2) + \cdots +$$
$$\beta_n FIN_{it} I(\nu_{n-1} < HUM_{it} \leq \nu_n) + \beta_{n+1} FIN_{it} I(HUM_{it} > \nu_n) +$$
$$\phi Control_{it} + \eta_i + \varphi_{it} \tag{5.5}$$

$$CON_{it} = \delta_0 + \delta_1 FIN_{it} I(FRA_{it} \leq \sigma_1) + \delta_2 FIN_{it} I(\sigma_1 < FRA_{it} \leq \sigma_2) + \cdots +$$
$$\delta_n FIN_{it} I(\sigma_{n-1} < FRA_{it} \leq \sigma_n) + \delta_{n+1} FIN_{it} I(FRA_{it} > \sigma_n) +$$
$$\theta Control_{it} + \pi_i + \tau_{it} \qquad (5.6)$$

式中，i、t 分别表示省份和时间；CON_{it} 表示农村产业融合发展；FIN_{it} 表示农村金融深化，既是本书的门槛依赖变量，也是本书的门槛变量；$I(\cdot)$ 为指示函数，如果满足括号中的条件，则 $I = 1$，反之 $I = 0$；HUM_{it}、FRA_{it} 分别表示农村人力资本和地区基础设施，为本书的门槛变量；$Control_{it}$ 为控制变量组；γ_1、γ_2，$\cdots$，γ_n、ν_1、ν_2，$\cdots$，ν_n、σ_1、σ_2，$\cdots$，σ_n 为 n 个不同水平的门槛值，α_1、α_2，$\cdots$，α_{n+1}、β_1、β_2，$\cdots$，β_{n+1}、δ_1、δ_2，$\cdots$，δ_{n+1} 为不同门槛水平上农村金融深化对中国农村产业融合发展影响的系数，如果它们各自之间存在明显的差异，说明门槛变量的选取是有效的；μ_i、η_i、π_i 为不随时间变化的省域截面的个体效应，ε_{it}、φ_{it}、τ_{it} 为随机扰动项。面板门槛模型的估计方法参见 Hansen（1999）。

5.4.2 实证检验与结果分析

5.4.2.1 门槛效应检验

首先，确定门槛模型形式。根据 Hansen（1999）的思路，在对面板门槛模型进行参数估计之前，首先要进行门槛效应检验，结果如表 5-5 所示。从表中门槛效应检验的 F 统计值和对应的 P 值可以看出，不管以农村金融深化（FIN）、农村人力资本（HUM）还是地区基础设施（FRA）作为门槛变量，全部通过了双重门槛效应检验，这充分说明：农村金融深化对农村产业融合发展的影响，确实存在基于农村金融深化、农村人力资本以及地区基础设施的双重门槛效应。

表 5-5　门槛效应检验结果

门槛变量	模型	F 值	P 值	临界值		
				1%	5%	10%
FIN	单一门槛	25.769 **	0.027	32.683	18.160	16.158
	双重门槛	6.941 ***	0.003	-1.030	-7.479	-10.827

门槛变量	模型	F 值	P 值	临界值		
				1%	5%	10%
HUM	单一门槛	15. 800**	0. 037	19. 892	13. 974	10. 436
	双重门槛	9. 256**	0. 063	17. 639	10. 439	60284
FRA	单一门槛	36. 139***	0. 010	37. 689	23. 996	14. 667
	双重门槛	19. 450***	0. 000	8. 118	2. 453	0. 395

注：***、**分别表示统计值在 1%、5%的显著性水平上显著。P 值和临界值均是采用 Bootstrap 法模拟 300 次后得到的结果。

其次，估计具体的门槛值。在确定门槛模型的具体形式之后，需要进一步估计门槛值，结果如表 5-6 所示。从表中可以看出，农村金融深化（FIN）的双重门槛估计值分别为 0. 815 和 1. 676，农村人力资本（HUM）的双重门槛估计值分别为 8. 419 和 9. 853，地区基础设施（FRA）的双重门槛估计值分别为 0. 456 和 1. 221，且全部落在相应的 95%的置信区间之内，可见门槛估计值与真实值一致。

表 5-6　门槛值估计结果

门槛变量	门槛估计值		95%置信区间
FIN	第一门槛值	0. 815	[0. 815, 4. 750]
	第二门槛值	1. 676	[1. 463, 3. 019]
HUM	第一门槛值	8. 419	[7. 176, 8. 922]
	第二门槛值	9. 853	[8. 060, 10. 769]
FRA	第一门槛值	0. 456	[0. 358, 0. 519]
	第二门槛值	1. 221	[1. 221, 1. 249]

5.4.2.2　门槛参数估计

在门槛效应检验之后，表 5-7 进一步列示了分别以农村金融深化（FIN）、农村人力资本（HUM）以及地区基础设施（FRA）作为门槛变量的面板门槛模型参数估计结果。

表5-7 面板门槛模型参数估计结果

FIN		HUM		FRA	
变量	(1)	变量	(2)	变量	(3)
$FIN_{it}I$	-0.1950	$FIN_{it}I$	0.3169***	$FIN_{it}I$	0.0686
($FIN_{it} \leq 0.815$)	(-0.95)	($HUM_{it} \leq 8.419$)	(4.94)	($FRA_{it} \leq 0.456$)	(1.06)
$FIN_{it}I$	0.0739	$FIN_{it}I$	0.4078***	$FIN_{it}I$	0.2802***
($0.815 < FIN_{it} \leq 1.676$)	(0.73)	($8.419 < HUM_{it} \leq 9.853$)	(6.17)	($0.456 < FRA_{it} \leq 1.221$)	(3.96)
$FIN_{it}I$	0.2459***	$FIN_{it}I$	0.5960***	$FIN_{it}I$	0.7382***
($FIN_{it} > 1.676$)	(3.76)	($HUM_{it} > 9.853$)	(4.49)	($FRA_{it} > 1.221$)	(9.36)
GOV	0.7858**	GOV	0.3446	GOV	-0.3315
	(1.99)		(0.83)		(-0.83)
URB	2.2353***	URB	2.2339***	URB	2.8048***
	(2.94)		(3.09)		(3.93)
ENT	6.5656***	ENT	7.1466***	ENT	6.9455***
	(3.78)		(4.23)		(4.31)
HUM	-0.0737	HUM		HUM	0.0905
	(-0.73)				(0.91)
FRA	0.9594***	FRA	0.9613***	FRA	
	(5.64)		(5.75)		
常数项	-1.8582**	常数项	-1.5303***	常数项	-1.6169**
	(-2.24)		(-4.61)		(-2.06)
拟合优度	0.6021	拟合优度	0.6065	拟合优度	0.6398
样本观测值	270	样本观测值	270	样本观测值	270

注：***、**分别表示统计值在1%、5%的显著性水平上显著。

一是农村金融深化。从表5-7中可以看出，当农村金融深化程度低于第一门槛值（0.815）时，农村金融深化对农村产业融合发展的影响系数为-0.1950，但并未通过显著性水平检验；当农村金融深化程度处于第一门槛值（0.815）和第二门槛值（1.676）之间时，农村金融深化对农村产业融合发展的影响系数由负变正（0.0739），依旧没能通过显著性水平检验；当农村金融深化程度高于第二门槛值（1.676）时，农村金融深化对农村产业融合发展的影响系数显著为正（0.2459），且通过了1%的显著性水平检验。这验证了：随着地区农村金融深化程度的不断提高，农村金融深化对农村产业融合发展的促进作用不断提升。截至 2016 年，还有河南、湖北、广西、贵州、云南以及青海等中西部地区省份尚未跨越农村金融深化程度的第二个门槛值①。

二是农村人力资本。当农村人力资本水平低于门槛值 8.419 时，农村金融深化对农村产业融合发展的影响系数为 0.3169，且通过了 1% 的显著性水平检验；当农村人力资本水平高于门槛值 8.419 时，农村金融深化对农村产业融合发展的影响系数依旧显著为正（0.4078），且系数数值有所增大；随着农村人力资本水平跨越第二个门槛值 9.853 之后，农村金融深化对农村产业融合发展的影响系数进一步提升到 0.5960，且通过了 1% 的显著性水平检验。这验证了农村金融深化对农村产业融合发展的促进作用会随着农村人力资本水平的提升而不断增强。截至 2016 年，尚有吉林、黑龙江、安徽、四川、贵州、云南、甘肃、青海、宁夏等中西部地区省份未能跨过农村人力资本水平第一门槛值，与此同时，仅有北京跨过了农村人力资本水平的第二门槛值。

三是地区基础设施。当地区基础设施水平低于第一门槛值（0.456）时，农村金融深化对农村产业融合发展的影响系数为正（0.0686），但并未通过显著性水平检验；当地区基础设施水平处于第一门槛值（0.456）和第二门槛值（1.221）之间时，农村金融深化对农村产业融合发展的影响系数有所增大（0.2802），且通过了 1% 的显著性水平检验；当地区基础设施水平高于第二门槛值（1.221）时，农村金融深化对农村产业融合发展的影响系数依旧在 1% 的水平上显著为正，且系数进一步增大到 0.7382。这充分表明，随着地区基础设施水平的不断提高，农村金融深化对农村产业融合发展的促进作用也在随之增大。截至 2016 年，跨过地区基础设施水平第二个门槛值的省份有北京、天津、上海、江苏、浙江、安徽、山东、河南、湖北、广东以及重庆，绝大多数省份位于东部地区。

综上所述，农村金融深化对农村产业融合发展的影响存在明显的非线性门槛特征。在农村金融深化程度、农村人力资本以及基础设施水平的不同门槛值区间，农村金融深化对农村产业融合发展的影响存在明显差异。具体而言，在农村金融深化程度、农村人力资本水平以及基础设施水平越高的地区，农村金融深化对农村产业融合发展的提升作用越大。可见，地区之间农村金融深化程度、农村人力资本以及基础设施水平的不同，是造成农村金融深化对农村产业融合发展的影响存在区域差异的重要原因。这也意味着，各地区可以根据自身

①　限于篇幅，各地区门槛变量值未列出。

发展现状，在促进农村金融深化、加快农村人力资本积累以及完善地区基础设施等方面下足功夫，尽可能地创造有利条件，以充分发挥农村金融深化对农村产业融合发展的促进效应。

5.5　本章小结

　　本章基于引言部分提出的农村金融深化影响农村产业融合发展的两个主要实证问题，利用 2008～2016 年中国省际面板数据，并综合采用 FE 方法、PCSE 方法、FGLS 方法以及 SYS-GMM 方法对上述问题进行了实证检验。实证结果表明：整体而言，农村金融深化有利于提升中国农村产业融合发展水平；与此同时，农村金融深化对农村产业融合发展的提升作用存在明显的区域差异，相比中西部地区，农村金融深化对农村产业融合发展的提升作用在东部地区更加显著。进一步运用面板门槛模型对产生这种区域差异的可能原因进行了检验，结果发现，在农村金融深化程度、农村人力资本以及基础设施水平的不同门槛值区间，农村金融深化对农村产业融合发展的影响存在明显差异。具体而言，在农村金融深化程度、农村人力资本以及基础设施水平越高的地区，农村金融深化对农村产业融合发展的提升作用越大。由此可见，地区之间农村金融深化程度、农村人力资本以及基础设施水平的不同，是造成农村金融深化对农村产业融合发展的影响存在区域差异的重要原因。

第6章

农业技术进步影响农村产业
融合发展的实证检验

第 5 章基于 2008~2016 年中国省际面板数据，利用多种计量方法，从不同角度实证检验了农村金融深化对中国农村产业融合发展的影响。那么，与农村金融深化相比，农业技术进步是否也有助于提升中国农村产业融合发展水平呢？为了规范解答此问题，本章不仅利用传统计量模型，实证检验农业技术进步对农村产业融合发展的基准影响；同时也将尝试构建空间计量模型，从技术扩散效应的视角，考察农业技术进步及其空间溢出对农村产业融合发展的影响。本章还将分析中国农村产业融合发展的空间收敛性，并拓展探讨农业技术进步是否促进了中国农村产业融合发展的空间收敛。

6.1 引言

第 3 章的作用机理分析初步表明，农业技术进步通过延伸农业产业链、拓展农业多功能、发展农业新业态以及培育产业融合主体，显著推动了农村产业融合发展。然而，在实证研究领域，目前尚未有文献直接涉及农业技术进步与农村产业融合发展的关系研究，相关文献主要集中在农业技术进步与农业经济增长的关系研究方面（陈宗胜和黎德福，2004；张永丽和葛秀峰，2010；刘岳平和钟世川，2016）。从仅有的几篇间接涉及农业技术进步与农村产业融合发展的文献来看，宋燕平和王艳荣（2009）利用 VAR 模型检验发现，农业技术进步与农业产业集聚紧密联系、互为因果，农业技术进步通过提升农业产业竞争力，推动了农业产业集聚，而农业产业集聚则通过加速金融资本、人力资本的空间集聚，加剧农业产业内竞争，进而推动了农业技术进步。宿桂红和傅新红（2011）利用中国 1985~2007 年的数据实证检验发现，农业技术创新与农业现代化之间的良性互动关系十分明显，即一方面农业技术创新有效促进了农业现代化，另一方面农业现代化又带动了农业技术创新成果的推广与应用。邢晓柳（2015）利用中国 1990~2012 年的宏观样本数据建立向量误差修正模型（VECM）实证发现，农业技术创新资金投入和人力投入均是农业现代化的单向格兰杰原因，相比农业科技创新人力投入，农业技术创新资金投入对促进农业现代化的贡献率更高。那么，农村产业融合发展作为构建现代农业产业体系以及实现农业现代化的重要途径，可能也会受到农业技术创新与技术进步的影响。这也为本章实证研究提供了第一个问题切入点：从整体层面审视，农业技术进步对农村产业融合发展究竟存在何种影响？

近年来，随着空间计量经济学的快速发展，一些学者尝试探讨了农业生产经营活动的空间相关性。吴玉鸣（2010）利用空间计量方法实证检验发现，中国省份之间的农业生产产出存在显著的空间自相关性，并在地理空间分布上呈现出聚集化趋势，空间效应在区域农业生产活动中扮演着重要角色。肖小勇和李秋萍（2013）、崔凯等（2015）、韩会庆等（2018）的研究也得到了类似结论。周鹏等（2015）、陈江涛等（2018）对中国农业现代化分布的空间格局进行分析后发现，中国农业现代化发展存在显著的、非随机性的空间自相关，呈现出较强的空间集聚性特征。杨钧（2016）以 2003~2013 年中国省域面板数据为研究对象，发现农业产业结构存在明显的空间自相关性。此外，一些学者针对农村产业融合发展重要业态的空间相关性进行了研究。王树进和陈宇峰（2013）、卢凤萍（2017）、王智伟等（2018）研究指出，中国休闲农业发展具有明显的空间依赖性。王小楠等（2018）的研究结果则表明，邻近家庭农场有机农业采纳行为存在空间依赖性，家庭农场的地理位置相距两千米以内，其有机农业采纳行为的空间依赖性最强。事实上，这也为本章实证研究提供了第二个问题切入点：中国农村产业融合发展水平在空间分布上是否具有明显的自相关性？

在空间相关性的作用下，一个地区的农村产业融合发展不只受到本地区因素的影响，还可能受到来自相邻地区因素的影响，即产生空间溢出效应。近年来，随着空间计量经济学在国内的广泛传播与应用，已经有少数文献涉及了农业技术进步的空间溢出效应研究。许标文（2012）研究指出，源于农户之间的亲缘、地缘等关系，县域农业技术存在显著的空间扩散效应，即当某一地区出现较为先进的农业技术时，通过农户之间的社会关系网很容易扩散到邻近地区。尤其是当农业技术投资明显不足时，农业技术进步的主要途径将依赖于农业技术的空间扩散。肖小勇和李秋萍（2014）、杨义武等（2017）运用空间面板数据模型分析了中国农业技术的空间溢出效应，结果表明，省份间农业技术溢出对各省农业生产存在显著的促进作用。刘莉和张文爱（2017）实证发现，中国农业全要素生产率（TFP，即广义农业技术进步）具有显著的正向空间溢出效应，相邻地区的农业 TFP 增长相互促进。肖小勇和李秋萍（2013）、杨义武和林万龙（2018）的研究发现，农业科技对农业生产和农民增收具有明显的正向空间溢出效应。此外，方师乐等（2017）、马剑锋等（2018）分别关注了农业机械技术、农业用水全局技术效率的空间溢出效应。由此，这也为本章实证研究提供了第三个问题切入点：从农业技术进步的空间溢出（技术扩散）效应出发，农业技术进步除了影响本地区农村产业融合发展外，是否还会影响相邻地区的农村产业融合发展？

鉴于此，本章利用 2008~2016 年中国省际宏观面板数据，在客观测度农业技术进步和农村产业融合发展水平综合指数的基础上，首先采用传统计量方法（FE、PCSE、FGLS 以及 SYS-GMM），初步验证农业技术进步对中国农村产业融合发展的基准影响；进一步地，利用探索性空间数据分析方法（*Global Moran's I* 指数和 *Local Moran's I* 指数）检验农村产业融合发展水平的空间自相关性，在此基础上，采用空间计量方法，系统考察农业技术进步对中国农村产业融合发展影响的空间溢出效应。此外，本章还将构建空间收敛模型，探讨中国农村产业融合发展的空间收敛性，以及农业技术进步是否促进了农村产业融合发展的空间收敛。

6.2　实证研究设计

6.2.1　模型设定与估计方法

6.2.1.1　传统计量模型设定与估计方法

6.2.1.1.1　模型设定

为了检验农业技术进步对农村产业融合发展的影响，本书参考第 5 章式

（5.2）和式（5.3）的模型设定，构建了如下两个计量模型：

$$CON_{it} = \alpha_0 + \alpha_1 TE_{it} + \alpha_2 GOV_{it} + \alpha_3 URB_{it} + \alpha_4 ENT_{it} +$$
$$\alpha_5 HUM_{it} + \alpha_6 FRA_{it} + \mu_i + \varepsilon_{it} \tag{6.1}$$

$$CON_{it} = \beta_0 + \beta_1 CON_{i,\,t-1} + \beta_2 TE_{it} + \beta_3 GOV_{it} + \beta_4 URB_{it} +$$
$$\beta_5 ENT_{it} + \beta_6 HUM_{it} + \beta_7 FRA_{it} + \eta_i + \varphi_{it} \tag{6.2}$$

式中，TE_{it} 为农业技术进步，这里指的是广义农业技术进步（GTE_{it}），后续将利用狭义农业技术进步（NTE_{it}）进行稳健性检验；α_1 和 β_2 为农业技术进步变量的回归系数。其余变量和符号的含义与式（5.2）和式（5.3）基本一致，在此不再详述。

6.2.1.1.2 估计方法

针对传统计量模型中的静态面板模型和动态面板模型的估计方法，与第 5 章 5.2.1 节中的估计方法基本一致，在此不再详述。

6.2.1.2 空间计量模型设定与估计方法

6.2.1.2.1 空间自相关检验

为了判断农业技术进步对农村产业融合发展的影响是否可以通过空间计量模型来进行回归，首先要考察被解释变量（农村产业融合发展）是否存在空间自相关性[①]，一般而言，可以从全域和局域两个方面来检验空间自相关性。

6.2.1.2.1.1 全域空间自相关性

全域空间自相关性是对所有省份农村产业融合发展的总体关联性，通常用 *Global Moran's I* 指数来表示，其计算公式为：

$$I = \frac{\sum_{i=1}^{n} \sum_{j=1}^{n} W_{ij}(x_i - \bar{x})(x_j - \bar{x})}{S^2 \sum_{i=1}^{n} \sum_{j=1}^{n} W_{ij}} \tag{6.3}$$

式中，x 为观测值，n 为省份总数，$S^2 = \sum_{i=1}^{n} (x_i - \bar{x})^2/n$ 为样本方差，W 为空间权重矩阵[②]，$\sum_{i=1}^{n} \sum_{j=1}^{n} W_{ij}$ 为所有空间权重之和。*Global Moran's I* 指数的取值范围为 $[-1, 1]$，大于 0 表示正相关，等于 0 表示不相关，小于 0 表示负相关。

---

① 若不存在，采用标准计量方法即可；若存在，方可采用空间计量方法。
② 这里为地理邻接空间矩阵，考虑到实证结果的稳健性，本书还进一步采用地理距离空间矩阵进行了稳健性检验，两种空间权重矩阵的构建方法详见陈强（2015）。

6.2.1.2.1.2　局域空间自相关性

全域空间自相关性揭示了各个省份农村产业融合发展的整体空间相关性，但并不能有效区分不同省份之间的差异性。为了进一步考察各省份农村产业融合发展的空间相关性，本书测算局域相关性指数（*Local Moran's I*），并利用其散点图来展示农村产业融合发展的局域空间集聚性，其计算公式为：

$$I_i = \frac{(x_i - \bar{x}) \sum_{j \neq 1} W_{ij}(x_{ij} - \bar{x})}{\sum_{i=1}^{n} (x_i - \bar{x})^2} \tag{6.4}$$

式中，I_i 表示省份 i 与其周围省份农村产业融合发展的关联程度。如果 I_i 的取值大于 0，表示高值省份被其他高值省份包围，即第一象限，或低值省份被其他低值省份包围，即第三象限；如果 I_i 的取值小于 0，表示高值省份被低值省份包围，即第四象限，或低值省份被高值省份包围，即第二象限。

6.2.1.2.2　空间计量模型

为了考察农业技术进步及其空间溢出对农村产业融合发展的影响，本书借鉴现有文献研究空间溢出效应时的通常做法，构建了如下空间杜宾模型（Spatial Durbin Model，SDM）进行实证检验：

$$CON_{it} = \rho \sum_{j=1}^{N} W_{ij}CON_{it} + \beta TE_{it} + \theta \sum_{j=1}^{N} W_{ij}TE_{it} + \lambda Control_{it} + \alpha_i + \nu_i + \varepsilon_{it}$$

$$\tag{6.5}$$

式中，$\sum_{j=1}^{N} W_{ij}CON_{it}$ 为农村产业融合发展的空间滞后项，ρ 为其系数；$\sum_{j=1}^{N} W_{ij}TE_{it}$ 为农业技术进步（这里特指广义农业技术进步，即 GTE_{it}）的空间滞后项，θ 为其系数；$Control_{it}$ 为控制变量组；α_i、ν_t、ε_{it} 分别表示地区效应、时间效应与随机误差项。

6.2.1.2.3　估计方法

关于空间面板模型，本书借鉴 Elhorst（2010）的典型做法，采用极大似然估计方法（MLE）进行估计。进一步地，如何判别在空间面板模型中采用固定效应模型抑或随机效应模型？目前学术界的常用方法是 Hausman 检验（Hsiao et al.，2002），如果检验结果表明应该选择固定效应模型，那么还需要综合拟合优度检验（R^2）、赤池信息准则（Akaike Information Criterion，AIC）和贝叶斯信息准则（Bayesian Information Criterion，BIC）等指标，进一步在空间固定效应模型（Spatial Fixed Effects，SFE）、时间固定效应模型（Time Fixed Effects，TFE）以及时空固定效应模型（Spatial and Time Fixed Effects，STFE）

中进行选择。

6.2.2 变量选取与数据说明

6.2.2.1 变量选取

广义农业技术进步（*GTE*）和狭义农业技术进步（*NTE*）。本书利用软件 Maxdea 7Ultra 测算了 2008~2016 年中国 30 个省份农业生产活动的 *Malmquist* 指数（包括衡量广义农业技术进步的 TFP 和衡量狭义农业技术进步的 TG），但这一指数为环比改进指数，为了回归分析的需要，在此借鉴邱斌等（2008）、程惠芳和陆嘉俊（2014）、李晓龙和冉光和（2018）的思路，将表征农业技术进步的环比改进指数调整成定比改进指数，即令 2008 年的农业技术进步为 1，用 2008~2009 年的 Malmquist 指数乘以 2008 年的农业技术进步可得 2009 年的农业技术进步，以此类推可以得到 2008~2016 年的农业技术进步数据。本章其余变量的选取依据和数据说明与第 5 章基本一致，在此不再赘述。

6.2.2.2 数据说明

测算农业技术进步所用到的农业播种面积、第一产业从业人员、农用化肥（氮肥、磷肥、钾肥和复合肥）施用量、农业机械总动力以及第一产业增加值等数据来源于各年度《中国统计年鉴》和《中国农村统计年鉴》，为了确保统计数据的可比性，本书以 2008 年作为基期，对第一产业增加值做了平减处理。本章主要借助 Stata13.1 软件进行数据处理和回归，表 6-1 列示了广义农业技术进步和狭义农业技术进步两个变量的描述性统计结果。

表 6-1　变量描述性统计

变量	观测值	均值	标准差	最小值	最大值
GTE	270	1.1515	0.1556	0.8152	1.7524
NTE	270	1.1948	0.1382	1.0000	1.5145

6.3　经验检验与结果分析

6.3.1　传统计量检验与结果分析

在对静态面板数据模型进行估计之前，本书首先进行多重共线性检验。从检验结果来看，整体回归模型的方差膨胀因子（VIF）总值为 2.25，单个解释变量的 VIF 值最大为 4.11，远低于临界值（10），这表明解释变量之间不存在多重共线性问题，可以展开下一步分析。在对静态面板数据模型进行估计时，需要对模型设定的具体形式进行选择，主要包括三种：混合效应模型（POLS）、随机效应模型（RE）以及固定效应模型（FE）。本书利用 F 检验、LM 检验和 Hausman 检验进行综合判定。从检验的结果来看①，F 检验、LM 检验和 Hausman 检验均在 1% 的显著性水平上拒绝了原假设，说明固定效应模型最为合适，因此，本书采用 FE 方法对模型进行了估计。进一步地，本书对面板模型进行了异方差检验（Wald 检验）和自相关检验（Wooldrige 检验）。两项检验的 P 值均为 0.0000，强烈拒绝"不存在异方差"和"不存在自相关"的原假设，说明面板模型存在明显的异方差和自相关，为此，本书进一步采用 PCSE 方法和 FGLS 方法对静态面板模型进行重新估计。而在对动态面板数据模型进行估计时，结合前文的估计方法说明，本书采用了 SYS-GMM 方法。综上所述，采用 FE 方法、PCSE 方法、FGLS 方法以及 SYS-GMM 方法的估计结果如表 6-2 所示。

表 6-2　传统计量检验结果

	FE （1）	PCSE （2）	FGLS （3）	SYS-GMM （4）
GTE	2.1957 *** （9.16）	1.9115 *** （7.38）	1.9179 *** （13.30）	1.1544 *** （5.69）

---

① 限于篇幅，这里省略了检验结果。

续表

	FE （1）	PCSE （2）	FGLS （3）	SYS-GMM （4）
GOV	1. 4238 *** （5. 20）	1. 3423 *** （5. 85）	1. 5150 *** （8. 48）	0. 8699 *** （4. 64）
URB	0. 6654 （0. 90）	3. 2275 *** （3. 78）	1. 9976 *** （5. 30）	1. 4273 *** （3. 88）
ENT	2. 7346 （1. 64）	6. 0454 *** （3. 29）	7. 3554 *** （8. 26）	3. 6374 *** （3. 07）
HUM	− 0. 1678 * （− 1. 73）	0. 0549 （0. 99）	0. 1317 *** （3. 39）	0. 1082 ** （2. 03）
FRA	1. 5733 *** （3. 21）	0. 5172 *** （5. 76）	0. 4149 *** （7. 41）	0. 2539 *** （5. 18）
L. CON	—	—	—	0. 4562 *** （5. 11）
常数项	− 1. 5939 ** （− 1. 97）	− 3. 7926 *** （− 8. 25）	− 3. 8925 *** （− 11. 90）	− 2. 6470 *** （− 4. 31）
调整 R^2	0. 7430	0. 7615		
Wald 值	—	—	2801. 64 ***	—
AR （2） 检验	—	—	—	0. 4150
Hansen 检验	—	—	—	0. 2330
样本量	270	270	270	240

注：*** 、 ** 、 * 分别表示统计值在1%、5%、10%的显著性水平上显著。括号内为 t 统计量或 z 统计量。

　　从表6-2中 FE 方法和 PCSE 方法的估计结果来看，模型（1）和模型（2）的拟合优度（R^2）分别为 0.7430 和 0.7615，说明模型整体的拟合程度比较高，所得到的估计结果较为可靠。从 FGLS 方法的估计结果来看，模型（3）的 Wald 值均通过了 1% 的显著性水平检验，说明计量模型设定较为合理，估计结果具有较好的可信度。从 SYS-GMM 方法的估计结果可以看出，模型（4）中的 AR（2）检验说明一阶差分后的残差不存在二阶序列自相关性，Hansen 检验的 p 值明显大于 0.1，说明选取的工具变量是较为有效的，因此本书设定的动态面板模型基本合理。另外，模型（1）至模型（4）的估计结果不仅在方向上具有一致性，并且大多通过了显著性检验，这也表明模型估计结果具有较好的稳健性。从核心解释变量的估计结果来看，在不同估计方法下，农业技术进步（GTE）对农村产业融合发展影响系数的大小尽管有所波动，但在模型（1）至模型（4）中始终显著为正，说明农业技术进步对农村产业融合发展的正向作用是较为稳健的，即农业技术进步有利于提升农村产业融合发展水平，从而回应了本章实证研究的第一个问题。事实上，这与现实情况也十分吻合：在样本期内，整体上中国农业技术进步水平呈现出不断上升的趋势，与此同时，中国农村产业融合发展水平也在不断提高，也就是说，农业技术进步水平的上升促进了中国农村产业融合发展水平的增长。从其他控制变量的估计结果来看，其与第 5 章 5.3.1 节基本保持一致，在此不再赘述。

6.3.2　空间计量检验与结果分析

6.3.2.1　空间自相关检验

表 6-3 给出了 2008～2016 年中国农村产业融合发展水平的 Global Moran's I 指数测算结果。从表中可以看出，在样本期间，中国农村产业融合发展水平的 *Global Moran's I* 指数均显著为正，且均通过了 1% 的显著性水平检验。这充分表明，样本期间中国农村产业融合发展水平存在明显的空间自相关性，即农村产业融合发展水平并非随机分布，而是随着相邻区域农村产业融合发展水平的变动，表现出较强的空间关联特征。地理空间分布是影响中国农村产业融合发展水平的重要因素，这不仅回应了本章实证研究的第二个问题，同时也为接下来研究农业技术进步对中国农村产业融合发展影响的空间溢出效应提供了计量依据。

表 6-3　**2008～2016 年中国农村产业融合发展水平的 *Global Moran's I* 指数测算结果**

年份	I	E (I)	sd (I)	z	p-value
2008	0.380	−0.034	0.116	3.564	0.000
2009	0.449	−0.034	0.117	4.134	0.000
2010	0.457	−0.034	0.116	4.225	0.000
2011	0.490	−0.034	0.116	4.515	0.000

续表

年份	I	$E(I)$	$sd(I)$	z	p-$value$
2012	0.506	−0.034	0.117	4.618	0.000
2013	0.498	−0.034	0.117	4.537	0.000
2014	0.513	−0.034	0.118	4.623	0.000
2015	0.515	−0.034	0.119	4.636	0.000
2016	0.389	−0.034	0.121	3.487	0.000

本书进一步引入 *Local Moran* 散点图，以检验局部地区农村产业融合发展水平是否在地理空间上趋于集群。以 2008 年和 2016 年的数据为例，利用 Stata13.1 软件绘制出了地理邻接空间权重下，中国农村产业融合发展水平的 *Local Moran* 散点图，详见图 6-1。从图 6-1 中可以看出，中国农村产业融合发展水平存在显著的空间关联性，在地理空间分布上形成了高、低不同的集群区域。总的来看，农村产业融合发展水平的两个高值集群区主要位于东部地区，且分别以北京和江苏为中心，周边省份农村产业融合发展水平普遍较高；而农村产业融合发展水平的低值集群区则主要位于中西部地区，这些省份农村产业融合发展水平普遍较低。与此同时，从图中可以看出，相比 2008 年，农村产业融合发展水平在地理空间上的集群程度在 2016 年有了一定提高。

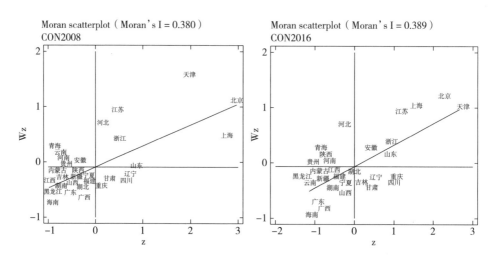

图 6-1　2008 年和 2016 年农村产业融合发展水平的 *Local Moran* 散点图

6.3.2.2　空间计量结果分析

表 6-4 报告了空间杜宾模型（SDM）的估计结果。空间面板计量模型分为随机效应（RE）和固定效应（FE），可以利用豪斯曼（Hausman）检验在固定效应与随机效应之间进行选择。Hausman 检验的结果显示，统计量为 16.59，在 5% 的显著性水平上拒绝"随机效应模型更优"的原假设，因此，可以认为固定效应模型要优于随机效应模型。针对空间和时间两类非观测效应不同控制的情况下，固定效应模型又包括了三种类型：空间固定效应模型（SFE）、时间固定效应模型（TFE）以及时空固定效应模型（STFE）。通过比较三类模型的拟合优度检验（R^2）、赤池信息准则（AIC）以及贝叶斯信息准则（BIC）指标可以发现，模型（2）的 R^2 相对最高（0.7521），模型（4）的 AIC 和 BIC 均为最小，且其 R^2 也比较高（0.7502），因此，根据 Anselin（2008）的判断准则，可以认为模型（4）的估计结果是相对最优的，即本书最终采用时空固定效应模型（STFE）进行空间计量分析。接下来，本书的实证结果分析也以模型（4）为主。

表 6-4　空间杜宾模型回归结果

	RE （1）	SFE （2）	TFE （3）	STFE （4）
GTE	1.3823 *** （4.48）	1.5213 *** （5.16）	1.0053 ** （2.41）	1.5878 *** （5.38）
GOV	1.0651 *** （3.63）	0.7888 *** （2.59）	0.7071 ** （2.30）	0.9458 *** （2.97）
URB	1.2950 ** （1.97）	0.1180 （0.17）	2.6306 *** （5.47）	0.7808 （1.01）
ENT	4.1975 *** （2.91）	2.2458 （1.47）	5.2946 *** （3.79）	2.7003 * （1.76）
HUM	−0.0626 （−0.72）	−0.1112 （−1.25）	0.0067 （0.11）	−0.1136 （−1.25）
FRA	0.7663 *** （3.21）	1.1568 ** （2.52）	0.3445 *** （3.56）	1.2512 *** （2.72）
W×GTE	0.1910 （0.42）	0.8175 * （1.77）	0.6468 （0.94）	1.3177 ** （2.41）

续表

	RE （1）	SFE （2）	TFE （3）	STFE （4）
常数项	−1.8161** （−2.46）	—	—	—
ρ	0.2446*** （3.05）	0.1491* （1.82）	0.4951*** （8.19）	0.1440* （1.71）
调整 R^2	0.7410	0.7521	0.7158	0.7502
AIC	239.0729	89.1534	476.9364	82.3633
BIC	278.6555	121.5392	509.3222	114.7491
样本量	270	270	270	270

注：***、**、*分别表示统计值在1%、5%、10%的显著性水平上显著。括号内为t统计量或z统计量。

从表6-4中可以看出，空间自回归系数 ρ 在10%的水平上显著为正，表明中国各省份农村产业融合发展水平存在明显的空间自相关性，这与前文 Global Moran's I 指数和 Local Moran 散点图的结论一致，同时也表明空间面板计量模型的设定较为合理。因此，在制定农业技术进步促进农村产业融合发展政策时应充分考虑地域空间因素，通过技术要素的空间有效配置形成新的增长点，带动相邻地区农村产业融合协同发展。从农业技术进步（GTE）的估计结果来看，其回归系数为1.5878，并通过了1%的显著性水平检验，表明农业技术进步的确促进了中国农村产业融合发展水平的提升，这与传统计量模型的检验结果一致，再次回应了本章实证研究的第一个问题。同时，SDM 给出了农业技术进步空间滞后项（W×GTE）的估计结果，该系数在5%的显著性水平上显著为正（1.3177），说明一个地区农村产业融合发展水平的提升，不仅受本地区农业技术进步的直接影响，还受到周边相邻省份农业技术进步的积极影响。当然，空间溢出效应的大小并不能直接通过空间滞后项（W×GTE）反映出来（LeSage and Pace，2010），本书接下来将进一步对 SDM 进行分解。

为了准确估算农业技术进步的空间溢出效应，本书借鉴 LeSage 和 Pace（2010）的方法，进一步将 SDM 的边际效应分解为直接效应（Direct Effects）、间接效应（Indirect Effects）与总效应（Total Effects），而空间溢出效应可用间接效应来衡量。表6-5报告了所有变量的直接效应、间接效应和总效应。其中，农业技术进步直接效应的系数为1.6377，且通过了1%的显著性水平检验，表明农业技术进步显著地提升了本地区农村产业融合发展水平。值得注意的是，这里农业技术进步的直接效应与表 6-4 中农业技术进步的系数有着细微的差异，其原因在于反馈效应①的作用（Elhorst，2014）。从空间溢出效应来看，农业技术进步的间接效应系数为 1.7729，并且在 1% 的水平上显著。这表明农业技术进步对农村产业融合发展的影响存在显著的空间溢出效应，一个地区的农业技术进步还将有利于相邻地区农村产业融合发展水平的提升，也反映出农业技术进步确实具有一定的技术扩散性，并回应了本章实证研究的第三个问题。从总效应来看，其为直接效应与间接效应之和，这里农业技术进步的总效应在 1% 的水平上显著为正，说明在考虑农业技术进步的技术扩散效应之后，农业技术进步总体上有利于促进农村产业融合发展水平的提升。从其他控制变量的分解结果来看，间接效应并未通过显著性水平检验，限于篇幅和研究重点，这里不再对其进行赘述。

表 6-5　空间溢出效应分解结果

变量	直接效应	间接效应	总效应
GTE	1.6377 ***	1.7729 ***	3.4107 ***
	(6.64)	(2.90)	(5.58)
GOV	0.9583 ***	0.1587	1.1169 ***
	(3.14)	(1.52)	(3.13)
URB	0.8465	0.1613	1.0078
	(0.98)	(0.78)	(0.97)
ENT	2.9682 *	0.4815	3.4496 *
	(1.92)	(1.29)	(1.92)
HUM	−0.0998	−0.0166	−0.1164
	(−1.07)	(−0.75)	(−1.05)
FRA	1.2787 ***	0.2223	1.5010 **
	(2.58)	(1.23)	(2.44)

注：***、**、* 分别表示统计值在 1%、5%、10% 的显著性水平上显著。括号内为 t 统计量或 z 统计量。

———————————

① 由于内生交互效应 W×CON 的存在，这些交互效应产生了反馈效应，即影响邻近地区的农村产业融合发展水平的这种效应会传递到周边的邻近地区，且把源于邻近地区的变化的影响传回本地区。本书农业技术进步变量的直接效应为 1.6377，而其系数估计为 1.5878，说明其反馈效应为 0.0499。

6.3.3 稳健性检验

为了确保本章上述估计结果的有效性，本书还作了如下稳健性检验：①替换核心解释变量。上文的农业技术进步为广义农业技术进步（GTE），即农业全要素生产率（TFP），稳健性检验利用狭义农业技术进步（NTE），即农业前沿技术进步指数（TG）重新进行了检验。②替换被解释变量。与前文利用综合指数法测算农村产业融合发展水平相比，谭明交（2016）利用协调发展系数方法，在分别计算农村产业化实际值和理想值的基础之上，测算了2005～2014年各省份农村产业融合发展系数。本书基于谭明交（2016）的测算结果，采用移动平均预测法，获得了2015年和2016年各省份农村产业融合发展系数，进而利用2008～2016年各省份农村产业融合发展系数进行了稳健性检验。③替换空间权重矩阵。上文的空间计量是基于地理邻接空间矩阵的估计结果，考虑到实证结果的稳健性，本书进一步采用地理距离空间矩阵进行了稳健性检验。表6-6列示了稳健性检验的详细结果，从中可以发现，农业技术进步的主效应、直接效应、间接效应以及总效应的估计系数除数值大小外，其符号和显著性并无本质性变化，说明本章上述研究结论是具有可靠性和稳健性的。

表6-6 稳健性检验结果

	主效应	直接效应	间接效应	总效应
替换核心解释变量				
NTE	0.6932 (1.18)	0.8353 * (1.72)	3.2013 *** (2.99)	4.0366 *** (3.81)
W×NTE	2.3999 *** (2.69)			
ρ	0.2302 *** (2.84)			
调整 R^2	0.7045			
替换被解释变量				
GTE	0.0103 (0.51)	0.0285 * (1.70)	0.2006 *** (3.83)	0.2291 *** (4.02)

续表

	主效应	直接效应	间接效应	总效应
替换被解释变量				
$W \times GTE$		0.0672 **		
		(2.29)		
ρ		0.6745 ***		
		(14.68)		
调整 R^2		0.9276		
替换空间权重矩阵				
GTE	1.0222 **	1.0981 ***	2.0446 **	3.1428 ***
	(2.47)	(3.24)	(2.35)	(3.57)
$W \times GTE$		1.5613 **		
		(2.30)		
ρ		0.2066 ***		
		(2.59)		
调整 R^2		0.8409		
样本量		270		

注：***、**、* 分别表示统计值在 1%、5%、10% 的显著性水平上显著。括号内为 t 统计量或 z 统计量。为了节省篇幅，这里没有列示控制变量回归结果以及相关检验结果。

6.4　进一步讨论：农村产业融合发展的空间收敛性分析

收敛是内生经济增长理论中的一个重要概念，表示人均产出或收入的增长率与其初始水平负相关，这样不同区域的经济水平在长期内就会趋同（Barro and Sala-I-Martin，1991）。基于第 4 章的现状分析可以发现，中国农村产业融合发展水平存在明显的区域差异，但这种差异正在不断缩小，事实上，这也初步表明中国农村产业融合发展水平存在一定的收敛性。当然，为了得到更为可靠的结论，本书将进一步构建收敛模型进行严谨的实证检验。与此同时，考虑到中国农村产业融合发展水平存在显著的空间自相关性，那么在传统收敛模型中引入空间效应之后，中国农村产业融合发展水平是否依旧存在收敛性？此外，由于农业技术进步存在空间溢出效应，那么农业技术进步是否促进了中国农村产业融合发展的空间收敛？有关这些问题的解答，无疑有助于丰富对农业技术进步与农村产业融合发展之间关系的认识。

6.4.1 空间收敛模型设定与估计方法

6.4.1.1 传统收敛模型

目前，β 绝对收敛模型与 β 条件收敛模型是研究收敛问题最常用的两个模型。其中，β 绝对收敛模型表示各个地区的农村产业融合发展均会达到相同的稳态增长速度与增长水平，为此设定的模型形式如下：

$$\frac{\ln(CON_{iT}/CON_{i0})}{T} = \alpha + \beta \ln CON_{i0} + \varepsilon_{it} \qquad (6.6)$$

式中，CON_{i0} 为各地区期初的农村产业融合发展水平；CON_{iT} 为期末的农村产业融合发展水平；T 表示观察期的时间跨度；α 表示常数项；β 表示收敛系数，$\beta = -(1 - e^{-\eta T})$，$\eta$ 表示收敛速度；ε 表示随机误差项。若 $\beta < 0$，则表明地区之间的农村产业融合发展存在 β 绝对收敛，反之则表明地区之间的农村产业融合发展存在发散状态。

β 条件收敛模型指的是在 β 绝对收敛模型的基础之上，进一步引入其他控制变量的一种收敛方法，意味着各个地区的农村产业融合发展由于某些条件的不同而收敛于各自的稳定状态，模型形式为：

$$\frac{\ln(CON_{iT}/CON_{i0})}{T} = \alpha + \beta \ln CON_{i0} + \theta Control_{it} + \varepsilon_{it} \qquad (6.7)$$

式中，$Control$ 表示控制变量组（包括农业技术进步、政府财政支持、城镇化进程、农村创业活跃度、农村人力资本以及地区基础设施等），θ 表示控制变量的系数。传统收敛模型一般采用最小二乘法估计（OLS）即可。

6.4.1.2 考虑空间效应的收敛模型

考虑到农村产业融合发展水平存在明显的空间自相关性，本书进一步在传统 β 收敛模型中引入空间效应，并尝试建立空间误差收敛模型对农村产业融合发展的收敛性进行研究[1]。同理，空间误差收敛模型包括 β 绝对收敛和 β 条件收敛的空间误差模型（郑强，2017），其具体形式如下：

$$\frac{\ln(CON_{iT}/CON_{i0})}{T} = \alpha + \beta \ln CON_{i0} + \varepsilon_{it},$$

$$\varepsilon_{it} = \lambda W + u, \ u \sim N(0, \ \sigma^2 I) \qquad (6.8)$$

$$\frac{\ln(CON_{iT}/CON_{i0})}{T} = \alpha + \beta \ln CON_{i0} + \theta Control_{it} + \varepsilon_{it},$$

$$\varepsilon_{it} = \lambda W + u, \ u \sim N(0, \ \sigma^2 I) \qquad (6.9)$$

其中，β 为收敛系数，如果 $\beta < 0$，则说明在考虑空间效应之后，地区间的农村产业融合发展存在 β 绝对收敛（或 β 条件收敛），反之则说明地区间的农村产业融合发展存在发散状态；λ 为空间误差系数，μ 为随机扰动项，W 表示空间权重矩阵，这里设定为地理邻接空间矩阵。空间收敛模型的估计方法与本章6.2.1 节一致。

6.4.2　空间收敛模型估计与结果分析

利用上述式（6.11）、式（6.12）及其对应的估计方法，本书对空间收敛模型进行回归，详细结果如表 6-7 和表 6-8 所示。表 6-7 和表 6-8 的 *Hausman* 检验结果显示，其统计量分别为 15.61 和 45.29，且分别在 5% 和 1% 的显著性水平上拒绝原假设，因此均应该选择固定效应模型。进一步地，针对空间和时间两类非观测效应不同控制的情况下，固定效应模型又包括了三种类型：空间固定效应模型、时间固定效应模型以及时空固定效应模型。通过比较三类模型的拟合优度检验（R^2）、赤池信息准则（AIC）以及贝叶斯信息准则（BIC）指标可以发现，本书对表6-7 的分析以时空固定效应模型（STFE）为主，对表6-8 的分析以空间固定效应模型（SFE）为主。

---

[1]　之所以构建空间误差收敛模型，是因为一个地区对其他地区的关联性比较复杂，只依靠农业技术进步、政府财政支持、城镇化进程、农村创业活跃度、农村人力资本以及地区基础设施等指标可能难以完全抓住所有的影响因素，其他可能影响地区农村产业融合发展且具有空间关联性的因素便进入到了实证模型的误差项之中，进而造成模型的随机误差项呈现出较强的空间关联性（潘文卿，2012）。

表 6-7 空间误差收敛估计结果（β 绝对收敛）

	RE (1)	SFE (2)	TFE (3)	STFE (4)
β	-0.0627*** (-3.75)	-0.2651*** (-4.92)	-0.0611*** (-3.70)	-0.4544*** (-8.45)
常数项	0.1401*** (9.36)	—	—	—
ρ	0.3830*** (5.21)	0.5044*** (6.45)	0.2900*** (3.61)	0.2599*** (3.18)
调整 R^2	0.0845	0.0845	0.0845	0.0845
AIC	-253.7144	-295.8933	-269.1245	-338.3069
BIC	-236.3112	-285.4514	-258.6825	-327.8649
样本量	240	240	240	240

表 6-8 空间误差收敛估计结果（β 条件收敛）

	RE (1)	SFE (2)	TFE (3)	STFE (4)
β	-0.1104*** (-4.34)	-0.4041*** (-7.59)	-0.1037*** (-4.14)	-0.4876*** (-8.74)
GTE	0.1509* (1.87)	0.4665*** (3.57)	0.1348 (1.41)	0.1362 (0.99)
GOV	0.0129 (0.18)	0.1084 (0.81)	0.0131 (0.18)	-0.2997** (-1.98)
URB	0.2222* (1.72)	0.1872 (0.53)	0.2342* (1.86)	-0.4239 (-1.13)
ENT	-0.2760 (-0.80)	-0.6502 (-0.92)	-0.3234 (-0.92)	-1.3588* (-1.92)
HUM	0.0026 (0.16)	0.0508 (1.06)	0.0036 (0.22)	0.1004** (2.24)
FRA	0.0546* (1.85)	0.4223* (1.77)	0.0491* (1.77)	0.0900 (0.38)
常数项	-0.2004 (-1.19)	—	—	—

续表

	RE （1）	SFE （2）	TFE （3）	STFE （4）
ρ	0. 3710 *** （5. 05）	0. 3830 *** （4. 91）	0. 2819 *** （3. 51）	0. 1946 ** （2. 16）
调整 R^2	0. 1968	0. 2039	0. 1951	0. 0858
AIC	−252. 4426	−306. 8975	−267. 2639	−337. 3815
BIC	−214. 1555	−275. 5719	−235. 9381	−306. 0558
样本量	240	240	240	240

注：***、**、* 分别表示统计值在 1%、5%、10%的显著性水平上显著。括号内为 t 统计量或 z 统计量。

从表 6-7 来看，在 β 绝对收敛模型中，收敛系数 β 显著为负 （−0. 2651），且通过了 1%的显著性水平检验，这表明中国省际农村产业融合发展水平存在十分明显的 β 绝对收敛。进一步对比表 6-8 可以发现，与 β 绝对收敛模型结果相比，β 条件收敛模型在引入相关控制变量后，其拟合优度 R^2 有了明显提高，这也意味着 β 条件收敛模型的解释力相对更强。与此同时，收敛系数 β 在 β 条件收敛模型中依旧显著为负，表明中国省际农村产业融合发展水平存在明显的 β 条件收敛，即中国各省份农村产业融合发展水平的差异呈现逐步缩小的趋势。从控制变量的估计结果来看，农业技术进步 （GTE） 的估计系数显著为正，且通过了 1%的显著性水平检验，说明农业技术进步促进了中国农村产业融合发展水平的提升，且对地区间的收敛过程起着明显的正向促进作用。地区基础设施 （FRA） 的完善也有利于中国农村产业融合发展水平的趋同，而其他因素对中国农村产业融合发展水平收敛的影响则不确定。

6.5　本章小结

本章基于引言部分提出的农业技术进步影响农村产业融合发展的三个主要实证问题，利用 2008~2016 年中国省际面板数据，并综合采用传统计量方法 （FE、PCSE、FGLS 和 SYS-GMM） 和空间计量方法对上述问题进行了实证检验。传统计量结果表明，中国农村产业融合发展与农业技术进步呈现出明显的正相关关系，即农业技术进步显著促进了中国农村产业融合发展水平的提升。空间自相关性检验结果表明，中国农村产业融合发展水平在空间分布上具有明显的自相关性，即农村产业融合发展不是随机发生的，而是随着与之具有相近空间特征的区域农村产业融合发展的影响，表现出极强的空间关联特征，地理位置是否相邻是影响中国农村产业融合发展的重要因素。空间计量结果则发现，一个地区的农业技术进步不仅有利于提升本地区农村产业融合发展水平，还会通过空间溢出效应促进周边相邻地区农村产业融合发展水平的提升，即农业技术进步存在一定的技术扩散效应。此外，中国农村产业融合发展水平还存在明显的 β 绝对收敛和 β 条件收敛，且农业技术进步对中国农村产业融合发展水平的收敛产生了显著的促进作用。

第7章

农村金融深化影响农村产业融合发展的传导机制检验
——基于农业技术进步的视角

前两章的研究结果表明，农村金融深化和农业技术进步均是促进中国农村产业融合发展的重要因素。但与此同时，农业技术进步和技术创新能力的提升也需要大量的资金投入，即农业技术进步本身离不开农村金融深化的支持。这又引出了另外一个重要问题，即农村金融深化除了对农村产业融合发展具有直接的促进作用外，是否还会通过促进农业技术进步对农村产业融合发展产生间接影响？为规范检验此问题，本章尝试构建交互作用模型和中介效应模型，从农业技术进步的视角，检验农村金融深化影响农村产业融合发展的传导机制。此外，本书还将利用面板门槛模型，进一步讨论农村金融深化、农业技术进步与农村产业融合发展之间可能存在的非线性门槛关系。

7.1 引言

第3章的作用机理分析初步表明，农村金融深化可以显著促进农业技术进步。并且在实证研究领域，也有一些文献就农村金融深化对农业技术进步的影响进行了经验印证。其中，绝大多数文献支持农村金融深化对农业技术进步的正向促进作用，如李志平（2012）研究发现，农村金融深化对农业技术进步的正向作用十分明显，增加农村金融信贷服务规模、完善农村金融市场的竞争机制均有助于提升农业技术进步水平；肖干和徐鲲（2012）、刘玉春和修长柏（2014）研究发现，农村金融发展的结构、规模以及效率均显著促进了农业科技进步贡献率的提升；周邦瑶（2014）实证发现，金融支持显著促进了农业技术进步,而金融体系改革对于金融支持影响农业技术进步的机制不仅存在正向的水平效应,同时还存在正向的结构效应;蒋淇威和夏维力(2017)研究证实,农村金融发展对农业技术进步有直接作用和间接作用,其中间接作用主要是通过农业企业和农户这些市场化的农业技术进步主体得以实现;陈径天等(2018)的实证研究则指出,农村金融对农业技术进步的推动作用主要通过规模扩张实现。然而,也有学者认为农村金融深化对农业技术进步的作用并不明显(曹冰玉和雷颖,2010;张乐柱等,2015)。由此,已有文献实证结论的明显分歧也为本章实证研究提供了第一个问题切入点:农村金融深化对农业技术进步究竟存在何种影响?

目前,已有一些学者从技术进步的视角,探讨了金融发展对产业结构升级的传导机制。如钱水土和周永涛(2011)基于2000~2008年中国省际数据,运用两步SYS-GMM估计方法检验了金融发展、技术进步与产业升级三者之间的关系,结果发现,在控制了相关变量后,金融发展一方面对产业结构升级产生了直接促进作用,另一方面则通过促进技术进步对产业结构升级产生了间接促进作用。杨文华等(2013)运用PVAR模型的研究也发现,金融发展、技术进步与产业结构升级之间存在明显的非线性关系,金融发展显著促进了技术进步与产业结构升级,与此同时,技术进步也显著促进了产业结构升级。这可能意味着金融发展通过促进技术进步,进而带动了产业结构升级。此外,陶爱萍和盛蔚(2015)、杨秋海(2016)、汪上达(2017)等学者的研究也得到了类似结论。李媛媛和金浩(2013)则实证检验了金融创新对产业结构调整的作用机制,结果发现,金融创新可以通过促进技术进步,进而推动产业结构调整。那么,农村产业融合发展作为实现农村产业优化升级的重要途径,农村金融深化、农业技术进步与农村产业融合发展之间显然也可能存在上述作用机制。事实上,这也为本章实证研究提供了第二个问题切入点:农村金融深化是否通过促进农业技术进步,进而推动了农村产业融合发展?即农业技术进步是否是农村金融深化影响农村产业融合发展的重要传导机制?

现有以技术进步作为传导机制的文献中,普遍采用交互作用模型对传导机制进行检验。如苏基溶和廖进中(2009)通过将金融发展水平与国内研发投入、金融发展水平与国际技术溢出的交互项引入计量模型,考察了金融发展通过支持研发和提高技术吸收能力进而促进经济增长的传导机制。郭娟娟和李平(2016)通过控制出口技术复杂度与偏向型技术进步的交互作用后发现,偏向型技术进步是出口技术复杂度影响经济增长的重要传导机制。潘雄锋等(2017)

通过引入交互作用模型，检验了能源市场扭曲通过阻碍技术进步影响能源效率的传导机制。钱水土和李正茂（2018）利用交互作用模型实证发现，在考虑技术转移的情况下，适宜的金融结构可通过技术进步对产业结构升级产生较为显著的正向作用。然而，交互作用模型在检验传导机制时也存在一定缺陷。就本书而言，农村金融深化与农业技术进步的交互项系数显著为正的估计结果，极有可能仅仅源于中国农村金融部门的深化发展与农业生产部门的技术需求行为之间存在某种程度上的互动关系，而正是这种互动关系对农村产业融合发展水平提升产生了影响。换句话说，交互作用模型未必能够有效识别农村金融深化通过促进农业技术进步对农村产业融合发展所产生的积极作用，即揭示农村金融深化→农业技术进步→农村产业融合发展的传导机制。由此，这也为本章实证研究提供了第三个问题切入点：除了传统交互作用模型外，还可以利用何种模型与方法来验证农村金融深化影响农村产业融合发展的传导机制？

鉴于此，本章利用 2008～2016 年中国省际宏观面板数据，在客观测度农村金融深化程度、农业技术进步水平以及农村产业融合发展水平综合指数的基础上，首先采用交互作用模型检验农村金融深化是否通过促进农业技术进步而影响农村产业融合发展；进一步地，利用中介效应模型检验农村金融深化→农业技术进步→农村产业融合发展的传导机制。此外，本章还通过构建面板门槛模型，对农村金融深化、农业技术进步与农村产业融合发展之间可能存在的非线性门槛关系进行了探讨。

7.2 实证研究设计

7.2.1 模型设定与估计方法

7.2.1.1 计量模型

7.2.1.1.1 交互作用模型

为了检验农村金融深化是否通过促进农业技术进步而影响农村产业融合发展，本书首先借鉴 Rajan 和 Zingales（1998）及吕朝凤（2015）的研究思路，通过构建传统交互作用模型来进行定量识别。具体而言，基于第6章式（6.1）和式（6.2）的模型设定，同时引入农村金融深化与农业技术进步的交互项（即乘积项）作为关键解释变量，进一步设定了如下两个交互作用模型：

$$CON_{it} = \alpha_0 + \alpha_1 TE_{it} + \alpha_2 FIN_{it} \times TE_{it} + \lambda Control_{it} + \mu_i + \varepsilon_{it} \quad (7.1)$$

$$CON_{it} = \beta_0 + \beta_1 CON_{i,t-1} + \beta_2 TE_{it} + \beta_3 FIN_{it} \times TE_{it} + \varphi Control_{it} + \eta_i + \varphi_{it}$$
$$(7.2)$$

其中，TE_{it} 表示农业技术进步，包括广义农业技术进步（GTE_{it}）与狭义农业技术进步（NTE_{it}）；$FIN_{it} \times TE_{it}$ 表示农村金融深化与农业技术进步的交互项，包括农村金融深化与广义农业技术进步、农村金融深化与狭义农业技术进步两个交互项，分别由 $FIN_{it} \times GTE_{it}$ 和 $FIN_{it} \times NTE_{it}$ 表示。如果交互项的估计系数显著为正，说明一个地区的农村金融深化程度越高，农业技术进步对农村产业融合发展水平的促进效应越显著。由此则可以证实农村金融深化的确会通过促进农业技术进步而提升农村产业融合发展水平。

7.2.1.1.2　中介效应模型

为了尽可能地弥补交互作用模型可能存在的缺陷，本书进一步利用 Baron 和 Kenny（1986）提出的中介效应检验方法，构建了如下依次递归模型：

第一步：验证农村金融深化是否提升了农村产业融合发展水平。

$$CON_{it} = \alpha_0 + \alpha_1 FIN_{it} + \lambda Control_{it} + \mu_i + \varepsilon_{it} \quad (7.3)$$

$$CON_{it} = \beta_0 + \beta_1 CON_{i,t-1} + \beta_2 FIN_{it} + \varphi Control_{it} + \eta_i + \varphi_{it} \quad (7.4)$$

第二步：验证农村金融深化是否促进了农业技术进步。

$$TE_{it} = \chi_0 + \chi_1 FIN_{it} + \theta Control_{it} + \pi_i + \tau_{it} \quad (7.5)$$

$$TE_{it} = \delta_0 + \delta_1 TE_{i,t-1} + \delta_2 FIN_{it} + \vartheta Control_{it} + \omega_i + \xi_{it} \quad (7.6)$$

第三步：如果上述影响均显著存在，再将农村金融深化和农业技术进步同时放入模型进行回归。

$$CON_{it} = \gamma_0 + \gamma_1 FIN_{it} + \gamma_2 TE_{it} + \varphi Control_{it} + \psi_i + \upsilon_{it} \quad (7.7)$$

$$CON_{it} = \sigma_0 + \sigma_1 CON_{i,t-1} + \sigma_2 FIN_{it} + \sigma_3 TE_{it} + \kappa Control_{it} + \bar{\omega}_i + \zeta_{it}$$
$$(7.8)$$

具体而言，在第一步的计量模型（7.3）中，如果农村金融深化变量的回归系数 α_1 显著为正，这就意味着中国农村金融深化对农村产业融合发展造成了积极影响；在第二步的计量模型（7.5）中，如果农村金融深化变量的回归系数 χ_1 显著为正，说明中国农村金融深化对农业技术进步造成了积极影响；

如果以上两步结果成立，在第三步的计量模型（7.7）中，如果农村金融深化和农业技术进步的回归系数 γ_1 和 γ_2 都显著为正，而且系数 γ_1 与系数 α_1 的绝对值相比出现了下降，表明存在部分性质的中介效应。若只是系数 γ_2 显著，而系数 γ_1 不显著，则说明农业技术进步起到了完全中介的作用。动态面板计量模型（7.4）、模型（7.6）、模型（7.8）的分析逻辑与此类似，这里不再赘述。由此，则可以准确识别农村金融深化→农业技术进步→农村产业融合发展的传导机制。

7.2.1.2　估计方法

针对上述静态面板模型和动态面板模型的估计方法，与第 5 章 5.2.1 节中的估计方法基本一致，在此不再详述。

7.2.2　变量选取与数据说明

在中介效应模型第二步检验中，除农村金融深化外，农业技术进步还受到其他一些因素的影响，如政府财政支持、农村人力资本、农村固定资产投资以及农业受灾率等。这里的农村固定资产投资（FIX）用农村人均固定资产投资来表示，并利用价格指数进行了平减处理，相关数据来源于各年份《中国固定资产投资统计年鉴》；农业受灾率（DIS）用各地区受灾面积与耕地总面积之比来表示，相关数据来源于各年份《中国农村统计年鉴》。本章涉及的其余变量选取和数据说明与第 5 章和第 6 章基本一致，在此不再赘述。

7.2.3　典型化事实

图 7-1 汇报了农村金融深化通过促进农业技术进步影响农村产业融合发展的典型事实。从二维散点图及回归的拟合趋势线不难看出，所有拟合趋势线的斜率均为正，不论是采用广义农业技术进步还是狭义农业技术进步来度量农业技术进步，农村金融深化与农业技术进步之间存在明显的正相关关系；与此同时，农业技术进步与农村产业融合发展也存在明显的正相关关系。由此可见，提升农村金融深化程度有利于促进农业技术进步，从而加速农村产业融合发展。当然，以上结论只是典型事实的初步刻画，为了获得更加稳健、可靠的结论，有必要进一步运用计量模型分析方法进行实证检验。

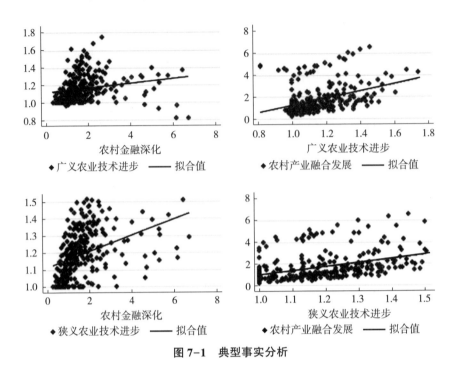

图 7-1　典型事实分析

7.3　经验检验与结果分析

7.3.1　交互作用模型检验结果分析

表 7-1 报告了交互作用模型检验结果。其中，模型（1）至模型（3）是分别采用 PCSE 方法、FGLS 方法以及 SYS-GMM 方法时，包含农村金融深化与广义农业技术进步交互项的回归结果，模型（4）至模型（6）则是对应的包含农村金融深化与狭义农业技术进步交互项的回归结果。从表中 PCSE 方法的估计结果来看，模型（1）和模型（4）的拟合优度（R^2）分别为 0.7649 和 0.7473，说明模型整体的拟合程度比较高，所得到的估计结果较为可靠。从FGLS 方法的估计结果来看，模型（2）和模型（5）的 Wald 值均通过了 1% 的显著性水平检验，表明计量模型的设定较为合理，估计结果具有可信性。从

SYS-GMM 方法的估计结果可以看出，模型（3）和模型（6）中的 AR（2）检验分别为 0.2250 和 0.3800，说明一阶差分后的残差不存在二阶序列自相关性，同时，Hansen 检验的 P 值分别为 0.9130 和 0.9070，均明显大于 0.1，说明选取的工具变量是较为有效的，因而本书构建的动态面板模型基本合理。

表 7-1　交互作用检验结果

	GTE			NTE		
	PCSE (1)	FGLS (2)	SYS-GMM (3)	PCSE (4)	FGLS (5)	SYS-GMM (6)
FIN×GTE	0.1091 ** (2.55)	0.1331 *** (4.20)	0.0582 *** (3.74)	—	—	—
GTE	1.5442 *** (5.67)	1.4705 *** (8.64)	0.5294 *** (6.33)	—	—	—
FIN×NTE	—	—	—	0.0708 * (1.70)	0.1008 *** (3.39)	0.0431 *** (3.58)
NTE	—	—	—	1.3901 *** (4.28)	1.0688 *** (5.15)	0.4853 *** (6.71)
GOV	1.0128 *** (3.98)	0.9659 *** (4.94)	0.4067 *** (6.81)	0.7451 *** (2.81)	0.7837 *** (4.32)	0.4961 *** (5.96)
URB	2.9597 *** (3.25)	1.6078 *** (3.94)	0.6050 * (1.86)	3.3396 *** (3.55)	2.2479 *** (5.12)	0.8142 ** (1.96)
ENT	5.3039 *** (3.06)	7.4087 *** (8.43)	0.0929 (0.23)	5.7180 *** (3.12)	7.3401 *** (7.56)	2.1341 *** (2.67)
HUM	0.0246 (0.44)	0.0799 ** (2.01)	0.1791 *** (4.38)	0.0089 (0.15)	0.0653 (1.56)	0.0940 * (1.87)
FRA	0.5929 *** (6.63)	0.4689 *** (7.97)	0.1292 *** (2.78)	0.6061 *** (6.45)	0.4750 *** (7.37)	0.2270 *** (4.63)
L.CON	—	—	0.7309 *** (17.85)	—	—	0.6065 *** (11.81)
常数项	−3.1462 *** (−5.54)	−2.9558 *** (−7.71)	−2.1564 *** (−8.19)	−3.0189 *** (−4.97)	−2.7111 *** (−6.39)	−1.5843 *** (−3.66)
调整 R^2	0.7649	—	—	0.7473	—	—
Wald 值	—	3182.72 ***	—	—	2338.45 ***	—

续表

	GTE			NTE		
	PCSE （1）	FGLS （2）	SYS-GMM （3）	PCSE （4）	FGLS （5）	SYS-GMM （6）
AR（2）检验	—	—	0.2250	—	—	0.3800
Hansen 检验	—	—	0.9130	—	—	0.9070
样本量	270	270	240	270	270	240

注：***、**、*分别表示统计值在1%、5%、10%的显著性水平上显著。括号内为 t 统计量或 z 统计量。

从模型（1）至模型（6）的回归结果可知，无论是广义农业技术进步（GTE）还是狭义农业技术进步（NTE），其对农村产业融合发展的影响系数均显著为正，再一次回应了第6章实证研究的第一个问题，即农业技术进步显著促进了农村产业融合发展。接下来，本书重点分析农村金融深化与农业技术进步的交互作用对农村产业融合发展的影响。从模型（1）至模型（3）的回归结果来看，农村金融深化与广义农业技术进步的交互项（FIN×GTE）对农村产业融合发展的影响系数至少在5%的水平上显著为正，说明一个地区的农村金融深化程度越高，越会加剧农业技术进步对农村产业融合发展的正向作用。模型（4）至模型（6）的回归结果显示，农村金融深化与狭义农业技术进步的交互项（FIN×NTE）对农村产业融合发展的影响系数至少在10%的水平上显著为正，说明农村金融深化可以强化农业技术进步对农村产业融合发展的正向作用。总的来看，上述两个交互项检验的结果表明农村金融深化会加剧农业技术进步对农村产业融合发展的正向作用，也就是说，在农村金融深化程度较高的地区，农业技术进步对农村产业融合发展的促进作用要大于农村金融深化程度较低的地区，从而也回应了本章实证研究的第二个问题，即农村金融深化通过促进农业技术进步进而推动了农村产业融合发展。

7.3.2　中介效应模型检验结果分析

7.3.2.1　第一步检验结果

表7-2报告了农村金融深化对农村产业融合发展的影响检验结果，这与第

5 章表 5-2 一致。从表中可以看出，无论是采用 PCSE 方法、FGLS 方法还是 SYS-GMM 方法，农村金融深化（FIN）的回归系数均在 1% 的水平上显著为正，这充分表明农村金融深化显著提升了中国农村产业融合发展水平，从而也验证了中介效应模型的第一步是成立的。

表 7-2　农村金融深化对农村产业融合发展的影响

	PCSE （1）	FGLS （2）	SYS-GMM （3）
FIN	0.1745 *** （2.75）	0.2295 *** （6.40）	0.1481 *** （3.66）
调整 R^2	0.7187	—	—
Wald 值	—	1452.32 ***	—
AR（2）检验	—	—	0.3330
Hansen 检验	—	—	0.1530
样本量	270	270	240

注：*** 表示统计值在 1% 的显著性水平上显著。为了节省篇幅，没有报告控制变量、被解释变量滞后项和常数项的估计结果。

7.3.2.2　第二步检验结果

表 7-3 报告了农村金融深化对农业技术进步的影响检验结果。从表中可以看出，无论是以广义农业技术进步（GTE）还是狭义农业技术进步（NTE）作为被解释变量，抑或是采用 PCSE 方法、FGLS 方法还是 SYS-GMM 方法，农村金融深化（FIN）的回归系数至少在 5% 的水平上显著为正，这表明农村金融深化显著促进了农业技术进步，从而回应了本章实证研究的第一个问题，并且也验证了中介效应模型的第二步是成立的。此外，政府财政支持（GOV）、农村固定资产投资（FIX）以及农村人力资本（HUM）均有利于促进农业技术进步，而农业受灾率（DIS）则是制约农业技术进步的不利因素。

表 7-3 农村金融深化对农业技术进步的影响

被解释变量	GTE			NTE		
估计方法	PCSE (1)	FGLS (2)	SYS-GMM (3)	PCSE (4)	FGLS (5)	SYS-GMM (6)
FIN	0.0231*** (2.83)	0.0332*** (5.42)	0.0191** (2.29)	0.0474*** (6.91)	0.0596*** (10.91)	0.0134*** (4.73)
GOV	0.7243** (2.47)	0.8154*** (3.68)	0.7675 (1.30)	0.9241*** (3.42)	0.7442*** (3.48)	0.6014*** (11.43)
FIX	0.1051*** (7.66)	0.1038*** (9.24)	0.0909*** (6.43)	0.0893*** (9.00)	0.1037*** (12.74)	0.0486*** (21.89)
HUM	0.0272** (2.34)	0.0278*** (2.97)	0.1471*** (3.53)	0.0125 (1.18)	0.0163* (1.92)	0.0460*** (16.95)
DIS	−0.2258*** (−4.77)	−0.1671*** (−4.77)	0.0068 (0.32)	−0.2085*** (−5.37)	−0.1775*** (−6.08)	−0.0452*** (−7.87)
L.GTE	—	—	0.8212*** (11.20)	—	—	
L.NTE	—	—		—	—	0.8295*** (135.45)
常数项	0.1152 (0.85)	0.0635 (0.60)	−1.7674*** (−5.38)	0.3253*** (3.00)	0.1908** (2.23)	−0.5633*** (−21.26)
调整 R^2	0.3109	—	—	0.4370	—	—
Wald 值	—	252.95***	—	—	405.02***	—
AR（2）检验	—	—	0.7260	—	—	0.2120
Hansen 检验	—	—	0.6510	—	—	0.2030
样本量	270	270	240	270	270	240

注：***、**、* 分别表示统计值在1%、5%、10%的显著性水平上显著。括号内为 t 统计量或 z 统计量。

7.3.2.3 第三步检验结果

表7-4报告了农村金融深化、农业技术进步对农村产业融合发展的影响检验结果。以广义农业技术进步（GTE）作为中介变量为例，表中的估计结果显示，农村金融深化（FIN）的回归系数均为正数，且在模型（2）和模型（3）中通过了1%的显著性水平检验，广义农业技术进步（GTE）的回归系数则均

在1%的水平上显著为正。此外还可以发现，与表7-2中农村金融深化（*FIN*）的回归系数相比，表7-4模型（1）至模型（3）中农村金融深化（*FIN*）的回归系数明显更小，从而验证了广义农业技术进步起到了部分中介效应的作用，这也意味着，农村金融深化通过促进广义农业技术进步对农村产业融合发展水平产生了进一步的提升效应。与此类似，狭义农业技术进步（*NTE*）的回归结果同样呈现了上述分析逻辑，验证了农村金融深化可以通过促进狭义农业技术进步，对农村产业融合发展水平产生提升效应。总的来看，中介效应模型验证了农村金融深化通过促进农业技术进步对农村产业融合发展水平所施加的提升作用，即揭示了农村金融深化→农业技术进步→农村产业融合发展的传导机制，从而回应了本章实证研究的第三个问题。

表7-4　农村金融深化、农业技术进步对农村产业融合发展的影响

中介变量	*GTE*			*NTE*		
估计方法	PCSE（1）	FGLS（2）	SYS-GMM（3）	PCSE（4）	FGLS（5）	SYS-GMM（6）
FIN	0.0816 (1.56)	0.1100 *** (2.99)	0.0849 *** (3.12)	0.0519 (0.94)	0.0858 ** (2.19)	0.0772 *** (4.23)
GTE	1.7999 *** (7.41)	1.8183 *** (12.41)	0.6843 *** (6.51)	—	—	—
NTE	—	—	—	1.5783 *** (5.17)	1.3537 *** (7.20)	0.6638 *** (11.80)
GOV	1.1929 *** (4.63)	1.1598 *** (5.82)	0.4786 *** (3.89)	0.8767 *** (3.48)	0.9012 *** (4.86)	0.4002 *** (4.03)
URB	3.0320 *** (3.27)	1.5888 *** (3.81)	0.7700 * (1.77)	3.4006 *** (3.58)	2.3107 *** (5.15)	0.8137 * (1.72)
ENT	5.4052 *** (3.18)	7.3591 *** (8.27)	0.7383 (1.63)	5.8167 *** (3.20)	7.3804 *** (7.47)	3.1594 *** (3.24)
HUM	0.0413 (0.75)	0.1091 *** (2.78)	0.2519 *** (2.60)	0.0196 (0.34)	0.0839 ** (1.99)	0.1159 ** (2.07)
FRA	0.5659 *** (6.44)	0.4439 *** (7.65)	0.1796 *** (2.81)	0.5905 *** (6.27)	0.4588 *** (7.00)	0.2598 *** (3.70)

续表

中介变量	GTE			NTE		
估计方法	PCSE （1）	FGLS （2）	SYS-GMM （3）	PCSE （4）	FGLS （5）	SYS-GMM （6）
L. CON	—	—	0.6287 *** （8.37）	—	—	0.5191 *** （12.91）
常数项	−3.5560 *** （−7.04）	−3.5230 *** （−10.17）	−3.0185 *** （−3.81）	−3.3241 *** （−6.07）	−3.1874 *** （−8.05）	−1.9629 *** （−5.01）
调整 R^2	0.7460	—	—	0.7463	—	—
Wald 值	—	2917.49 ***	—	—	2157.37 ***	—
AR（2）检验	—	—	0.2750	—	—	0.4780
Hansen 检验	—	—	0.9980	—	—	0.8910
样本量	270	270	240	270	270	240

注：***、**、*分别表示统计值在1%、5%、10%的显著性水平上显著。括号内为 t 统计量或 z 统计量。

7.3.3 稳健性检验

为了确保本章上述估计结果的有效性，本书还进一步作了如下稳健性检验：①对农村金融深化指标进行了重新度量。与前文采用熵值法确定农村金融深化各二级指标权重的做法相比，稳健性检验采用另一种常用的客观赋权方法——主成分分析法，重新确定了二级指标权重，并构建了新的农村金融深化综合指数（FINS）。②对农村产业融合发展指标进行了重新度量。与前文利用综合指数法测算农村产业融合发展水平相比，谭明交（2016）利用协调发展系数方法，在分别计算农村产业化实际值和理想值的基础之上，测算了2005~2014年各省份农村产业融合发展系数。本书基于谭明交（2016）的测算结果，采用移动平均预测法，获得了2015年和2016年各省份农村产业融合发展系数，进而利用2008~2016年各省份农村产业融合发展系数进行了稳健性检验。从稳健性检验的结果来看①，核心变量的估计系数除数值大小外，其符号和显著性并无本质性变化，说明前文结论具有较好的稳健性。

———————————

① 限于篇幅，稳健性检验结果未列出。

7.4　进一步讨论：农村金融深化的门槛特征分析

前文利用交互作用模型和中介效应模型检验发现，农村金融深化通过促进农业技术进步这一途径提升了农村产业融合发展水平。换句话说，在农村金融深化程度越高的地区，农业技术进步对农村产业融合发展水平的提升作用越显著。事实上，这也意味着农村金融深化的影响可能存在门槛效应，即在农村金融深化程度的不同门槛区间，农业技术进步对农村产业融合发展的影响存在显著差异。因此，本书进一步对交互作用模型和中介效应模型加以改进，通过构建面板门槛模型，尝试讨论农村金融深化、农业技术进步与农村产业融合发展之间可能存在的非线性门槛关系，即检验农业技术进步对农村产业融合发展的影响是否存在基于农村金融深化程度的门槛效应。

7.4.1　门槛模型设定与参数估计方法

为了检验在不同的农村金融深化程度区间内，农业技术进步对农村产业融合发展影响的差异性，本书借鉴 Hansen（1999）的研究思路，同时基于计量模型（6.1）的设定，以农村金融深化（FIN）作为门槛变量，以广义农业技术进步（GTE）和狭义农业技术进步（NTE）作为门槛依赖变量，分别构建了如下两个面板门槛模型：

$$
\begin{aligned}
CON_{it} = {} & \alpha_0 + \alpha_1 GTE_{it} I(FIN_{it} \leqslant \gamma_1) + \alpha_2 GTE_{it} I(\gamma_1 < FIN_{it} \leqslant \gamma_2) + \cdots + \\
& \alpha_n GTE_{it} I(\gamma_{n-1} < FIN_{it} \leqslant \gamma_n) + \alpha_{n+1} GTE_{it} I(FIN_{it} > \gamma_n) + \\
& \lambda Control_{it} + \mu_i + \varepsilon_{it}
\end{aligned}
\tag{7.9}
$$

$$
\begin{aligned}
CON_{it} = {} & \beta_0 + \beta_1 NTE_{it} I(FIN_{it} \leqslant \nu_1) + \beta_2 NTE_{it} I(\nu_1 < FIN_{it} \leqslant \nu_2) + \cdots + \\
& \beta_n NTE_{it} I(\nu_{n-1} < FIN_{it} \leqslant \nu_n) + \beta_{n+1} NTE_{it} I(FIN_{it} > \nu_n) + \\
& \phi Control_{it} + \eta_i + \varphi_{it}
\end{aligned}
\tag{7.10}
$$

式中，i、t 分别表示省份和时间；CON_{it} 表示农村产业融合发展；$I(\cdot)$ 表示指示函数，如果满足括号中的条件，则 $I = 1$，反之 $I = 0$；$Control_{it}$ 为控制变量组；γ_1、γ_2、$\cdots$、γ_n、ν_1、ν_2、$\cdots$、ν_n 为 n 个不同水平的门槛值，α_1、α_2、$\cdots$、α_{n+1}、β_1、β_2、$\cdots$、β_{n+1} 为不同门槛水平上农业技术进步对中国农村产业融合发

展的影响系数，如果它们各自之间存在明显的差异，说明门槛变量的选取是有效的；μ_i、η_i 为不随时间变化的省域截面的个体效应，ε_{it}、φ_{it} 为随机扰动项。面板门槛模型的估计方法参见 Hansen（1999）。

7.4.2 门槛效应检验与估计结果分析

7.4.2.1 门槛效应检验

根据 Hansen（1999）的思路，在对面板门槛模型进行参数估计之前，首先要进行门槛效应检验，结果如表 7-5 所示。从表中门槛效应检验的 F 统计值和对应的 P 值可以看出，不管是以广义农业技术进步（GTE）还是狭义农业技术进步（NTE）作为门槛依赖变量，门槛变量农村金融深化（FIN）均通过了双重门槛效应检验，这充分说明：农业技术进步对农村产业融合发展的影响确实存在基于农村金融深化程度的双重门槛效应。

表 7-5　门槛效应检验结果

门槛依赖变量	模型	F 值	P 值	临界值		
				1%	5%	10%
GTE	单一门槛	37.534***	0.000	27.271	18.704	15.013
	双重门槛	9.406***	0.000	2.939	-1.890	-5.196
NTE	单一门槛	33.700***	0.007	26.334	21.559	16.883
	双重门槛	8.813**	0.013	9.730	0.554	-3.503

注：***、**分别表示统计值在1%、5%的显著性水平上显著。P 值和临界值均是采用 Bootstrap 法模拟 300 次后得到的结果。

在确定门槛模型的具体形式之后，需要进一步估计门槛值，结果如表 7-6 所示。从表中结果可以看出，以广义农业技术进步（GTE）作为门槛依赖变量时，门槛变量农村金融深化（FIN）的双重门槛值分别为 1.811 和 4.585；以狭义农业技术进步（NTE）作为门槛依赖变量时，门槛变量农村金融深化（FIN）的双重门槛值分别为 1.811 和 2.545。与此同时，所有门槛估计值均落在相应的95%置信区间之内，说明门槛估计值与门槛真实值相等，即通过了真实性检验。

表 7-6　门槛值估计结果

门槛依赖变量	门槛估计值		95%置信区间
GTE	第一门槛值	1.811	[1.675, 2.074]
	第二门槛值	4.585	[0.638, 6.477]
NTE	第一门槛值	1.811	[0.617, 4.585]
	第二门槛值	2.545	[0.531, 6.477]

7.4.2.2　门槛参数估计

在门槛效应检验之后，表 7-7 进一步列示了以农村金融深化（FIN）作为门槛变量，以广义农业技术进步（GTE）和狭义农业技术进步（NTE）作为门槛依赖变量的面板门槛模型参数估计结果。

表 7-7　面板门槛模型参数估计结果

门槛依赖变量：GTE		门槛依赖变量：NTE	
变量	（1）	变量	（2）
$GTE_{it}I$	1.8284 ***	$NTE_{it}I$	1.8082 ***
（$FIN_{it} \leqslant 1.811$）	(8.69)	（$FIN_{it} \leqslant 1.811$）	(6.88)
$GTE_{it}I$	2.1004 ***	$NTE_{it}I$	2.0283 ***
（$1.811 < FIN_{it} \leqslant 4.585$）	(11.00)	（$1.811 < FIN_{it} \leqslant 2.545$）	(8.37)
$GTE_{it}I$	2.5608 ***	$NTE_{it}I$	2.2830 ***
（$FIN_{it} > 4.585$）	(9.33)	（$FIN_{it} > 2.545$）	(9.26)
GOV	1.3123 ***	GOV	0.7785 **
	(3.86)		(2.57)
URB	−1.1439	URB	−1.1650
	(−1.56)		(−1.45)
ENT	8.7385 ***	ENT	7.5591 ***
	(5.26)		(4.16)
HUM	0.0314	HUM	0.0507
	(0.30)		(0.46)

续表

门槛依赖变量：GTE		门槛依赖变量：NTE	
变量	（1）	变量	（2）
FRA	0.9705 ***	FRA	1.0858 **
	（7.70）		（8.20）
常数项	−1.8582 **	常数项	−1.9848 **
	（−2.24）		（−2.23）
拟合优度	0.7568	拟合优度	0.7307
样本观测值	270	样本观测值	270

注： ***、 ** 分别表示统计值在 1%、5% 的显著性水平上显著。

从以广义农业技术进步（GTE）作为门槛依赖变量的估计结果来看，当农村金融深化程度低于门槛值 1.811 时，广义农业技术进步对农村产业融合发展的影响系数在 1% 的水平上显著为正（1.8284）；当农村金融深化程度处于 1.811 到 4.585 之间时，广义农业技术进步对农村产业融合发展的影响系数变为 2.1004，可见其正向影响力度有所增强；当农村金融深化程度高于门槛值 4.585 时，广义农业技术进步对农村产业融合发展的影响系数进一步提升为 2.5608，且依旧通过了 1% 的显著性水平检验。这说明随着农村金融深化程度的不断提高，广义农业技术进步对农村产业融合发展的促进作用越发显著。同理，以狭义农业技术进步（NTE）作为门槛依赖变量的估计结果表明，随着农村金融深化程度的不断提高，狭义农业技术进步对农村产业融合发展的促进作用越发显著。综上也可以说明，农村金融深化确实会通过促进农业技术进步而提升农村产业融合发展水平，从而再次回应了本章实证研究的第二个问题。

7.5　本章小结

本章基于引言部分提出的农村金融深化影响农村产业融合发展的传导机制的三个主要实证问题，利用 2008~2016 年中国省际面板数据，构建交互作用模型和中介效应模型，并综合采用 PCSE 方法、FGLS 方法以及 SYS-GMM 方法对上述问题进行了实证检验。其中，交互作用模型估计结果发现，农村金融深化与农业技术进步的交互项对农村产业融合发展的影响系数至少在 10% 的水平上显著为正，表明农村金融深化可以有效提高农业技术进步对农村产业融合发展的正向作用。中介效应模型估计结果发现，农村金融深化不仅有利于提升农村产业融合发展水平，同时也显著促进了农业技术进步，农业技术进步是农村金融深化影响农村产业融合发展的重要作用途径，从而揭示了农村金融深化→农业技术进步→农村产业融合发展的传导机制。进一步运用面板门槛模型检验发现，农村金融深化、农业技术进步与农村产业融合发展之间存在显著的非线性门槛关系，在农村金融深化程度的不同门槛值区间，农业技术进步对农村产业融合发展的影响存在明显的差异。具体而言，随着农村金融深化程度的不断提升，农业技术进步对农村产业融合发展的促进效应不断增强，这也在某种程度上再次验证了农村金融深化通过促进农业技术进步，进而对农村产业融合发展产生了正向作用。

第8章

农村金融深化、农业技术进步促进农村产业融合发展的长效机制

在本书的实证章节中，农村金融深化和农业技术进步对农村产业融合发展的重要作用已得到较为丰富的经验证据支持。为此，围绕农村金融深化与农业技术进步进行机制设计，成为提高农村产业融合发展水平的关键路径。基于此，本章将从农村金融深化、农业技术进步及其两者配合三个方面来设计促进农村产业融合发展的长效机制。

8.1 农村金融深化促进农村产业融合发展的长效机制

近年来，伴随新型农村金融机构和新兴农村金融业态的不断涌现，农村金融机构实力日益增强，服务能力持续提升，农村产业融合总体上面临着较为良好的金融支持环境，但不可避免地还存在一些问题。为此，有针对性地设计农村金融深化促进农村产业融合发展的长效机制，积极引入金融资源，强化农村金融与农村产业之间的协调关系，有助于推动农村产业融合迈向新的台阶。本书将从产品创新机制、风险分散机制和协调合作机制三个方面出发，设计农村金融深化促进农村产业融合发展的长效机制。

8.1.1 产品创新机制

金融产品及服务供给与农村产业融合发展的金融需求之间严重脱节，是制约农村产业融合发展的重要因素。为此，在农村金融深化促进农村产业融合发展的过程中，必须以相关产业形态、有关从业主体的实际需求和突出困难为导向，立足已有实践探索，总结成功模式，不断加强金融产品创新力度，以及改进相关金融服务，从而有效地提升农村产业融合发展水平。设计农村金融深化促进农村产业融合发展的产品创新机制，主要包括以下三个方面：

一是加强信贷类金融产品创新力度。信贷类产品是金融支持农村产业融合的重要渠道，关键是要满足不同从业主体在贷款额度、期限和用途上的多样化需求。首先是要创新中长期低息贷款品种。相关涉农金融机构应将农村产业融合作为重要支持方向，在年度资金总规模中确定一定比例用于设立专门中长期低息贷款，满足相关从业主体融资需求。其次要围绕农村产业融合中涌现的新业态，专门设计有针对性的信贷产品。如针对农产品加工业设立专门的原料收购贷款、加工设备购置抵押贷款等；在休闲农业方面开发环境改善、土地整治、房屋装修等贷款品种；在农业电子商务方面开发电商贷款。最后是创新农村抵质押方式。金融机构可以根据农业产业化资金需求，开展土地承包经营权质押贷款、订单抵押贷款、存货质押贷款等创新性信贷产品，为农村产业融合主体提供差异化的金融服务。

二是加强直接融资渠道的创新力度。在加大传统信贷支持基础上，不断拓宽直接融资渠道，形成间接融资与直接融资衔接配套的格局。首先要加大网络小额贷款对农村产业融合发展的支持力度。基于京东、阿里等互联网公司发展起来的网络小额贷款，依托海量交易数据，可以对主营农产品电子商务的农村产业融合主体的信用情况展开有效评估，并且以此作为提供或者追加贷款投放的依据。其次要利用股权众筹、P2P等途径积极推介农村产业融合发展项目。在充分调查和评估的基础上，上线推介更多农村产业融合发展项目，并督促融资主体向投资人如实披露商业模式、经营管理、财务、资金使用等关键信息和项目信息。最后是积极发挥股权投资、股票市场以及发行债券等融资方式的作用。指导和帮扶龙头企业、合作社等农村产业融合主体争取股权投资以及上市融资；对于符合条件的龙头企业和合作社，还应该支持其发行私募债券与企业债券。

三是加强金融服务方式创新力度。农村产业融合发展的主体多元且产业复合，对应的金融服务需求也具有全方位、多层次的特点，这不仅需要提高金融服务的便捷性，同时也要拓展金融服务的覆盖范围。首先，大型银行可以充分利用机构和网点优势，按照战略事业部模式，建立专门的小微业务部或者小微专业支行，全面负责农村产业融合相关产品和业务的深度开发。其次，简化农村产业融合相关的借贷申请，设置专门的审核标准，减少运行流程，及时发放贷款。再次，金融机构可以开展财务指导服务和金融管理服务，帮助农村产业融合主体规范财务会计制度、制定财务规划，并明确长短期融资计划，合理管理现金流。最后，金融机构为农村产业融合主体提供电子银行、网络银行等信息化金融服务，尤其对于跨地域的产业融合主体，还可以提供支付、结算等服务。

8.1.2 风险分散机制

目前，中国农村产业融合发展尚处于起步阶段，围绕其进行的金融产品和服务创新往往伴生着金融风险。为此，在农村金融深化促进农村产业融合发展的过程中，不仅要创新金融产品和服务，同时也要重视建立健全金融支持农村产业融合发展的风险分散机制，为金融产品与服务创新排除后顾之忧，进而推动农村产业融合发展水平的不断提升。设计农村金融深化促进农村产业融合发展的风险分散机制，主要包括以下几个方面：

一是加快农业保险体系建设。在农村产业融合主体抵御各种可能灾害的过程中，农业保险发挥着极其重要的作用。首先是适度扩大农业保险覆盖范围。农村产业融合主体的类型不同，其保险需求也会有所差异，保险机构应该据此开发多式多样的险种，实现农产品生产、加工以及经营等环节保险险种的全覆盖，同时在保险收费方面也要根据主体不同而实施差异化的保费费率。其次是完善农业政策性保险。不仅需要增加政策性农业保险机构的设立，同时也要拓宽政策性农业保险的覆盖面，将大棚蔬菜、生猪以及优势特色农产品均纳入保险范畴。此外，为了尽可能地吸引商业保险机构加入农业保险市场，可以充分利用营业税减免、提高保费补贴等方式进行引导，以不断提升农村产业融合主体应对市场风险的能力。最后，则是构建农业保险的再分散机制。通过建立巨灾风险保障基金，或组建全国性农业再保险公司，当风险损失使保险公司难以承担时，可以通过再保险公司或者巨灾风险保障基金获得相应赔偿，从而为农业保险公司开展农村产业融合发展业务分担风险。

二是完善农村信用担保体系。农村产业融合主体之所以难以获得外部融资，其主要原因在于拥有的抵押担保物不足，因此，只有进一步完善农村信用担保体系，才能有效解决农村产业融合主体的融资难、融资贵问题。首先，要适度扩大抵押担保物的范围。结合农村产业融合发展主体特点，探索运用一些新式标的（如农业生产设施、农业运输工具、农业机械设备、消费者订单、餐饮住宿设施以及仓储保鲜设备等）的新型抵押担保方式。其次，要建立健全信用担保制度。通过积极构建多元化信用担保体系，在帮助缺乏有效抵押担保物的农村产业融合主体获得信用贷款的同时，也能够分散涉农金融机构的信用风险。最后，要积极开展农村信用体系建设。按照国务院《征信业管理条例》的规定和要求，各地基层职能部门应主动加强与金融机构的密切合作，构建可以开展信用评定的农户信息共享平台，并且将信用评定结果运用到信贷资格的审核当中。农村产业融合主体或农户的信用状况越好，其可以享受的贷款数额或利率优惠越大，反之亦然，从而既降低了信息成本，又有利于减少信贷风险。

三是加大政府主导的外部风险补偿力度。考虑到农村经济的弱质性、高风险性特征，涉农金融机构要想实现可持续发展，政府适当的风险补偿必不可少。首先，要加大财政对农业保险的补贴力度。由于农业保险具备"准公共物品"的属性，农业保险产品的利润率一般来说都比较低，但与此同时，农业生产的风险性通常比较高，因此农业保险承担风险也比较大。为了获得持续经营，农业保险公司不得不采取"低保障、广覆盖"的运营模式，通过加大政府财政对农业保险的补贴，可以推动农业保险逐渐朝着"高保障"的方向转变。其次，要对农业贷款进行利息补贴。与其他贷款类型相比，涉农金融机构向农村产业融合主体发放贷款所耗费的信息成本和管理成本均比较高，因此，政府财政必须给予涉农金融机构适当的利息补贴，以弥补农业贷款利率非市场化所造成的损失，以缓解高昂的农业贷款成本问题。最后，要给予涉农金融机构税收减免优惠。为了充分调动商业金融机构开展农村产业融合发展业务的积极性，各级政府应不断健全和完善税收优惠政策，对涉农金融机构免征或者少征地方税、减免部分所得税以及营业税。

8.1.3　协同合作机制

为了适应农村产业融合主体多样化的融资需求，必须加强多元化的、协同式的金融服务供给。因此，设计与金融需求相适应的协同合作机制是促进农村产业融合健康发展的保障。协同合作机制要求银行金融机构与非银行金融机构（农业保险公司、农业担保公司等）积极开展分工合作，注重发挥自身比较优势，创造协同效应，最终形成支持农村产业融合的合力。协同合作机制具体包括以下三个方面：

一是促进银行和保险公司之间的合作，切实分担银行经营风险。农业贷款风险分散的首选是农业保险，加强"银保合作"可以使银行在为农村产业融合主体提供贷款时不再过度苛刻，即有效降低了银行所面临的信贷风险压力。具体而言，要继续鼓励各类保险机构在风险可控的前提下，继续扩大农林牧渔业保险品种，不断提高涉农贷款中保险的覆盖率，争取为农村产业融合主体提供更多、更优质的保险服务。同时，积极开发农民家庭财产、农房、农机以及农村小额贷款等涉农保险业务，充分保障涉农贷款、农业生产以及农村家庭经济的安全性。此外，积极支持和鼓励商业银行与保险机构根据当地农村经济发展实际，共同倡导或参与建设包括多种类型农村市场经济主体（农户、农民合作社、农业产业化龙头企业以及担保企业等）在内的农村信用共同体，并通过发挥农村信用共同体的融资增信功能，以便利农村融资和促进农业产业链条融合发展。

二是强化银行和小额贷款机构的合作，缓解信息不对称现象。在"银贷合作"模式下，小额贷款客户的识别和培育工作主要由小额贷款机构负责，商业银行则主要负责提供相应的贷款资金。在金融支持农村产业融合发展的过程中，小额贷款机构与商业银行签订业务合作合同，考虑到小额贷款机构的核心优势在于其相较商业银行更加贴近客户、贴近市场，因此，由小额贷款机构去识别优质的农村产业融合主体，登记客户的融资贷款意向并及时向商业银行提交，最后由商业银行负责签订与客户之间的贷款合同。值得注意的是，在"银贷合作"的过程中，小额贷款机构所扮演的角色并非只是单纯的金融中介，同时还要向商业银行承诺农村产业融合主体可以及时还款，并且负责监督相应贷款的回收；作为回报，商业银行则要向小额贷款机构分配一定比例的利息收入。为了建立更加紧密的风险共同承担机制，一般而言，商业银行还会要求小额贷款机构在本单位存入一定数额的资金，以备可能发生的坏账损失使用。

三是加大银行和担保机构的合作，降低客户违约风险。由于存在内控制度不健全、缺乏抵押担保品以及缺少公开财务数据等问题，农村产业融合主体迫切需要担保机构的大力支持。在"银担合作"方式下，担保机构负责筛选出偿还风险较小的优质客户，并在农村产业融合主体无法履约时按照约定份额承担偿还责任，从而有利于降低银行的信贷风险。与此同时，银行充分结合自身特有的优势（如网络、资金、产品和队伍等），积极创新涉农金融产品和服务，在授信批复和授信额度等方面为农村产业融合主体开辟绿色通道。具体而言，"银担合作"的重点扶持对象应是从事农村产业融合的农业龙头企业、农民合作社、专业种养殖大户、家庭农场以及新型农业社会化服务组织等，重点发展领域主要包括农业基本建设、土地使用权租赁、新技术引进、农产品加工与流通、生态农业以及休闲农业等，并逐步拓展到农业其他领域，同时积极向相关的二三产业延伸，促进农村产业融合发展。

8.2　农业技术进步促进农村产业融合发展的长效机制

农业技术进步是推动农村产业融合发展的核心动力。前文的理论研究与实证检验结果均表明，农业技术进步有利于促进农村产业融合发展，然而在支持农村产业融合发展的实践过程中也存在一些问题。为此，科学设计农业技术进步促进农村产业融合发展的长效机制尤为重要。具体来讲，农业技术进步促进农村产业融合发展的长效机制主要包括供给推动机制、需求拉动机制以及示范带动机制三个方面：

8.2.1　供给推动机制

所谓供给推动机制，指的是利用有效供给来推动某项行为的机制。在农业技术进步促进农村产业融合发展的过程中，供给推动机制则是指依靠农业技术的有效供给，为延伸农业产业链条、拓展农业多重功能以及培育农业新兴业态提供有力的技术支持，以促进农村产业融合发展水平的不断提升。农业技术进步的供给推动机制是农村产业融合发展得以不断推进的重要外部因素。设计农业技术进步促进农村产业融合发展的供给推动机制，主要包括以下两个方面：

一是加强农业技术的研发与创新。立足于农村产业融合发展过程中的农业技术需求，围绕延伸农业产业链条、拓展农业多重功能以及培育农业新兴业态，首先要加强高效优质安全种养综合技术研发，创新高产、高效且低耗的生产技术模式，在保护农业生态环境的同时，提高农业综合生产能力；其次要加强农副产品精深加工技术研发，开发农产品加工先进技术装备及安全监测技术，同时推动贮藏、保鲜和运输等方面的技术研究，以及鼓励开发农产品安全检测及控制技术，延伸加粗农业产业链，提高农产品附加值；再次要大力开发智能化农业信息技术，有效提升现有设施农业的生产效率，并不断完善农业农村科技信息服务，实现农业生产的自动化和智能化；最后要加强生态农业技术研发创新，大力开发生态良性循环的废物转化技术、立体生产技术等，提高农业产业可持续发展能力。

二是完善农业技术的转化与推广。农业科技的转化率过低，是制约中国推进农业产业化以及农村产业融合发展的重要瓶颈。推动产学研一体化有助于打破科研与生产之间的界限，提升农业科技的转化效率。通过政策、项目、财税等手段，鼓励农业企业参与农业技术的研发创新，强化农业科技型企业与公共研究机构（高等农业院校、农业科研院所等）之间的交流合作，走出一条产学研结合、农科教结合的发展道路。大胆突破教育、科技与经济之间部门分离、条块分割的体制性障碍，积极构建以农业科技型企业为关键主体，公共研究机构广泛参与、风险共担、收益共享的多层次、宽领域、整体联动的产学研合作机制。与此同时，进一步改革和完善现有的农业技术推广体系。通过健全基层或区域性的农业公共服务机构（包括农技推广、动植物检疫、农机化服务、农产品质监等），同时补充优化基层农业技术推广人员及其构成结构，确保为农村产业融合提供良好的技术推广服务。

8.2.2 需求拉动机制

所谓需求拉动机制，指的是使用者本身对某一事物具有需求并且能够对其进行支付，进而拉动了某一行为的进展。在农业技术进步促进农村产业融合的过程中，需求拉动机制是指产业融合主体对农业技术是有需求的并且能够负担得起，从而拉动农业技术的研发、推广及其在农村产业融合中的运用，最终促进农村产业融合发展水平的提升。创造需求是需求拉动机制的核心所在。具体而言，需求拉动机制主要包括以下两个方面：

一是通过提升主体认识来创造农业技术需求。农业技术本身是一种生产要素，其有效运用可以减少劳动力投入、提高劳动效率，进而提升农业效益和增加农户收入，这也正是农业技术的优势所在。只有让农村产业融合主体充分认识到利用农业技术有利可图，才能刺激其对农业技术的需求，为此，有必要通过开展农业技能培训，如新型职业农民培训、对返乡农民工的职业技能培训等，提升涉农产业从业者技术创新与运用能力。与此同时，鼓励各类优秀人才，如经营型人才（从事家庭农场、农民合作社、农业龙头企业等农业经营的人才）、服务型人才（从事农业产前、产中、产后服务的人才）、技能型人才（农机装备、智能农业、生物育种等领域科技带头人）深入到农业、农村一线开展技术指导，使农户能够更好地理解并运用农业技术，从而增强对农业技术的需求。

二是通过扩大规模化经营来创造农业技术需求。在实现农业规模化经营的过程中，农业产业链条也不断从产前环节到产中环节，再到产后环节持续延伸。其中，产前环节的种苗选取和生产资料准备、产中环节的灾害防治和肥水管理、产后环节的作物收割及加工保鲜，每个环节都有较高的技术含量，需要多项技术的配套。由此可见，农业技术进步可以促进规模化经营；反过来，规模化经营又可以为农业技术应用创造巨大需求，推动农业技术的广泛应用。当前，为了顺利开展农村土地流转以推进农业规模化经营，应该加快农村土地承包经营权的确权登记及颁证工作；与此同时，按照"政府引导、市场调节、农民自愿、依法有偿"的原则，建立健全土地流转市场交易机制，促进土地资源的合理流动和有效配置；此外，还要积极创新土地流转方式，鼓励形式多样的农业规模经营模式，促进农业规模经营的良性健康发展。

8.2.3　示范带动机制

所谓示范带动机制，指的是通过小样本来带动引导大样本进行某项行为的机制。在农业技术进步促进农村产业融合发展的过程中，示范带动机制则是指利用新型农业经营主体、农业科技示范园区的示范带动，引导带动传统农户或周边地区积极采用农业技术从事农村产业融合行为，以提高农村产业融合发展的科技含量。目前，农村产业融合主体的整体素质较低，对农业新技术的接受能力普遍较弱，因此，示范带动机制是必不可少的一种机制。示范带动机制主要包括以下两个方面：

一是发挥新型农业经营主体的示范带动作用。一方面，鼓励农民专业合作社建立新技术样板示范基地。在农业新技术（如饲养技术或者栽培技术）的引进过程中，农业新技术首先要进入新技术样板示范基地，基地负责聘请技术专家和选择技术专业户，技术专家指导技术专业户熟练掌握和运用农业新技术的关键要领，在新技术样板示范基地和技术专业户的示范带动之下，新技术逐步得到农民专业合作社会员的认同和采用，从而实现特色种养以及扩大种养规模的目的。另一方面，不断健全以企业为主体的现代农业技术创新体系，使农业科技型企业积极参与到农业技术成果转化与示范推广中来。通过建立辐射范围大、带动牵引力强的农业科技示范基地，并借助企业所属的农民专业合作社，推广运用农业新技术，示范带动当地群众加入公司的农民专业合作社，学习农业科技实用技术，形成规模生产，获得规模效益。

二是发挥现代农业科技园和现代农业产业园的示范带动作用。一方面，合理调整和优化现代农业科技园的建设规划，围绕农业高端产业（如种苗和种子产业、生物农药和肥料、农产品精深加工以及智能农机装备等），以农业科技型企业为核心主体，促进农业科技园区的高新化和农业高新技术的产业化，进而带动智慧农业、高技术生物农业以及绿色生态农业等现代化农业的飞速发展。另一方面，进一步优化布局现代农业产业园，紧密结合区域农业发展的优势和特色，大力引进、消化吸收以及推广域外先进的农业新技术，积极培育农业产业化龙头企业，争取在农产品精深加工技术领域取得关键突破，引领农村产业融合发展。总之，现代农业科技园和现代农业产业园可以直观地向周围地区展示出农业技术在农村产业融合发展中的巨大作用，从而带动周围地区一同发展。

8.3 金融技术配合促进农村产业融合发展的长效机制

农村金融深化和农业技术进步对农村产业融合发展的作用机制各有不同，且农业技术进步也会受到农村金融深化的影响，因此，在推动农村产业融合发展过程中必须要注意发挥两者之间的协调与配合。通过大力发展农业科技金融，提升金融、技术要素的统筹协调与优化配置，可以刺激农村金融深化以及促进农业技术进步，进而有效地促进农村产业融合持续健康发展。金融技术配合促进农村产业融合发展的长效机制主要包括融资保障机制、服务支撑机制以及环境优化机制。

8.3.1　融资保障机制

所谓融资保障机制，是指为了满足农业科技活动的融资需要，依据金融制度的相关规则而构建的资金融通机制，其目的在于保障农业科技活动的顺利开展。作为农业技术进步的核心载体，农业科技活动的进行离不开科技金融体系的融资支持，缺乏金融支持的农业科技活动将举步维艰，这不仅不利于提升农业技术进步水平，同时也会减缓农村产业融合发展的步伐。具体而言，融资保障机制主要包括以下几个方面：

一是发挥农业科技风投（风险投资）的先导作用。风险投资指的是面向高风险、高技术领域的投资，其通过推动高新技术成果的转化和商业应用，最终目的在于获得巨额的投资收益。作为风险投资的扩展与运用，农业科技风投在农业科技融资体系中占据着先导位置。农业科技风投不仅可以为那些处于发展初期且潜力巨大的农业科技型企业提供急需的发展资金，还能够为其提供专业的管理方法，从而保障农业科技型企业的持续健康发展。当然，农业科技风投存在较高的风险性，由此也需要良好的社会经济环境和必要的政策扶持，尤其是要发挥政府的作用。一方面，政府应不断引导和完善农业科技风投体系，加强农业科技风投主体的多元化建设，切实改变当前农业科技风投主体过于单一化的现状。另一方面，需要建立健全农业科技风投的法律制度和税收政策体系，为农业科技风投创造一个良好的外部环境。

二是发挥多层次资本市场的主导作用。多层次资本市场指的是为满足多元化投融资主体的需求而构建的富有层次性的资本配置市场。首先，充分发挥创业板的核心作用。为了推动农业科技型企业在创业板上市融资，当前的首要任务是紧密结合中国农业科技型企业的发展规模、组织建设以及财务状况，"量身定制"相应的创业板市场准入标准。其次，重视债券市场的重要作用。目前，债券市场在中国还不太成熟，未来借助债券市场解决农业科技型企业的融资问题的主要思路是，在借鉴中国已有的中小企业集合债券的实践经验基础之上，可以将农业科技型企业纳入到中小企业集合债券的发行主体范围之内。最后，适当发挥场外交易市场的补充作用。未来应积极发展产权交易市场和三板市场，不断完善场外交易市场体系，努力为农业科技型企业提供更多的融资渠道，从而促进农业科技成果转化以及农业科技型企业快速发展。

三是发挥银行间接融资体系的辅助作用。首先，商业银行可以针对农业科技型企业的产业链进行金融产品创新，通过引入供应链金融服务，以标准仓单质押、代理贴现、动产质押等方式进行融资，进而缓解农业科技型企业的融资困境。其次，通过制定和完善针对农业科技型企业的信贷风险补偿办法，提高农业科技型企业的知识产权质押比率，大力发展知识产权质押贷款，使处于创业初期的农业科技型企业可以依靠自身所拥有的无形资产来解决融资困难。最后，通过探索"政府部门+银行机构+创业投资+保险机构+科技小贷""政府部门+银行机构+风险投资+保险机构+科技园区"等多方联动的运营模式，大力支持科技银行发展，并积极引导科技银行创新应收账款质押、知识产权质押等抵押方式，促使农业科技型企业可以通过抵押农业知识产权等途径获得便捷的融资支持，进而推动农业科技型企业的技术研发与科技成果转化。

8.3.2 服务支撑机制

所谓服务支撑机制，指的是在保证农业科技创新活动顺利进行的同时，为涉农金融资本的安全、高效率运转提供服务保障的机制。构建科学合理的农业科技金融服务支撑机制，不仅可以有效减少农业科技与金融相结合所可能产生的风险，同时还能在一定程度上降低涉农金融机构的投资成本以及农业科技成果转化成本，从而有利于提升农业技术进步水平。服务支撑机制主要包括以下两个方面：

一是着力提升农业科技金融中介组织服务能力。农业科技金融中介组织是为了满足市场需求，随着农业科技金融、科技中介的实践发展而兴起的一种新兴产业，其主要包括信息服务型、人才服务型、企业孵化型、投融资服务型、科技成果转移型以及法律监督型等几种类型。首先，立足农业科技的发展要求，紧跟农业科技的发展趋势，农业科技金融中介组织要不断创新服务手段、方式，提升服务水平；同时积极争取参与各种类型的农业技术创新活动，通过与农业类科研机构和高校展开长期合作，直接推动农业创新成果转化。其次，加快建设公共科技信息平台，高度重视专业人才培养，持续巩固农业科技金融中介组织发展的基础。此外，政府在大力扶持和培养大型骨干农业科技金融中介组织的同时，也要进一步完善多种所有制形式的农业科技金融中介组织，实现各类组织的共同发展。

二是努力完善农业科技担保机构服务体系。农业科技型企业（特别是处于初创期的中小型农业科技型企业）由于信用等级较低且缺乏抵押担保品，普遍面临着融资难、融资贵的问题。通过提供贷款担保，农业科技担保可以帮助农业科技型企业疏通外源融资瓶颈，从而促进农业科技创新活动的顺利开展。当前，必须在政府的大力扶持之下，构建政府提供的资金和担保为主、商业担保为辅、企业互助担保为补充的多元化、多层次农业科技担保体系。其中，政府担保由政府出资建立，主要为符合国家产业政策的农业科技型企业提供信用担保，这种政策性担保不以营利为目的；商业担保主要为处于成长期、潜力大的农业科技型企业提供固定信用担保、股权担保以及资产担保等；企业互助担保由多家企业共同出资建立，属于企业之间的一种互助合作行为。此外，要进一步完善农业科技担保机构的风险补偿机制和风险分散机制，同时鼓励农业科技担保机构创新担保方式，支持农业科技型企业的迅速发展。

8.3.3　环境优化机制

所谓环境优化机制，是指通过改善农业科技金融发展的外部环境，为强化农业科技与金融的有效结合、促进农业科技与金融的协同发展创造有利条件的机制。农业科技金融要想获得持续健康发展，不能脱离其所处外部环境的有效支持，外部环境是农业科技金融机构生存与发展的重要前提。可见，环境优化机制也是促进农业科技金融发展的一种重要机制。环境优化机制主要包括以下两个方面：

一是优化农业科技金融发展的政策环境。目前，中国农业科技金融发展尚处于初级阶段，还未能建立起相关配套的法律法规，因此，完善的政策支持是保障和引导农业科技金融持续健康发展的重要手段。首先，各级政府应积极出台针对农业科技金融的具体政策，从农业科技型企业上市、农业知识产权质押、农业科技保险等几个方面制定实施办法，与此同时，加大对参与农业科技领域的信贷、担保以及风险投资的补偿机制，从而形成层次多样的农业科技金融政策体系。其次，积极创新政府财政投入方式，加快设立农业科技引导基金，通过引导基金杠杆作用撬动更多社会资本，将创业投资（VC）和私募股权投资（PE）带入农业科技行业，带动农业科技型企业发展。同时，政府通过与银行合作，优先为农业科技型企业提供融资，充分利用财政注资产生的增信效用，有效支持农业科技型企业发展。

二是优化农业科技金融发展的法制环境。良好的法制环境是农业科技金融赖以存在和发展的基础条件。完善的法律体系不仅可以实现对农业科技金融发展的倾斜和保护，同时还能协调处理好政府与市场之间的关系，防止政府对市场机制的过度干预，进而提升农业科技金融发展效率。然而，目前中国的农业科技金融法律制度体系还不健全，涉及农业科技金融的相关法律内容零星散列于各类法律之中，特地针对农业科技金融的法律仍旧十分缺乏，由此也迫切需要加以补充和完善。目前，应该根据中国农业科技金融发展的实际状况，着手制定促进农业科技金融市场发展的法律法规体系，充实完善《农业科技风险投资法》《农业科技金融中介机构组织法》等类似法律法规。此外，要进一步从法律上保障农业科技高风险、高回报的权益，以及完善农业科技型企业制度制定方面的法律。

8.4　本章小结

结合前文理论研究与实证检验的结果，本章科学设计了农村金融深化、农业技术进步及其两者配合促进农村产业融合发展的长效机制。其中，农村金融深化促进农村产业融合发展的长效机制包括产品创新机制、风险分散机制和协调合作机制三个方面；农业技术进步促进农村产业融合发展的长效机制包括供给推动机制、需求拉动机制以及示范带动机制；农村金融深化、农业技术进步两者配合促进农村产业融合发展的长效机制包括融资保障机制、服务支撑机制以及环境优化机制。

第9章

研究结论、政策建议与研究展望

本章首先对全书的研究结论进行全面归纳与系统总结；其次基于理论和实证研究结论，并结合中国农村产业融合发展的实际情况，有针对性地提出促进农村产业融合发展的相关政策建议；最后指出了本书有待进一步拓展的研究方向及研究议题。

9.1 研究结论

本书在回顾农村金融深化、农业技术进步与农村产业融合发展相关理论的基础上，构建了农村金融深化、农业技术进步影响农村产业融合发展的理论分析框架，分析了农村金融深化、农业技术进步与农村产业融合发展的现状和问题，利用计量经济学分析工具，实证检验了农村金融深化、农业技术进步对农村产业融合发展的影响，以及农村金融深化影响农村产业融合发展的传导机制，并设计了农村金融深化、农业技术进步促进农村产业融合发展的长效机制。通过以上理论研究与实证检验，本书所得主要研究结论如下：

（1）考察期内中国农村产业融合发展水平整体呈不断上升趋势，但存在显著的区域异质性。本书从农业产业链延伸、农业多功能性拓展、农业新业态形成以及产业融合主体培育四个方面构建农村产业融合发展水平综合评价指标体系，并且利用加权求和法与熵值法测算了中国农村产业融合发展水平的综合指数。测算结果表明：2008~2016 年中国农村产业融合发展水平提升十分明显，综合指数从 2008 年的 1.0393，逐步提升到 2016 年的 2.5671，年均增长率高达 11.97%。以东部地区和中西部地区为区域划分标准，中国农村产业融合发展表现出明显的区域差异。其中，东部地区农村产业融合发展水平综合指数在 2016 年高达 3.4797，相比 2008 年（1.6574）提高了 1.8223，年均增长率为 9.72%；中西部地区农村产业融合发展水平综合指数由 2008 年的 0.6815 迅速提升到 2016 年的 2.0387，增长了近 3 倍，年均增长率高达 14.68%。可见，在样本期间，从农村产业融合发展的整体水平上来看，东部地区明显高于中西部地区；但从农村产业融合发展的增长速度上来看，中西部地区则要明显高于东部地区。衡量农村产业融合发展水平区域差异的基尼系数、泰尔指数和对数离差均值在整体上呈现出逐年递减趋势，说明中国省际农村产业融合发展水平的差异程度正在不断缩小。

（2）农村金融深化显著提升了中国农村产业融合发展水平，且这种影响存在明显的区域差异。本书利用 2008~2016 年中国省际面板数据，并综合采用 FE 方法、PCSE 方法、FGLS 方法以及 SYS-GMM 方法，实证检验了农村金融深化对中国农村产业融合发展的影响。实证结果表明：整体而言，农村金融深化有利于提升中国农村产业融合发展水平；与此同时，农村金融深化对农村产业融合发展的提升作用存在明显的区域差异，相比中西部地区，农村金融深化对农村产业融合发展的提升作用在东部地区更加显著。进一步运用面板门槛模型对产生这种区域差异的可能原因进行检验发现，在农村金融深化程度、农村人力资本以及基础设施水平的不同门槛值区间，农村金融深化对农村产业融合发展的影响存在明显差异。具体而言，在农村金融深化程度、农村人力资本以及基础设施水平越高的地区，农村金融深化对农村产业融合发展的提升作用越大。可见，地区之间农村金融深化程度、农村人力资本以及基础设施水平的不同，是造成农村金融深化对农村产业融合发展的影响存在区域差异的重要原因。

（3）农业技术进步不仅有利于提升本地区农村产业融合发展水平，还通过空间溢出效应（技术扩散效应）促进了相邻地区农村产业融合发展水平的提升。本书基于 2008~2016 年中国省际面板数据，并综合采用传统计量方法（FE 方法、PCSE 方法、FGLS 方法和 SYS-GMM 方法）和空间计量方法，实证检验了农业技术进步对中国农村产业融合发展的影响。传统计量结果表明，中国农村产业融合发展与农业技术进步呈现出明显的正相关关系，即农业技术进步显著促进了中国农村产业融合发展水平的提升。空间自相关性检验结果表明，中国农村产业融合发展水平在空间分布上具有明显的自相关性，即农村产业融合发展不是随机发生的，而是随着与之具有相近空间特征的地区农村产业融合发展的影响，表现出极强的空间关联特征，地理位置是否相邻是影响中国农村产业融合发展的重要因素。空间计量结果则发现，一个地区的农业技术进步不仅有利于提升本地区农村产业融合发展水平，还会通过空间溢出效应促进周边相邻地区农村产业融合发展水平的提升，即农业技术进步存在一定的技术扩散效应。中国农村产业融合发展水平存在明显的 β 绝对收敛和 β 条件收敛，且农业技术进步对中国农村产业融合发展水平的收敛产生了显著的促进作用。

（4）农村金融深化通过促进农业技术进步显著提升了农村产业融合发展水平，即农业技术进步是农村金融深化影响农村产业融合发展的重要传导机制。本书利用 2008~2016 年中国省际面板数据，构建交互作用模型和中介效应模型，并综合采 PCSE 方法、FGLS 方法以及 SYS-GMM 方法，从农业技术进步的视角实证检验了农村金融深化影响中国农村产业融合发展的传导机制。其中，交互作用模型估计结果发现，农村金融深化与农业技术进步的交互项对农村产业融合发展的影响系数至少在 10% 的水平上显著为正，表明农村金融深化可以有效提高农业技术进步对农村产业融合发展的正向作用。中介效应模型估计结果发现，农村金融深化不仅有利于提升农村产业融合发展水平，同时也显著促进了农业技术进步，农业技术进步是农村金融深化影响农村产业融合发展的重要作用途径，从而揭示了农村金融深化→农业技术进步→农村产业融合发展的传导机制。进一步运用面板门槛模型检验发现，农村金融深化、农业技术进步与农村产业融合发展之间存在显著的非线性门槛关系，在农村金融深化程度的不同门槛值区间，农业技术进步对农村产业融合发展的影响存在明显的差异。具体而言，随着农村金融深化程度的不断提升，农业技术进步对农村产业融合发展的促进效应不断增强，这也在某种程度上再次验证了农村金融深化通过促进农业技术进步，进而对农村产业融合发展产生了正向作用。

（5）促进农村产业融合发展水平的有效提升，离不开农村金融深化、农业技术进步及其两者配合的长效促进机制。农村金融深化促进农村产业融合发展的长效机制主要包括产品创新机制、风险分散机制以及协同合作机制；农业技术进步促进农村产业融合发展的长效机制主要包括供给推动机制、需求拉动机制以及示范带动机制；农村金融深化与农业技术进步协调配合促进农村产业融合发展的长效机制主要包括融资保障机制、服务支撑机制和环境优化机制。

9.2 政策建议

针对中国农村产业融合发展的现状以及农村金融深化、农业技术进步支持农村产业融合发展存在的问题，同时结合第5、第6、第7章相应的实证检验结果，本部分在第8章"机制设计"的基础上，拟从以下几个方面提出促进农村产业融合发展的相应政策建议。

9.2.1 以农村金融改革为契机强化农村产业融合发展的金融供给

农村金融深化有助于解决农村融资难、融资贵问题，是推进农村产业融合发展的关键所在。当前，应以农村金融改革为契机，完善相关金融支持政策，增加农村产业融合发展的金融供给。一是多层次金融支持政策。通过长期保持对涉农金融机构执行较低的存款准备金率，引导涉农商业银行积极"用好增量"以及"盘活存量"，在规避贷款总量大幅增长的同时，释放更多资金支持农村产业融合发展；通过构建政府性担保机构体系以及健全再担保机制等途径，强化政府对担保机构运行的支持力度，为农村产业融合发展提供范围广泛、成本低廉的担保支持；通过鼓励直接融资发展政策，促进私募投资、股票市场以及债券市场发展，扩大农村产业融合发展的直接融资规模；贯彻落实《农业保险条例》和国务院《关于加快发展现代保险服务业的若干意见》精神，为农业保险服务业的良性循环与健康发展提供完善的政策环境，切实降低农村产业融合发展风险。二是农村信用体系建设政策。按照"政府领导、人行推进、形成合力、各方受益"的工作思路，不断推进信用区域（信用村、信用乡镇）创建，同时开展产业融合主体信用信息的征集与评价工作，积极应用与共享信用信息，以及建立相应的奖励惩戒机制，增加信用贷款对农村产业融合发展的支持力度。三是农村金融基础设施建设政策。通过推动农村金融市场持续开放，合理降低准入门槛，引导社会资本顺利进入农村金融市场，进一步扩大新型农村金融机构（如小贷公司、村镇银行以及农民资金互助社等）及其网点的数量，支持金融机构网点向县域不断下沉，促进县域金融机构网点的优化布局。与此同时，持续推动农村地区（尤其是中西部省份农村地区）偏远乡镇基础金融服务的全覆盖，因地制宜改善农村支付环境，强化农村金融基础设施建设，提升农业经营主体从事农村产业融合发展获取金融服务的便利性和多样性。

9.2.2　以创新驱动发展为动力提升农村产业融合发展的技术含量

农业技术创新和技术进步是农村产业融合的内在驱动，有助于提升农村产业融合发展水平。当前，应以创新驱动发展为动力，激发农业经营主体创新活力和创造潜能，强化科技与农业对接、创新成果与产业发展对接、创意设计与生产经营对接，增强技术进步和创新创意对农村产业融合发展的贡献度，提升农村产业融合发展的技术含量。一是健全科技人才支持政策。深入推行科技特派员制度，支持科技人员以全职、兼职或者担任技术顾问的形式，加入农村产业融合主体；完善科技成果转化收益分配机制，在考虑科研人员或者研发团队实际贡献的基础上，大幅提高其在科技成果转化收益中的分配比例；完善农村创业扶持政策，通过提供技术指导、项目论证以及市场信息等服务，支持大学生和农民工返乡创业。二是积极培育农村"众创空间"。以农业科技园区、农业科技型企业以及科技企业孵化器等为关键载体，构建集科技示范、成果转化、融资孵化、创新创业以及平台服务于一体的农村"星创天地"；积极借助现有乡镇工业园区和农村闲置用地（荒地、厂房、校舍等），大力建设农民创业孵化园以及农村电商创业园等农村"众创空间"，为农村产业融合发展的创新创业项目提供孵化服务。三是加强知识产权保护力度。鼓励为农村产业融合过程中出现的新技术进行专利申请，推动建设农村知识产权交易平台，切实加大专利技术的保护力度和转化力度；鼓励规范农村产业融合主体对专利技术的采用行为，不断完善依靠专利技术入股及分红的激励机制。四是发挥产业集群创新优势。鼓励从事产业融合发展的农业经营主体自发或依托骨干企业，开展标准统一的供应链管理、质量管理、合作研发管理等，推动协同制造和协同创新；鼓励各地通过组织培训、研讨、展览、项目对接等方式，提高专业化协作水平和配套能力，实现集群发展和集群创新；鼓励产业链互动，促进产业集群中各主体（龙头企业、协作企业、农户等）之间的垂直联系、示范模仿以及相互竞争，增强农业技术在特定区域内的扩散效应。

9.2.3 以地区资源禀赋为前提支持农村产业融合多元化并存发展

中国地区之间差异较大，在推进农村产业融合发展的过程中，各地区所面临的产业基础和外部环境也明显不同。推进农村产业融合发展，必须以地区资源禀赋为前提，因地制宜突出区域特色和政策差异，探索多元化的产业融合发展模式。一是农业内部融合型。要持续推进农林结合、农牧结合以及种养循环，合理优化农业种养结构，促进农业资源的节约与高效循环利用，实现农业内部（农、林、牧、渔）协作配合、联动推进的一盘棋格局。二是纵向融合型。坚持将"产业链""价值链""供应链"等现代产业组织方式和发展理念引入到农业之中，通过产业链延伸、价值链提升以及供应链打造等途径，促进一二三产业之间的纵向融合，并带动农业产业链的增值增效。三是横向融合型。要充分挖掘农业的多重功能，大力开发农业在教育、科技、文化、休闲观光以及运动养生方面的潜在价值，积极推动农业与教育、创意、文化、旅游以及健康养老等产业的横向融合发展，从而为农业增效、农民增收拓展新的空间。四是技术渗透融合型。积极将生物高新技术（生物技术、生物信息等）和前沿信息技术（如移动互联网、大数据以及物联网等）应用于现代农业发展领域，加快实施"互联网+现代农业"等行动计划，通过产业之间的技术渗透，有助于培育农业产业的新业态和新模式（如创意农业、会展农业、工厂化农业、众筹农业以及农产品电商等），从而推动农业产业体系与农业技术发展的创新升级。五是多业态复合型。倡导依托农民专业合作社、农业产业化龙头企业等产业融合主体，培育具有鲜明区域特色的农村产业融合集聚区（或集群区），实现高效种养业、纵向延伸产业、横向配套产业等多种业态的复合发展，最终形成主导产业、配套产业以及衍生产业之间分工协作、有序配合以及有机链接的崭新格局。

9.2.4 以培育多元融合主体为重点增强农村产业融合发展的能力

农村产业融合发展离不开多元化的主体支撑。在推进农村产业融合发展的过程中，除了要重视发挥新型农业经营主体的核心引领作用之外，还要注意争取农村其他经营主体的广泛参与和积极支持。具体而言，一是支持家庭农场、农民专业合作社、农业龙头企业等新型经营主体发展壮大。支持家庭农场通过发展农产品加工（初加工、深加工）、农产品直销等方式延长产业链，鼓励其开展代耕代种代收、统防统治以及大田托管等专业化服务；支持农民合作社兴办农产品加工、流通业务，同学校、超市、社区以及企业进行农产品直供直销对接，同时在自愿平等互利的原则下发展联合社，强化对农户的带动能力以及市场竞争力；支持农业龙头企业积极向农产品深加工、现代种养业、农产品流通业、农业服务业以及特色品牌农业等领域拓展，同时实施农业龙头企业动态管理，促进农业龙头企业由数量到质量的转变，推动农业龙头企业转型升级。二是鼓励供销社、邮政系统和农村集体经济组织焕发活力。切实发挥供销合作社上通下达的物资流通体系的优势，积极发展农业社会化服务、农产品加工以及现代物流，将为农服务由流通环节延伸至农业产业链的全过程；利用邮政系统在农村地区的物流网络优势，不断加强县级物流设施设备建设，有效提高农村综合物流服务的供给水平，持续推动农村综合物流服务的优化升级；支持农村集体经济组织因地制宜利用当地优势资源和特色资源，积极探索旅游、健康以及生产服务等产业与集体经济融合发展的新型业态。三是增强农户参与农村产业融合的能力。持续完善农村技能人才培养体系，因材施教、分类培养出更多的产业融合示范型人才，同时积极搭建农户参与农村产业融合发展的平台，为农民更好地分享农村产业融合发展的"红利"创造条件。

9.2.5 以优化产业发展环境为基础改善农村产业融合发展的条件

优化产业发展环境对促进农村产业融合发展具有重要作用。良好的产业发展环境不仅有利于推动涉农生产、经营成本的降低，同时还能够有效促进产业链整体盈利水平的提升，从而为农村产业融合发展创造有利的外部条件。一是完善农村地区（尤其是中西部省份农村地区）基础设施建设。加大财政投入力度，探索利用市场机制鼓励和吸引社会资本投入，引导受益农民筹资投劳，加快推进农村饮水安全工程和农田水利建设，实施新一轮农村电网升级改造工程、村内道路硬化工程，改善农业生产生活基本条件，保障农村产业融合发展基本需求。与此同时，因地制宜加强农村互联网基础设施建设，加快实施宽带乡村工程，并结合电子商务进农村综合示范、信息进村入户试点和智慧乡村旅游试点，健全农村电子商务配送及综合服务网络。二是维护市场公平竞争秩序。全面清理阻碍农村产业融合发展的地方保护性政策，废止不利于全国统一市场建设的政策措施；全面加强市场监管，依法对扰乱市场秩序、不正当竞争以及市场垄断行为进行严厉惩处，为农村产业融合发展创造良好的市场环境；引导农村产业融合发展主体建立健全行业组织，确立行业行为准则，加强行业自主管理和自律规范。三是构建农村产业融合发展的公共服务体系。在原有农村服务机构（如乡镇企业服务中心、中小企业创业服务中心等）的基础上，建设一批生产性服务业公共服务平台，为农村产业融合发展提供全方位的服务；切实发挥科研院所、高等院校以及社会中介组织的作用，支持其开展知识产权、技术转移、财务、法律等专业化服务，以及研发设计、技术咨询、市场拓展等综合化服务，协助农民解决在农村产业融合发展中遇到的纠纷和问题；支持电子商务、人力资源服务、品牌建设以及第三方物流等生产性服务业发展壮大，不断提升对农村产业融合发展的支撑能力。

9.2.6 以相关制度建设为依托完善农村产业融合发展的保障体系

推进农村产业融合发展，还需要以相关制度建设为依托，建立完善的制度保障体系。一是创新用地制度。作为农村产业融合发展的重要载体，土地要素的有效供给至关重要。要继续通过深化农村土地制度改革，创造制度条件实现土地要素的跨界集约化配置，破除农村产业融合发展过程中的土地瓶颈。对农村产业融合发展项目（如农产品加工、农产品冷链、农产品电商以及乡村旅游等）建设用地予以适当倾斜，单列其用地计划指标，同时建立农村产业融合发展项目用地审批"绿色通道"，实行优先审批和供地政策；在不违反土地利用总体规划的前提下，支持返乡下乡人员、新型农业经营主体以及社会企业依法向农村集体经济组织租赁农村存量建设用地，积极发展农村产业融合发展项目；对设施农用地范围进行适度调整和完善，积极纳入农产品产销、仓储物流以及休闲农业等农村产业融合发展项目用地。二是加强监管制度。监督和管理土地流转、农业订单等合同的履约，积极推动其与农业担保、保险之间进行有效结合，建立健全风险防范机制和纠纷调解仲裁体系，切实保护好双方的合法权益；探索建立新型农业经营主体（尤其是农业龙头企业）的社会责任报告制度，提高新型农业经营主体的社会责任意识，注重培育新型农业经营主体的企业家精神，强化新型农业经营主体的联农带农激励机制。加快制定保障农产品质量安全的生产规范和标准，以农业标准化示范县、畜禽养殖标准化示范场、园艺作物标准园以及水产健康养殖示范场建设为依托，积极指导家庭农场、农民合作社、龙头企业等产业融合从业主体开展标准化生产。三是完善统计制度。推动大数据、云计算以及物联网等信息技术在农业农村领域的广泛运用，充分发挥其在监测统计、分析预警以及信息发布等方面的功能，健全完善农业信息监测预警体系以及农村信息服务体系；抓紧研究制定可以全面反映农村产业融合发展成效的标准体系、指标体系以及统计体系，以指导和推动农村产业融合有序发展。

9.3　展望

总结来看，本书较为系统地研究了农村金融深化、农业技术进步与农村产业融合发展的理论基础、理论框架以及现状与问题，实证检验了农村金融深化、农业技术进步对农村产业融合发展的影响，以及农村金融深化影响农村产业融合发展的传导机制，并且取得了一些崭新的研究成果。但由于农村金融深化、农业技术进步与农村产业融合发展之间的关系较为庞杂，当前学界与此相关的研究还没有形成一个完整的理论体系，再加上笔者的时间和精力比较有限，因此本书依旧存在一些议题值得进一步展开研究：

（1）本书从农业技术进步角度，利用多种计量分析方法，系统考察了农村金融深化影响农村产业融合发展的传导机制。在未来的研究中，可以尝试从其他视角（如融资约束缓解、农户企业家行为、人力资本提升）进一步检验农村金融深化影响农村产业融合发展可能的传导机制。

（2）本书利用地区层面数据，测度了中国省域农村金融深化、农业技术进步水平以及农村产业融合发展水平，并以此进行了实证检验。在未来相关数据的可获取性有所改善之后，可以采用更加微观层面的数据进行经验分析，以弥补本书研究在样本数量方面可能存在的局限性。

（3）本书从整体层面测度了农村产业融合发展水平，并探究了农村金融深化、农业技术进步对农村产业融合发展的影响。在未来的研究中，可以结合农村产业融合发展的不同类型划分，尝试讨论农村金融深化和农业技术进步对不同类型农村产业融合发展的影响差异。

参考文献

［1］埃思里奇.1998.应用经济学研究方法论［M］.北京：经济科学出版社.

［2］蔡智.2011.浅析产业链融资及其在我国农业领域的应用问题［J］.湖北农村金融研究,（11）：22-23.

［3］曹冰玉,雷颖.2010.关于我国农村金融与农业技术进步的实证分析——基于时间序列数据的研究［J］.中南林业科技大学学报（社会科学版）,4（5）：20-24.

［4］曹俊杰.2008.农业结构调整的技术支持路径及对策研究［J］.中国科技论坛,（9）：114-117.

［5］曹平辉.2005.农业产业化与金融扶持的有效均衡——益阳个案研究［J］.武汉金融,（10）：57-58.

［6］曹兴全.2017.基于农业产业化发展背景的农机技术推广研究［J］.农业与技术,34（18）：164.

［7］曾福生.2004.技术进步促进农业结构优化的具体影响方式［J］.湖南农业大学学报（社会科学版）,5（2）：1-6.

［8］陈池波,贾澎,张攀峰.2011.农业产业化水平与农村金融供给的关系研究——以河南省为例［J］.东北师大学报（哲学社会科学版）,（2）：26-28.

［9］陈丹.2017.哈尔滨宾县农村产业融合发展研究［D］.吉林大学硕士学位论文.

［10］陈国进,可钦锋.2012.金融支持科技进步的作用机制研究［J］.福建江夏学院学报,（1）：23-27.

［11］陈嘉,韦素琼,陈松林.2018.开放条件下的闽台农业技术进步研究［J］.资源科学,40（10）：82-92.

［12］陈俭.2015.中国农业产业化发展的金融支持障碍及路径选择［J］.

参考文献

世界农业，（3）：183-186.

　　[13] 陈江涛，张巧惠，吕建秋.2018.中国省域农业现代化水平评价及其影响因素的空间计量分析 [J].中国农业资源与区划，（2）：26-28.

　　[14] 陈径天，温思美，陈倩儿.2018.农村金融发展对农业技术进步的作用——兼论农业产出增长型和成本节约型技术进步 [J].农村经济，（11）：88-93.

　　[15] 陈柳钦.2007.技术创新、技术融合与产业融合 [J].科技与经济，20（3）：19-22.

　　[16] 陈明星.2018.积极探索城乡融合发展长效机制 [J].区域经济评论，33（3）：125-127.

　　[17] 陈铭恩，雷海章，李同明.2001.农业产业结构调整与农业生物技术进步 [J].经济问题，（6）：48-50.

　　[18] 陈平，骆进军.2002.节水灌溉与农业结构调整相适应的技术研究 [J].农业现代化研究，23（5）：336-339.

　　[19] 陈强.2014.高级计量经济学及 Stata 应用 [M].北京：高等教育出版社.

　　[20] 陈宗胜，黎德福.2004.内生农业技术进步的二元经济增长模型——对"东亚奇迹"和中国经济的再解释 [J].经济研究，（11）：16-27.

　　[21] 程承坪，谢雪珂.2016.日本和韩国发展第六产业的主要做法及启示 [J].经济纵横，（8）：114-118.

　　[22] 程惠芳，陆嘉俊.2014.知识资本对工业企业全要素生产率影响的实证分析 [J].经济研究，（5）：174-187.

　　[23] 程文兵.2008.农业产业化与金融支持关联问题研究——基于江西省九江市的实证 [J].武汉金融，（9）：41-42.

　　[24] 崔海霞，卢秀茹.2011.基于信息技术的农业产业化经营风险规避 [J].黑龙江畜牧兽医，（4）：24-25.

　　[25] 大多和巖.2013.6 次産業化を推進する「農林漁業成長産業化ファンド」.「農」の付加価値を高める6次産業化の実践 [M].髙橋信正.筑波書房.

　　[26] 戴魁早，刘友金.2016.要素市场扭曲如何影响创新绩效 [J].世界经济，（11）：54-79.

　　[27] 戴孝悌.2014.产业链视域中的巴西农业产业发展经验及启示 [J].

世界农业，（12）：143-146.

[28] 戴育琴，冯中朝，李谷成，等.2014. 我国农业技术进步、效率改进与农产品出口贸易——基于省际面板数据的实证分析 [J]. 财经论丛，（2）：3-9.

[29] 丁俊发.2015. 世界因供应链而变 [J]. 中国流通经济，（8）：1-5.

[30] 丁志国，张洋，高启然.2014. 基于区域经济差异的影响农村经济发展的农村金融因素识别 [J]. 中国农村经济，（3）：4-13.

[31] 董晓林.2012. 农村金融学 [M]. 北京：科学出版社.

[32] 董晓林，朱敏杰.2016. 农村金融供给侧改革与普惠金融体系建设 [J]. 南京农业大学学报（社会科学版），（6）：14-18.

[33] 杜思正，冼国明，冷艳丽.2016. 中国金融发展、资本效率与对外投资水平 [J]. 数量经济技术经济研究，（10）：17-36.

[34] 方行明，李象涵.2011. 农业企业规模扩张与金融成长创新——基于雏鹰公司产业化模式的调查 [J]. 中国农村经济，（12）：35-43.

[35] 方师乐，卫龙宝，伍骏骞.2017. 农业机械化的空间溢出效应及其分布规律——农机跨区服务的视角 [J]. 管理世界，（11）：65-78，187-188.

[36] 高连水.2012. 金融服务农业产业化龙头企业路径选择——基于既有研究的思考 [J]. 农村金融研究，（1）：68-73.

[37] 郤玉环，李欣章，成建国.2004. 发展农业高新技术推动现代农业产业化 [J]. 山东农业科学，（4）：61-62.

[38] 工藤康彦，今野聖士.2014.6次産業化における小規模取り組みの実態と政策の課題-北海道「6次産業化実態把握調査」結果から [J]. 北海道大学農経論叢，（69）：63-76.

[39] 龚晶.2016. 促进农民持续增收　推动农村一二三产业融合发展 [J]. 蔬菜，（3）：1-5.

[40] 古家军，谢凤华.2012. 农民创业活跃度影响农民收入的区域差异分析——基于1997-2009年的省际面板数据的实证研究 [J]. 农业经济问题，（2）：21-25，112.

[41] 郭建万.2010. 中国金融发展与技术进步：理论和实证研究 [D]. 暨南大学博士学位论文.

[42] 郭娟娟，李平.2016. 出口技术复杂度、偏向型技术进步与经济增长 [J]. 亚太经济，（4）：116-123.

参考文献

[43] 国家发展改革委宏观院和农经司课题组.2016.推进我国农村一二三产业融合发展问题研究［J］.经济研究参考，（4）：3-28.

[44] 韩会庆，王世尧，马庚等.2018.我国农业碳排放强度与农业经济空间相关性研究［J］.水土保持研究，（5）：269-274，281.

[45] 韩俊.2017.返乡创业促进农村新产业新业态发展［J］.农产品市场周刊，（8）：20-23.

[46] 郝华勇.2018.特色产业引领农村一二三产业融合发展——以湖北恩施州硒产业为例［J］.江淮论坛，29（4）：19-24.

[47] 何德旭，常戈.2010.农业产业化发展中正规商业金融的供给与需求分析［J］.金融评论，2（2）：12-28.

[48] 何立胜，李世新.2005.产业融合与农业发展［J］.晋阳学刊，（1）：37-40.

[49] 何广文，潘婷.2014.国外农业价值链及其融资模式的启示［J］.农村金融研究，（5）：19-23.

[50] 洪银兴，郑江淮.2009.反哺农业的产业组织与市场组织——基于农产品价值链的分析［J］.管理世界，（5）：67-79.

[51] 黄惠春.2012.我国农村金融市场改革路径选择——基于"机构"和"功能"的综合视角［J］.经济体制改革，（5）：70-73.

[52] 黄明元.2005.农业技术创新对农业产业化的影响［J］.山东农业工程学院学报，21（6）：37-39.

[53] 黄祖辉.2018.改革开放四十年：中国农业产业组织的变革与前瞻［J］.农业经济问题，（11）：61-69.

[54] 江艳军，黄英.2018.农村基础设施对农业产业结构升级的影响研究［J］.资源开发与市场，（10）：1400-1405.

[55] 姜晶，崔雁冰.2018.推进农村一二三产业融合发展的思考［J］.宏观经济管理，（7）：37-45.

[56] 姜松.2018.农业价值链金融创新的现实困境与化解之策——以重庆为例［J］.农业经济问题，（9）：44-54.

[57] 姜涛.2015.技术创新与标准相结合的农业产业化路径分析［J］.当代经济管理，37（6）：32-36.

[58] 姜长云.2015.推进农村一二三产业融合发展新题应有新解法［J］.中国发展观察，（2）：18-22.

[59] 蒋和平，宋莉莉 . 2007. 巴西现代农业建设模式及其借鉴和启示 [J]. 科技与经济，20（4）：40-43.

[60] 蒋淇威，夏维力 . 2017. 农村金融发展促进农业科技进步的直接与间接作用 [J]. 科技管理研究，（20）：27-34.

[61] 今村奈良臣 . 1996. 把第六次产业的创造作为 21 世纪农业发展产业 [J]. 月刊地域制作，（1）：89.

[62] 金泰坤，许珠宁 . 2011. 农业的六次产业化和创造附加价值的方案 [M]. 首尔：韩国农村经济研究院 .

[63] 金泰坤 . 2013. 全球化的进展与农业农村发展战略——农业的 6 次产业化 [C]. 哈尔滨：第十届东北亚农业农村发展国际论坛 .

[64] 孔祥智 . 2018. 产业兴旺是乡村振兴的基础 [J]. 农村金融研究，（2）：9-13.

[65] 兰守格 . 2017. 农业技术服务体系与农业产业化研究 [J]. 农业工程技术，37（17）：14.

[66] 李斌，吴书胜，朱业 . 2015. 农业技术进步、新型城镇化与农村剩余劳动力转移——基于"推拉理论"和省际动态面板数据的实证研究 [J]. 财经论丛，（10）：3-10.

[67] 李炳午 . 2013. 韩国的农业 6 次产业化战略 [C]. 沈阳：第二届中韩农村发展国际论坛论文集 .

[68] 李国祥 . 2016. 农村一二三产业融合发展是破解"三农"难题的有效途径 [J]. 中国合作经济，（1）：32-36.

[69] 李建平，王吉鹏，周振亚，等 . 2013. 农产品产销对接模式和机制创新研究 [J]. 农业经济问题，34（11）：31-35.

[70] 李建英，张文田，田岚 . 2015. 国外农业价值链融资模式研究 [J]. 现代经济探讨，（12）：81-85.

[71] 李敬，冉光和，孙晓铎 . 2008. 中国区域金融发展差异的度量与变动趋势分析 [J]. 当代财经，（3）：34-40.

[72] 李俊岭 . 2009. 我国多功能农业发展研究——基于产业融合的研究 [J]. 农业经济问题，（3）：4-7.

[73] 李乾 . 2017. 国外支持农村一二三产业融合发展的政策启示 [J]. 当代经济管理，（6）：93-97.

[74] 李容 . 2000. 结构调整条件下的农业技术创新 [J]. 农业技术经济，

（2）：27-30.

［75］李晓龙，冉光和 . 2018. 中国金融抑制、资本扭曲与技术创新效率 ［J］. 经济科学，（2）：60-74.

［76］李晓龙，冉光和，郑威 . 2018. 金融要素扭曲的创新效应及其地区差异 ［J］. 科学学研究，（3）：558-568.

［77］李晓龙，冉光和 . 2019. 农村产业融合发展的创业效应研究——基于省际异质性的实证检验 ［J］. 统计与信息论坛，（3）：101-109.

［78］李咏梅，唐冰璇，郭照辉等 . 2008. 技术进步促进农业结构优化的机理与应用模式——以湖南省浏阳市为例 ［J］. 湖南农业大学学报（社会科学版），9（3）：28-30.

［79］李玉磊，李华，肖红波 . 2016. 国外农村一二三产业融合发展研究 ［J］. 世界农业，（6）：20-24.

［80］李源生 . 2007. 农业产业化经营中提高技术创新能力的研究 ［J］. 安徽农业科学，35（23）：7369-7370.

［81］李芸，陈俊红，陈慈 . 2017. 北京市农业产业融合评价指数研究 ［J］. 农业现代化研究，38（2）：204-211.

［82］李云新，戴紫芸，丁士军 . 2017. 农村一二三产业融合的农户增收效应研究——基于对 345 个农户调查的 PSM 分析 ［J］. 华中农业大学学报（社会科学版），（4）：37-44.

［83］李志平 . 2012. 资金困境、金融深化与我国农业技术进步——基于浙、滇和豫三省 253 个农户问卷的思考 ［J］. 江汉论坛，2012（6）：44-47.

［84］梁世夫，王雅鹏 . 2005. 农业结构调整的技术保障机制分析 ［J］. 生产力研究，（1）：41-42.

［85］梁伟军 . 2011. 产业融合视角下的中国农业与相关产业融合发展研究 ［J］. 科学经济社会，29（4）：12-17.

［86］刘海洋 . 2016. 农村一二三产业融合发展的案例研究 ［J］. 经济纵横，（10）：88-91.

［87］刘洪银 . 2017. 以农产品外贸市场拓展促进农村一二三产业融合发展 ［J］. 当代经济管理，（9）：38-40.

［88］刘辉，曾福生 . 2004. 技术进步促进农业结构优化——湖南省永兴县院县联营型模式实例分析 ［J］. 农业技术经济，（1）：48-52.

［89］刘莉，张文爱 . 2017. 我国农业全要素生产率增长与空间溢出效

应——基于 31 个省市区 2000-2014 年数据的实证分析 [J]. 西部论坛, 27 (6): 55-63.

[90] 刘美辰. 2018. 农业产业化的金融制度创新研究 [J]. 农业经济, (11): 92-94.

[91] 刘赛红, 王国顺. 2012. 农村金融发展影响农民收入的地区差异 [J]. 经济地理, 32 (9): 120-125.

[92] 刘炜. 2004. 运用高新技术推动广东农业结构优化升级的对策 [J]. 科技管理研究, 24 (2): 12-14.

[93] 刘西川, 程恩江. 2013. 中国农业产业链融资模式——典型案例与理论含义 [J]. 财贸经济, (8): 47-57.

[94] 刘孝蓉, 胡明扬. 2013. 基于产业融合的传统农业与乡村旅游互动发展模式 [J]. 贵州农业科学, 41 (3): 219-222.

[95] 刘笑明, 李同升. 2006. 农业技术创新扩散的国际经验及国内趋势 [J]. 经济地理, 26 (6): 931-935.

[96] 刘玉春, 修长柏. 2014. 农村金融发展与农业科技进步——基于时间序列的格兰杰因果分析 [J]. 科学管理研究, (3): 109-112.

[97] 刘余莲. 2008. 农业技术进步对农业产业结构调整影响的研究 [D]. 湖南农业大学硕士学位论文.

[98] 刘岳平, 钟世川. 2016. 技术进步方向、资本—劳动替代弹性对中国农业经济增长的影响 [J]. 财经论丛, (9): 3-9.

[99] 柳松. 2010. 强制性制度变迁下农村金融的供需矛盾与化解策略 [J]. 财会月刊, (3): 33-34.

[100] 龙方, 彭希林, 甘勇. 2002. 论农业产业化经营中的技术创新 [J]. 农业现代化研究, 23 (4): 289-292.

[101] 卢凤萍. 2017. 南京市休闲农业空间差异及其社会经济影响因素分析 [J]. 中国农业资源与区划, 38 (11): 231-236.

[102] 卢敏. 2005. 农业推广学 [M]. 北京: 中国农业出版社.

[103] 芦千文, 姜长云. 2016. 关于推进农村一二三产业融合发展的分析与思考——基于对湖北省宜昌市的调查 [J]. 江淮论坛, (1): 12-16.

[104] 罗富民, 朱建军. 2007. 农业产业化发展的金融支持研究: 理论阐释与个案分析 [J]. 农业经济, (2): 55-56.

[105] 罗剑朝, 郭晖. 2008. 新疆干旱特色农业产业发展及金融支持体系

建设 [J]. 干旱地区农业研究，26（4）：260-264.

[106] 骆永民，樊丽明.2012. 中国农村基础设施增收效应的空间特征——基于空间相关性和空间异质性的实证研究 [J]. 管理世界，（5）：71-87.

[107] 吕朝凤.2015. 金融发展、融资约束与中国地区出口绩效 [J]. 经济管理，（2）：107-118.

[108] 吕岩威，刘洋.2017. 农村一二三产业融合发展：实践模式、优劣比较与政策建议 [J]. 农村经济，（12）：16-21.

[109] 吕岩威，刘洋.2017. 推动农村一二三产业融合发展的路径探究 [J]. 当代经济管理，（10）：38-43.

[110] 吕忠伟.2014. 我国金融支持农业产业化发展的历史经验与启示 [J]. 调研世界，（6）：23-28.

[111] 马剑锋，佟金萍，王慧敏等.2018. 长江经济带农业用水全局技术效率的空间效应研究 [J]. 长江流域资源与环境，（12）：757-765.

[112] 马九杰，罗兴.2017. 农业价值链金融的风险管理机制研究——以广东省湛江市对虾产业链为例 [J]. 华南师范大学学报（社会科学版），（1）：76-85，190.

[113] 马九杰，吴本健.2013. 农产品流通体系建设与城乡发展一体化 [J]. 农村金融研究，（8）：5-10.

[114] 马晓河.2015. 推进农村一二三产业深度融合发展 [J]. 中国合作经济，（2）：43-44.

[115] 孟莉娟.2016. 美国、法国、日本农业科技推广模式及其经验借鉴 [J]. 世界农业，（2）：138-141.

[116] 孟秋菊.2018. 我国农村产业融合发展的金融支持研究 [J]. 西南金融，（3）：16-22.

[117] 米运生，戴文浪，董丽.2013. 农村金融的新范式：金融联结——比较优势与市场微观结构 [J]. 财经研究，（5）：112-122.

[118] 莫莉秋.2017. 国外乡村旅游发展的典型模式 [J]. 人民论坛，（31）：202-203.

[119] 杭大鹏.2017.2016 年全国新型职业农民发展报告 [M]. 北京：中国农业出版社.

[120] 欧阳胜.2017. 贫困地区农村一二三产业融合发展模式研究——基于武陵山片区的案例分析 [J]. 贵州社会科学，（10）：158-163.

［121］潘群香.2007.转基因技术与农业产业化发展［J］.科技信息，（26）：280.

［122］潘文卿.2012.中国的区域关联与经济增长的空间溢出效应［J］.经济研究，（1）：54-65.

［123］潘雄锋，彭晓雪，李斌.2017.市场扭曲、技术进步与能源效率——基于省际异质性的政策选择［J］.世界经济，（1）：93-117.

［124］齐成喜，陈柳钦.2005.农业产业化经营的金融支持体系研究［J］.农业经济问题，26（8）：43-46.

［125］钱水土，李正茂.2018.金融结构、技术进步与产业结构升级——基于跨国数据的经验验证［J］.经济理论与经济管理，（12）：24-32.

［126］秦秀红.2012.农业产业化与农村金融创新的关联性研究［J］.统计与决策，（10）：136-138.

［127］邱斌，杨帅，辛培江，等.2008.FDI技术溢出渠道与中国制造业生产率增长研究：基于面板数据的分析［J］.世界经济，31（8）：20-31.

［128］邱天朝.2016.让农村产业融合成为带动农民增收的新动能［J］.中国经贸导刊，（34）：16-20.

［129］全亚楠.2012.我国农村产业结构调整中的金融中介支持研究［D］.浙江财经大学硕士学位论文.

［130］申孝忠.2010.内生发展与六次产业［C］.北海道：第四届东亚农业研讨会报告资料.

［131］室屋有宏.2011.6次産業化の論理と基本課題——農山漁村から市場経済を組み替える取組み［J］.農林金融，（4）：20-33.

［132］申蕙.2017.金融支持现代农业发展研究［D］.昆明理工大学博士学位论文.

［133］舒伟权.2005.基于网络信息技术的农业产业化［J］.北方农业学报，（6）：3-4.

［134］宋燕平，王艳荣.2009.面向农业产业集聚发展的技术进步效应分析［J］.科学学研究，27（7）：1005-1010.

［135］苏基溶，廖进中.2009.开放条件下的金融发展、技术进步与经济增长［J］.世界经济文汇，（5）：90-105.

［136］苏毅清，游玉婷，王志刚.2016.农村一二三产业融合发展：理论探讨、现状分析与对策建议［J］.中国软科学，（8）：17-28.

参考文献

[137] 孙龙.2015.关于金融支持南疆地区农业产业化发展的思考 [J].
农村金融研究，(5)：63-66.

[138] 孙运锋.2011.县域农业产业化发展的金融支持路径研究 [J].河
南社会科学，19（6）：98-100.

[139] 孙中叶.2005.农业产业化的路径转换：产业融合与产业集聚 [J].
经济经纬，(4)：37-39.

[140] 谭明交.2016.农村一二三产业融合发展：理论与实证研究 [D].
华中农业大学博士学位论文.

[141] 唐超，胡宜挺.2016.农村产业融合收入效应分析——来自北京市
的经验数据 [J].新疆农垦经济，(11)：12-19.

[142] 汤洪俊，朱宗友.2017.农村一二三产业融合发展的若干思考 [J].
宏观经济管理，(8)：48-52.

[143] 汤金升，王学良.2014.金融支持新型农业经营模式探析 [J].山
西农经，(5)：82.

[144] 唐海艳.2016.法国现代农业景观园林规划设计的金融支持研究
[J].世界农业，(3)：140-143.

[145] 陶爱萍，盛蔚.2015.金融发展、技术创新与产业升级 [J].工业
技术经济，(11)：36-48.

[146] 田润芙，杨旭.2016.以信息技术促进农业产业化发展 [J].产业
与科技论坛，15（2）：15-16.

[147] 汪上达.2017.银行业结构改变对产业结构升级的影响研究——基
于技术进步和金融约束减轻的机制分析 [J].商业经济研究，(13)：143-146.

[148] 王丹玉，王山，潘桂媚等.2017.农村产业融合视域下美丽乡村建
设困境分析 [J].西北农林科技大学学报（社会科学版），(2)：152-160.

[149] 王刚贞，江光辉.2017."农业价值链+互联网金融"的创新模式研
究——以农富贷和京农贷为例 [J].农村经济，(4)：49-55.

[150] 王刚贞.2015.基于农户视角的价值链融资模式研究——以上海某
生猪养殖公司为例 [J].财贸研究，(2)：27-34.

[151] 王洪梅.2014.农业技术服务体系与农业产业化 [J].福建农业，
31（9）：230.

[152] 王俊凤，叶琦.2014.黑龙江省农业产业化与金融支持关联分析
[J].中国集体经济，(16)：81-83.

［153］王珂英，张鸿武 . 2016. 农村金融包容发展对农户创业影响的实证分析 ［J］. 统计与决策，（11）：133-136.

［154］王乐君，寇广增 . 2017. 促进农村一二三产业融合发展的若干思考［J］. 农业经济问题，（6）：82-88.

［155］王丽娟 . 2017. 产业扶贫视角下金融支持农业产业化发展研究——基于甘肃省平凉市的调查数据 ［J］. 西部金融，（10）：82-87，91.

［156］王淑英，孙冰，秦芳 . 2016. 基于空间面板杜宾模型的农村金融发展与农村经济增长关系研究 ［J］. 中国农业资源与区划，37（9）：196-204.

［157］王树进，陈宇峰 . 2013. 我国休闲农业发展的空间相关性及影响因素研究 ［J］. 农业经济问题，（9）：38-45.

［158］王锡模 . 发展休闲农业与推动农业产业化 ［J］. 管理观察，2013（36）：26-27.

［159］王小楠，朱晶，薄慧敏 . 2018. 家庭农场有机农业采纳行为的空间依赖性 ［J］. 资源科学，40（11）：2270-2279.

［160］王昕坤 . 2007. 产业融合——农业产业化的新内涵 ［J］. 农业现代化研究，28（3）：303-306.

［161］王兴国 . 2016. 推进农村一二三产业融合发展的思路与政策研究［J］. 东岳论丛，37（2）：30-37.

［162］王颜齐，李玉琴 . 2018. 贫困地区农村一二三产业融合的现实困境及模式选择——以黑龙江省6个贫困县为例 ［J］. 农业经济，（12）：6-8.

［163］王元春 . 2011. 农业产业化金融支持问题研究 ［J］. 市场研究，（12）：13-16.

［164］王振如，钱静 . 2009. 北京都市农业、生态旅游和文化创意产业融合模式探析 ［J］. 农业经济问题，（8）：14-18.

［165］王智伟，伽红凯，王树进等 . 2018. 城市郊区休闲农业集聚度及影响因素的统计检验 ［J］. 统计与决策，（22）：119-122.

［166］韦吉飞，李录堂 . 2010. 农民创业、分工演进与农村经济增长——基于中国农村统计数据的时间系列分析 ［J］. 大连理工大学学报（社会科学版），31（4）：28-34.

［167］韦艳宁 . 2014. 巴西现代化农业发展支持政策研究 ［J］. 世界农业，（7）：82-85.

［168］温涛，张梓榆，王定祥 . 2018. 农村金融发展的人力资本门槛效应

研究［J］. 中国软科学, (3): 65-75.

［169］温铁军, 杨洲, 张俊娜. 2018. 乡村振兴战略中产业兴旺的实现方式［J］. 行政管理改革, 108 (8): 27-33.

［170］吴本健, 罗兴, 马九杰. 2018. 农业价值链融资的演进: 贸易信贷与银行信贷的替代、互补与互动［J］. 农业经济问题, (2): 78-86.

［171］吴敬琏. 2010. 当代中国经济改革教程［M］. 上海: 上海远东出版社.

［172］吴霞. 2014. 欠发达地区农村金融现状分析——以湖北长阳县为样本［J］. 中国集体经济, (15): 13-14.

［173］吴玉鸣. 2010. 中国区域农业生产要素的投入产出弹性测算——基于空间计量经济模型的实证［J］. 中国农村经济, (6): 25-37.

［174］项光辉, 毛其淋. 2016. 农村城镇化如何影响农业产业结构［J］. 广东财经大学学报, 31 (2): 77-87.

［175］肖干, 徐鲲. 2012. 农村金融发展对农业科技进步贡献率的影响——基于省级动态面板数据模型的实证研究［J］. 农业技术经济, (8): 87-95.

［176］肖小勇, 李秋萍. 2013. 农业生产: 科技存量与空间溢出——基于1986-2010 年空间面板数据的分析［J］. 中国经济问题, (1): 43-50.

［177］肖小勇, 李秋萍. 2014. 中国农业技术空间溢出效应: 1986-2010［J］. 科学学研究, 32 (6): 873-881, 889.

［178］邢晓柳. 2015. 我国农业科技创新资源投入与农业现代化的关系——基于 VEC 模型的实证研究［J］. 资源开发与市场, 31 (6): 666-668.

［179］熊玉娟. 2000. 论农业结构调整的技术进步支持［J］. 新疆农垦经济, (5): 31-33.

［180］宿桂红, 傅新红. 2011. 农业技术创新与农业现代化关系研究［J］. 湖北农业科学, 50 (15): 3207-3210.

［181］徐全忠. 2013. 农村金融促进农业产业化发展研究［J］. 生产力研究, (10): 23-24.

［182］杨晶, 丁士军. 2017. 农村产业融合、人力资本与农户收入差距［J］. 华南农业大学学报 (社会科学版), (6): 1-10.

［183］杨钧, 罗能生. 2017. 新型城镇化对农村产业结构调整的影响研究［J］. 中国软科学, (11): 165-172.

［184］杨钧. 2013. 农业技术进步对农业碳排放的影响——中国省级数据

的检验 [J]. 软科学，27（10）：116-120.

[185] 杨钧 . 2016. 中国新型城镇化发展对农业产业结构的影响 [J]. 经济经纬，（6）：84-89.

[186] 杨曼利 . 2006. 试论西部农业产业化的技术途径 [J]. 西安文理学院学报（社会科学版），9（3）：44-46.

[187] 杨秋海 . 2016. 银行业结构对产业结构升级影响的机制分析——基于技术进步和金融约束减轻的角度 [J]. 上海金融，（9）：13-19.

[188] 杨文华，刘冲，杨华蔚 . 2013. 金融发展、技术进步与产业升级——基于 PVAR 的分析 [J]. 金融与经济，（2）：33-36.

[189] 杨义武，林万龙，张莉琴 . 2017. 农业技术进步、技术效率与粮食生产——来自中国省级面板数据的经验分析 [J]. 农业技术经济，（5）：46-56.

[190] 杨义武，林万龙 . 2016. 农业技术进步的增收效应——基于中国省级面板数据的检验 [J]. 经济科学，（5）：45-57.

[191] 杨义武，林万龙 . 2018. 农业科技创新、空间关联与农民增收 [J]. 财经科学，（7）：70-82.

[192] 姚樊 . 2016. 重庆农业产业化的金融支持研究 [D]. 成都理工大学硕士学位论文 .

[193] 姚淑芬 . 2011. 农业产业化龙头企业的价值链融资探讨——以温氏集团为例 [J]. 重庆科技学院学报（社会科学版），（4）：107-109.

[194] 尹成远，李兆涛 . 2013. 河北省金融支持农业产业化实证分析 [C]. 建立社会公平保障体系与经济社会发展，北大赛瑟论坛 .

[195] 尹丽辉，谢国和，杨桂华 . 2003. 农业技术服务体系与农业产业化 [J]. 农业科技管理，22（1）：49-51.

[196] 张柏林，韩道柱 . 2004. 农业机械技术推广与农业结构调整 [J]. 农机化研究，（4）：37.

[197] 张斌，郝小红 . 2005. 发展农业信息技术促进农业产业化步伐 [J]. 图书情报导刊，15（4）：88-90.

[198] 张兵，翁辰 . 2015. 农村金融发展的减贫效应——空间溢出和门槛特征 [J]. 农业技术经济，（9）：37-47.

[199] 张超，张陈 . 2018. 农业价值链融资国内外研究综述 [J]. 郑州航空工业管理学院学报，（6）：104-110.

[200] 张红宇 . 2016. 金融支持农村一二三产业融合发展问题研究 [M].

北京：中国金融出版社．

[201] 张鸿，郑林用，任光俊等．2010．依靠科技创新推进农业产业化的战略与策略Ⅱ．重点任务之构建产业技术链 [J]．中国农学通报，26（2）：308-313．

[202] 张乐柱，李锦宇，于卉兰．2015．农村金融发展与农业技术进步关系实证研究：以广东省为例 [J]．经济与管理评论，（1）：110-116．

[203] 张林．2016．金融业态深化、财政政策激励与区域实体经济增长 [D]．重庆大学博士学位论文．

[204] 张龙耀．2012．农民专业合作社融资：理论研判和案例探析 [J]．中国农村金融，（18）：69-71．

[205] 张庆亮．2014．农业价值链融资：解决小微农业企业融资难的有效途径——从交易成本的视角 [J]．云南社会科学，（5）：76-80．

[206] 赵西华．2008．农业功能变迁与江苏农业科技发展 [J]．江苏农业学报，24（6）：733-737．

[207] 张永丽，葛秀峰．2010．技术进步对农业经济增长的影响研究——以甘肃省为例 [J]．华南农业大学学报（社会科学版），9（1）：28-36．

[208] 张勇，蒲勇健，陈立泰．2013．城镇化与服务业集聚——基于系统耦合互动的观点 [J]．中国工业经济，（6）：57-69．

[209] 张玉利，郭永清．2016．农村金融机构对农业产业化发展的支持研究——以上海地区为例 [J]．上海农业学报，32（3）：139-145．

[210] 张玉明．2006．技术创新效应与农业结构优化调整对策——以山东省为例 [J]．农业现代化研究，27（4）：281-284．

[211] 张照新，赵海．2013．新型农业经营主体的困境摆脱及其体制机制创新 [J]．改革，（2）：78-87．

[212] 张正新．2016．围绕农业结构调整大力推广农机新技术 [J]．农村经济与科技，27（16）：157．

[213] 赵国锋，段禄峰．2012．技术进步视野下的西部地区农业产业化路径 [J]．江苏农业科学，40（9）：376-379．

[214] 赵国杰．2016．广东省农业产业化与金融支持体系研究 [D]．仲恺农业工程学院硕士学位论文．

[215] 赵海．2015．论农村一、二、三产业融合发展 [J]．中国乡村发现，（4）：26-29．

［216］赵晶晶，邓尧 . 2018. 从茶企分析农村金融服务与农业产业化相结合［J］. 福建茶叶，（12）：498.

［217］赵俊英 . 2010. 金融支持农业产业化经营的实证研究［J］. 商业经济研究，（30）：131-133.

［218］赵霞，姜利娜 . 2016. 荷兰发展现代化农业对促进中国农村一二三产业融合的启示［J］. 世界农业，（11）：21-24.

［219］郑风田，乔慧 . 2016. 农村一二三产业融合发展的机遇、挑战与方向［J］. 中国合作经济，（1）：27-31.

［220］郑剑生 . 2007. 网络信息技术在推进农业产业化经营中的作用［J］. 中共福建省委党校学报，（4）：84-86.

［221］郑可，卢毅 . 2018. 农民创业机会开发活跃度的宏观影响因素探索——基于 2005-2014 年农村省际面板数据的实证［J］. 农村经济，（2）：123-128.

［222］郑强 . 2017. 外商直接投资与中国绿色全要素生产率增长［D］. 重庆大学博士学位论文 .

［223］郑学党 . 2016. 供给侧改革、互联网金融与农业产业化发展［J］. 河南社会科学，（12）：1-7.

［224］郑意生 . 2004. 发展农业生物技术　加快湖南农业产业化进程［J］. 湖南生态科学学报，10（3）：222-226.

［225］郅靖 . 2016. 鄂尔多斯农业产业化金融资源配置优化研究［D］. 西北农林科技大学硕士学位论文 .

［226］中国人民银行农村金融服务研究小组 . 2017. 中国农村金融服务报告［M］. 北京：中国金融出版社 .

［227］中华人民共和国农业部 . 2018. 2016 年中国农业技术推广发展报告［M］. 北京：中国农业出版社 .

［228］周邦瑶 . 2014. 金融体系改革对农业技术进步影响的实证检验［J］. 统计与决策，（7）：159-161.

［229］周端明 . 2012. 中国农业技术创新路径研究［M］. 北京：社会科学文献出版社 .

［230］周立，李彦岩，王彩虹等 . 2018. 乡村振兴战略中的产业融合和六次产业发展［J］. 新疆师范大学学报（哲学社会科学版），39（3）：18-26.

［231］周鹏，白永平，武荣伟 . 2015. 中国农业现代化发展水平时空格局

与空间计量收敛性分析 [J]. 新疆农垦经济, (8): 14-20.

[232] 周一星. 2006. 关于中国城镇化速度的思考 [J]. 城市规划, (s1): 32-35.

[233] 周月书, 王婕. 2017. 产业链组织形式、市场势力与农业产业链融资——基于江苏省 397 户规模农户的实证分析 [J]. 中国农村经济, (4): 48-60.

[234] 朱建华, 洪必纲. 2010. 试论农业产业化与农村金融改革的良性互动 [J]. 财经问题研究, (7): 122-125.

[235] 朱建华. 2010. 农业产业化与金融支持关联性实证研究——以湖南省邵阳市为例 [J]. 广东农业科学, 37 (4): 310-312.

[236] 朱希刚. 2004. 依靠技术创新促进产业结构调整 [J]. 农业技术经济, (1): 3-10.

[237] 祝捷, 黄佩佩, 蔡雪雄. 2017. 法国、日本农村产业融合发展的启示与借鉴 [J]. 亚太经济, (5): 110-114.

[238] 宗锦耀. 2017. 农村一二三产业融合发展理论与实践 [M]. 北京: 中国农业出版社.

[239] 佐藤正之. 2012. 異業種とパートナーシップが6次産業化を成功に導く [J]. 知的資産創造, (7): 6-17.

[240] Akerlof G. 1970. The Market for "Lemons": Quality Uncertainty and the Market Mechanism [J]. Quarterly Journal of Economics, 84 (3): 488-500.

[241] Alemu A. E., Maertens M., Deckers J., et al. 2016. Impact of Supply Chain Coordination on Honey Farmers' Income in Tigray, Northern Ethiopia [J]. Agricultural & Food Economics, 4 (1): 9.

[242] Ao N. 1997. European Commission Green Paper on the Convergence of the Telecommunications, Media and Information Technology Sectors, and the Implications for Regulation towards an Information Society Approach [C]. Brussels: European Commission, 12-15.

[243] Anselin L. 1988. Spatial Econometrics: Methods and Models [M]. Springer Netherlands.

[244] Arellano M., Bond S. 1991. Some Tests of Specification for Panel Data: Monte Carlo Evidence and an Application to Employment Equations [J]. Review of Economic Studies, 58 (2): 277-297.

［245］Arellano M., Bover O. 1995. Another Look at the Instrumental Variable Estimation of Error-components Models［J］. Journal of Econometrics, (68): 29-51.

［246］Baron R. M., Kenny D. A. 1986. The Moderator-Mediator Variable Distinction in Social Psychological Research: Conceptual, Strategic and Statistical Considerations［J］. Journal of Personality and Social Psychology, (51): 1173-1182.

［247］Barro R. J., Sala-I-Martin X. 1991. Convergence across States and Regions［J］. Brookings Papers on Economic Activity, (1): 107-182.

［248］Barry P. J., Lee W. F. 1983. Financial Stress in Agriculture: Implications for Agricultural Lenders［J］. American Journal of Agricultural Economics, 65 (5): 945-952.

［249］Boschma R. A. 2005. Proximity and Innovation: A Critical Assessment［J］. Regional Studies, (39): 61-74.

［250］Bourns N., Fertzicer I. 2008. Incoporating Finance into Value Chain Analysis—Case Study: Ataulfo Mango Value Chain in Chiapas, Mexico［R］. The AFIRMA Project together with the AMAP Project Managed by Development Aitermative.

［251］Bröring S., Cloutier L. M., Leker J. 2010. The Front end of Innovation in an Era of Industry Convergence: Evidence from Nutraceuticals and Functional Foods［J］. R&D Management, 36 (5): 487-498.

［252］Carillo F., Caracciolo F., Cembalo L. 2017. Do Durum Wheat Producers Benefit of Vertical Coordination?［J］. Agricultural and Food Economics, 5 (1): 19.

［253］Chaudhuri S., Dwibedi J. 2014. Horizontal and Vertical Linkages between Formal and Informal Credit Markets in Backward Agriculture: A Theoretical Analysis［J］. Social Science Electronic Publishing.

［254］Cramer G. L., Jensen C. W., Southgate D. J. 1991. Agricultural Economics and Agribusiness［M］. New York: John Wiley & Sons.

［255］Cui Q., Jiang H., Zhou N. 2012. Exploration and Enlightenment on Constraints of Modern Agricultural Construction in China［J］. Asian Agricultural Research, 4 (6): 5-10.

［256］Davis J. H., Goldberg R. A. 1957. A Concept of Agribusiness［M］. Boston: Division of Research, Graduate School of Business Administration, Harvard

参考文献

University.

［257］ Dennis T. Y. , Xiao Z. 2013. Modernization of Agriculture and Long-term Growth ［J］. Journal of Monetary Economics, 60 （3）: 367-382.

［258］ Drabenstott M. , Meeker L. 1997. Financing Rural America: A Conference Summary ［J］. Economic Review, 82 （2）: 89-98.

［259］ Dries L. , Germenji E. , Noev N. , et al. 2009. Farmers, Vertical Coordination, and the Restructuring of Dairy Supply Chains in Central and Eastern Europe ［J］. World Development, 37 （11）: 1742-1758.

［260］ Elhorst J. P. 2003. Specification and Estimation of Spatial Panel Data Models ［J］. International Regional Science Review, 26 （3）: 244-268.

［261］ Elhorst J. P. 2005. Unconditional Maximum Likelihood Estimation of Linear and Log-Linear Dynamic Models for Spatial Panels ［J］. Geographical Analysis, 37 （1）: 85-106.

［262］ Elhorst J. P. 2010. Dynamic Panels with Endogenous Interaction Effects When T is Small ［J］. Regional Science and Urban Economics, 40 （5）: 272-282.

［263］ Elhorst J. P. 2012. Dynamic Spatial Panels: Models, Methods, and Inferences ［J］. Journal of Geographical Systems, 14 （1）: 5-28.

［264］ Elhorst J. P. 2014. Spatial Panel Data Models ［M］. Spatial Econometrics.

［265］ Fai F. , Tunzelmann N. V. 2001. Industry-specific Competencies and Converging Technological Systems: Evidence from Patents ［J］. Structural Change and Economic Dynamics, 12 （2）: 141-170.

［266］ Falco S. D. , Smale M. , Perrings C. 2008. The Role of Agricultural Cooperatives in Sustaining the Wheat Diversity and Productivity: The Case of Southern Italy ［J］. Environmental and Resource Economics, 39 （2）: 161-174.

［267］ Fry M. J. 1978. Money and Capital or Financial Deepening in Economic Development? ［J］. Journal of Money Credit & Banking, 10 （4）: 464-475.

［268］ Fry M. J. 1982. Models of Financially Repressed Developing Economies ［J］. World Development, 10 （9）: 731-750.

［269］ Galbis V. 1977. Financial Intermediation and Economic Growth in Less-developed Countries: A Theoretical Approach ［J］. The Journal of Development

Studies, 13 (2): 58-72.

[270] Goldsmith R. W. 1969. Financial Structure and Development [M]. Yale University Press.

[271] Gurley J. G. Financial Aspects of Economic Development [J]. American Economic Review, 1955, 45 (4): 515-538.

[272] Guirkinger C., Fletschner D. K., Boucher S. R. 2010. Credit Constraints and Financial Efficiency in Peruvian Agriculture [J]. Journal of Development Studies, 46 (6): 981-1002.

[273] Gurley J. G., Shaw E. S. 1960. Money in a Theory of Finance [M]. Brookings Institution.

[274] Hacklin F. 2010. Management of Convergence in Innovation: Strategies and Capabilities for Value Creation Beyond Blurring Industry Boundaries [M]. Physica-Verlag GmbH.

[275] Hansen B. E. 1999. Threshold Effects in Non-Dynamic Panels: Estimation, Testing, and Inference [J]. Journal of Econometrics, 93 (2): 345-368.

[276] Hauschildt J., Salomo S. 2005. Je Innovativer, Desto erfolgreicher? Eine kritische Analyse des Zusammenhangs Zwischen Innovationsgrad und Innovationserfolg [J]. Journal Für Betriebswirtschaft, 55 (1): 3-20.

[277] Hellmann T. F., Murdock K. C., Stiglitz J. E. 2000. Liberalization, Moral Hazard in Banking, and Prudential Regulation: Are Capital Requirements Enough? [J]. American Economic Review, 90 (1): 147-165.

[278] Hellmann T., Murdock K., Stiglitz J. 1997. Financial Restraint: Towards a New Paradigm [J]. Role of Government in East Asian Economic Development, 163-208.

[279] Hsiao C., Hashem P. M., Kamil T. A. 2002. Maximum Likelihood Estimation of Fixed Effects Dynamic Panel Data Models Covering Short Time Periods [J]. Journal of Econometrics, 109 (1): 107-150.

[280] Kapur B. K. 1975. Money as a Medium of Exchange and Monetary Growth in an Underdevelopment Context [J]. Journal of Development Economics, 2 (1): 1-48.

[281] Khan R. E. A., Hussain T. 2011. Demand for Formal and Informal Credit in Agriculture: A Case Study of Cotton Growers in Bahawalpur [J]. Social

参考文献

Science Electronic Publishing.

[282] Klose S. L. , Outlaw J. L. 2005. Financial and Risk Management Assistance: Decision Support for Agriculture [J]. Journal of Agricultural & Applied Economics, 37 (2): 415-423.

[283] Knutson R. D. , Penn J. B. , William T. B. 1983. Agricultural and Food Policy [M]. Englewood Cliffs NJ: Prentice-Hall.

[284] Lajos Z. B. , Fert I. , József F. 2009. Investment and Financial Constraints in Hungarian Agriculture [J]. Economics Letters, 104 (3): 1-124.

[285] Lee L. F. 2004. Asymptotic Distributions of Quasi - Maximum Likelihood Estimators for Spatial Autoregressive Models [J]. Econometrica, 72 (6): 1899-1925.

[286] Lei, David T. 2000. Industry Evolution and Competence Development: The Imperatives of Technological Convergence [J]. International Journal of Technology Management, 19 (7/8): 699.

[287] Lesage J. P. , Pace R. K. 2010. Spatial Econometric Models [M]. Handbook of Applied Spatial Analysis.

[288] Lind J. 2005. Ubiquitous Convergence: Marker Redefinitions Generated by Technological Change and the Industry Life Cycle [R]. Paper for the DRUID Academy Winter 2005 Conference.

[289] Lynne, Gary D. 2002. Agricultural Industrialization: A Metaeconomics Look at the Metaphors by Which We Live [J]. Review of Agricultural Economics, 24 (2): 410-427.

[290] Marshall A. 1920. Principles of Economics [M]. London: Macmillan Press.

[291] Mathieson D. J. 1980. Financial Reform and Stabilization Policy in a Developing Economy [J]. Journal of Development Economics, 7 (3): 1-395.

[292] Maurer K. 2014. Where Is the Risk? Is Agricultural Banking Really More Difficult than Other Sectors? [R]. Finance for Food.

[293] Mazure G. 2007. Financial Support for Agriculture and Rural Development: Credits, Credit Guarantees, and Investments [C]. International Scientific Conference Economic Science for Rural Development.

[294] McKinnon R. I. 1973. Money and Capital in Economic Development

[M]. Washington DC: Brooking Institution Press.

[295] Middelberg S. L. 2017. Value Chain Financing: Evidence from Zambia on Smallholder Access to Finance for Mechanization [J]. Enterprise Development & Micro-finance, (1-2): 167-170.

[296] Miller C. , Jones L. 2010. Agricultural Value Chain Finance Instruments [J]. Agricultural Value Chain Finance-Tools and Lessons, (60): 55-114.

[297] Miller C. 2012. Agricultural Value Chain Finance Strategy and Design [R]. Rome: International Fund for Agricultural Development.

[298] Neda T. 2016. Vertical Coordination and Farm Performance: Evidence from the Catfish Sector in Vietnam [J]. Agricultural Economics, 47 (5): 547-557.

[299] Nicholas N. P. 1975. Industry Evolution and Competence Development: The Imperatives of Technological Convergences [J]. International Journal of Technology Management, 19 (7-8): 726.

[300] O' Toole C. M. , Newman C. , Hennessy T. 2014. Financing Constraints and Agricultural Investment: Effects of the Irish Financial Crisis [J]. Journal of Agricultural Economics, 65 (1): 152-176.

[301] Onumah G. 2003. Improving Access to Rural Finance through Regulated Warehouse Receipt Systems in Africa [R]. Lusaka: Paving the Way Forward for Rural Finance-An International Conference on Best Practices.

[302] Pagano M. 1993. Financial Markets and Growth: An Overview [J]. European Economic Review, 37 (2-3): 613-622.

[303] Power G. J. , Salin V. , Park J. L. 2012. Strategic Options Associated with Cooperative Members' Equity [J]. Agricultural Finance Review, 72 (1): 48-67.

[304] Quirós R. , San J. , Costa R. 2007. Agricultural Value Chain Finance [M]. FAO and Academia de Centroamérica.

[305] Rajan R. G. , Zingales L. 1998. Financial Dependence and Growth [J]. American Economic Review, 88 (3): 559-586.

[306] Rogers E. M. 1983. Diffusion of Innovations [M]. New York: The Free Press.

[307] Rosenberg N. 1963. Technological Change in the Machine Tool Industry, 1840-1910 [J]. The Journal of Economic History, 23 (4): 414-443.

参考文献

［308］Saravanan S. 2016. An Analysis of Institutional Credit, Agricultural Policy and Investment to Agriculture in India ［R］. MPRA Paper.

［309］Schultz T. W. 1961. Investment in Human Capital ［J］. Economic Journal, 51 (1): 1-17.

［310］Shane G., Tamn K. 1997. What Does Industrial Convergence Mean? ［A］//David B. Yoffie. Competing in the Age of Digital Convergence ［C］. Harvard Business School Press, 12-15.

［311］Shaw E. S. Financial Intermediaries and the Saving Investment Process ［J］. Journal of Finance, 1956, 11 (2): 257-276.

［312］Shaw E. S. 1973. Financial Deepening in Economic Development ［M］. New York: Oxford University Press.

［313］Stiglitz J. E., Weiss A. 1981. Credit Rationing in Markets with Imperfect Information ［J］. American Economic Review, 71 (3): 393-410.

［314］Swinnen J. F. M., Maertens M. 2013. Finance Through Food and Commodity Value Chains in a Globalised Economy ［M］. New York Dordrecht London: Springer Heidelberg.

［315］Theil H. 1967. Econanics and Infomation Theory ［M］. Chicago: Rand McNally and Company.

［316］Williamson J., Mahar M. 1998. A Survey of Financial Liberalization ［M］. A Survey of Financial Liberalization. International Finance Section, Dept. of Economics, Princeton University.

［317］Woutersen T., Khandker S. R. 2013. Estimating the Effects of Credit Constraints on Productivity of Peruvian Agriculture ［J］. Social Science Electronic Publishing.

［318］Yabann K. W. 1992. The Productivity Trap in Kenya's Highland Agriculture: A Bilevel Programming Analysis of Credit and Wage Constraints ［D］. University of Illinois at Urbana-Champaign.

［319］Yusuf H. O., Ishaiah P., Yusuf O., et al. 2015. The Role of Informal Credit on Agriculture: An Assessment of Small Scale Maize Farmers Utilization of Credit in Jema'a Local Government Area of Kaduna State, Nigeria ［J］. American Journal of Experimental Agriculture, 5 (1): 36-43.

后 记

　　本书是在我博士论文的基础上修改完成的。首先，我要由衷地感谢我的博士生导师冉光和教授。与冉老师的结识，源于我硕士导师的引荐。在了解了我的学习、生活情况尤其是立志于从事教育事业的未来打算之后，冉老师毅然给予了我进入冉师门攻读博士学位的机会。在攻读博士学位期间，冉老师深邃的学术思想、开阔的研究视野、渊博的学术积淀以及严谨的治学态度都深深地影响着我，并且成为使我终生受益的宝贵财富。在确定博士学位论文研究方向时，冉老师极为倡导研究的经世致用，同时鼓励我深入研究金融支持农村产业融合发展问题，并通过邮件、短信及微信为我提供了大量的参考资料，帮助我尽可能地了解相关研究领域的学术前沿与政策热点，这也为我后续研究工作的开展奠定了良好基础。而在博士学位论文的后续撰写过程中，同样倾注了冉老师的大量心血和汗水，从研究框架的拟定到逻辑思路的展开，从经验结果的讨论到学术观点的凝练，可以说，没有冉老师的全方位指导和把关，就没有我的这篇博士学位论文。当然，与冉老师的要求和期许相比，目前所呈现出来的书稿还存在一定差距，这也将成为我今后继续从事该领域研究的动力，希望能够不负恩师的期盼与嘱托！除了在学习上受惠于冉老师的指导外，在日常生活中，冉老师、师母李德辉老师、师姐冉曦以及师兄吕思浩等都给予了我极大的帮助，在此一并表示感谢！

　　其次，我还要感谢我的硕士生导师徐鲲教授。回首硕士阶段的往事，依旧历历在目。我清晰地记得，在我硕士一年级还尚未入学的时候，徐老师便鼓励我开展学术写作，并不厌其烦、细致耐心地指导我修改本科毕业论文，大到研究框架，小到字符文字，正是在徐老师一遍又一遍的精心斧正之下，论文得以录用发表。这不仅培养了我的学术自信心，同时也引领着我正式踏上了学术研究的道路。攻读硕士期间，徐老师给予了我较为自由的选题空间，同时在论文写作、课题研究等方面指引我不断前行，回看邮件下面满是"凌晨一两点"

后 记

或"清晨五六点"的回信时间记录,我知道我的成长同样倾注了徐老师大量的心血。在了解了我对未来的规划之后,徐老师积极支持和鼓励我攻读博士学位,并且在攻读博士学位期间,仍然给予了我学习研究中的巨大支持以及日常生活中的无尽关怀。师恩难报,唯有继续努力和踏实前行,争取获得一丝丝成绩来回馈恩师。

在博士学习期间,重庆大学经管学院的张捷教授、蒲勇健教授、康继军教授、曹国华教授、张荣教授、姚树洁教授、刘渝琳教授、刘星教授、周孝华教授、黄英君教授、陆静教授等所教授的高级宏微观经济学、计量经济学、金融学、制度经济学等学科前沿理论知识与研究方法,极大地开阔了我的研究视野,提升了我的知识素养,丰富了我的研究方法,在此特向他们表示崇高的敬意和诚挚的谢意。同时还要感谢研究生办公室向晨茜老师、常宝龙老师、米音老师以及卢静老师等在日常学习管理方面给予我的帮助和支持。

再师门互帮互助的优良传统也使我受益良多。尤其是要感谢博士学习期间,同门西南大学张林博士、重庆工商大学田庆刚博士、郑强博士,西南政法大学邓睿博士,西华大学张玄博士,西南证券张冰博士,重庆大学李涛博士、魏新博博士、王飞燕博士、赵小康博士、郭玉婷硕士等诸多师兄师姐、师弟师妹在学习与生活方面给予我的大力帮助。同时,还要感谢杨琰军博士、江唐洋博士、刘冬冬博士、陶勇博士、徐辉博士、李万利博士、李双琦博士等博士班的同学,以及李玉山博士、聂军博士等博士朋友,与他们的交流和讨论使我获益良多,对我学业的顺利完成产生了极大的帮助。

另外,我要特别感谢我最亲爱的家人,谢谢你们的默默付出和无私奉献,让我能够静下心来完成学业。希望你们健康、快乐!

最后,本书得以顺利完成,还参考和引用了大量的文献参考资料,特此向所有文献的作者表示感谢!同时,在书稿的具体撰写过程中,我尽可能地对参考文献做到一一标注,如有遗漏,在此致歉并表谢忱!

李晓龙

二〇二〇年十月于

贵阳花溪